都市の老い

人口の高齢化と住宅の老朽化の交錯

齊藤 誠［編著］

勁草書房

はじめに

本書の問題意識

　本書は，人口減少や高齢化が進行し，人口流入が停滞するとともに，住宅が老朽化し遊休化していく「都市の老い」と呼んでもよい社会経済現象について，どのように事態が進行しているのかを実証的に検証し，積み重ねられた分析結果に基づいて政策や行政の対応を慎重に検討していくことを目的としている．

　したがって，本書のタイトルも『都市の老い』としたが，サブタイトルの「人口の高齢化と住宅の老朽化の交錯」にある「交錯」については，若干の説明を必要とするかもしれない．ここで「交錯」には，時間的な意味と地理的な意味がある．

　時間的な意味では，人口の高齢化と住宅の老朽化が相互に影響を与えながら同時進行していくイメージである．居住者が若いころに建てた家は，居住者の年齢とともに古くなってくる．多くの住人が同じころに転居してきたこともあって，住人も，建物も，地域全体が同じ速度で古くなっていく．高い地価を避けるように都心から遠く通勤に不便な土地を購入したこともあって，今では，住宅地としての人気がなく，地価もさえない．古い家は，子供たちも引き継いでくれず，かといって，売ろうにも売れないままで空き家や空き地が増えていく．その分，周囲の人気も悪くなっていく．

　このように見てくると，人口の高齢化と住宅の老朽化は，都市周辺部において地理的に重なってくる．しかし，地理的な「交錯」には，ある地域の範囲において相互に影響を与えながら同時進行するだけでなく，異なる方向からやってきたものがまさに地理的に交わり合うというイメージもある．実は，人口減少や高齢化が深刻な都市周辺部だけでなく，人口が増加し若者も多く住む都市中心部でも，住宅の老朽化が進んでいるのである．マンションなどの共同住宅は，まずは都市中心部で建てられ，徐々に郊外に広がっていった．その結果，古いマンションの数も，まずは都市中心部で多く，時間が経つと近郊部でも増

えていった．また，都市中心部に住む稼ぎの少ない若者にとっては，古くても安い家賃が魅力となって，耐震性能や耐火性能がすこぶる劣る賃貸住宅が建て替えもされないままに都市中心部に残っている．

先ほど述べた都市周辺部の人口減少や高齢化は，徐々に中心部に攻めよってくるであろう．一方，都市中心部から始まっている老朽マンションの急増や老朽賃貸物件の増加は，徐々に周辺部に広がっていくであろう．そうすると，周辺部から中心部へ波及する人口高齢化と中心部から周辺部へ波及する住宅老朽化が都市郊外でちょうどぶつかり合うという現象も起きる．まさに，地理的な「交錯」である．

都市郊外といえば，今まではあこがれの住宅地だったところも多い．そうした魅力に惹かれて多くの子供連れの家族が移り住んできて若い人口も増え，人口減少や高齢化とも無縁であった．宅地も住宅も人気があって，地価も高かった．それが，周辺部からは人口減少や高齢化のあおりを受け，中心部からは住宅の老朽化のあおりを受け，宅地としての魅力も失われつつある．それらに加えて都市圏外からの人口流入も鈍ってきた．その結果，人口成長・地価上昇の地域から人口減少・地価低下の地域に進むベクトルが真逆になるような事態に陥ってしまっている．

本書では，広域の都市圏において人口の高齢化と住宅の老朽化が時間的にも地理的にも複雑に交錯して，それまで人口成長・地価上昇を享受していた都市地域が，人口減少・地価低下という事態に対してどのように向き合うべきなのかを考えていきたい．こうした「都市の老い」の現象については，特定の限られた地域で起きていることを強引に普遍化して大胆な政策を提案することが多い．しかし，本当に重要なことは，都市圏という広域においてさまざまな要素にどのような相互依存関係が生じて，それらの関係が時間を通じてどのように変化していくのかを客観的に把握していくというマクロ的な観点であろう．一方，政策的に必要となってくるのは，個々の政策ツールを考案しながら整合性のとれた政策体系を構築し，住民の間で政策に対する合意形成を促していくというミクロ的な観点である．

しかしながら，広域的な都市の縮小に対応した政策体系を検討していくことは，まさに「言うは易し，行うは難し」である．個人のレベルでも，今まで成

長してきたのに，これから衰退することを考えるのは，できれば考えたくないであろう．役所とて同じである．さまざまな統計から人口減少・地価低下に方向が変わりつつあることが明らかなのにもかかわらず，地方自治体が立てる都市計画では，依然として人口も経済も成長するシナリオを無理矢理に立てて，将来ビジョンをむなしく描いてしまいがちとなる．

　本書が分析していることは，「都市の老い」をどのような側面でとらえていけばよいのかを，首都圏や地方中核都市を対象として分析を行っている．まずは，住民も，企業も，地方自治体も，日本政府も，「都市の老い」の今後の進行をできるだけ客観的に把握することが，何にもまして重要であろう．

　その上で政策処方箋を考えなければならないが，都市圏で起きている広域的な現象が非常に複雑である分，政策的な対応もきわめて難しく，政策技術的に見ても難度がとても高い．まずは，政策で対応すべき対象がどこにあるのかを見定める必要が出てくる．「都市の老い」の状況がすべて市場メカニズムの失敗と関連付けるのは乱暴な議論であろう．老朽な賃貸アパートが残っているのも，当然ながら賃貸住宅市場の需給メカニズムの結果という面もあり，遊休化した住宅ストックがすべて放置されるわけではなく，建物保有者によって自主的に滅失が行われることも少なくない．

　また，「都市の老い」の地理的な範囲も慎重に見定める必要がある．市区町村レベルで進行している「都市の老い」であれば，市区町村レベルで対応することも可能であるが，市区町村を超えて「都市の老い」が進行しているのであれば，市区町村を超えた広域行政（市区町村に上位する都道府県や新たな行政主体による行政）で対応する必要も出てくる．

　しかしながら，「広域行政」という新たな政策用語が，時には政策効果について新たな幻想や誤解を生み出すこともある．「都市の老い」という都市のダウンサイジングに対応すべき広域行政が，いつのまにか経済成長戦略の起爆剤と位置付けられることさえ起きる．ひとつひとつの市区町村は縮小しているが，それらの町々を束ねれば成長機会が生まれてくると奇想天外なことを考えるのである．従来，市区町村で策定していた都市成長前提の都市計画が「広域行政」で新たに衣替えされて再登場してしまう．都市縮小への対応が難しい分，都市成長の幻想を持ち続けてしまうのかもしれない．日本社会全体で人口移動

が停滞している中にあって，都市部だけは人口や経済が今後とも成長していくと考えることは決して現実的とはいえない．

しかし，さまざまな政策ツールを整備し，政策を補完するような市場メカニズムを導入していけば，市区町村レベルでも，市区町村を超えた広域でも，都市縮小に対して政策的に備えることは十分に可能である．

空き家となった古いアパート，空き地として放置されている宅地，所有者が不明な土地について，老朽化した戸建てや共同住宅を処分し，宅地としての用途を失った土地を公園や農地に用途転換し，場合によっては持ち主不明の物件の所有権を市区町村へ移転できるような政策環境を整えれば，都市縮小への政策対応の可能性も広がる．また，老朽物件の取壊しに要する資金の調達を確保する民間のメカニズムやそれを支援する公的なフレームワークも，都市縮小への対応策となるであろう．しかし，そうした政策環境の整備には，とりわけ国政レベルでの意思決定において途轍もない時間がかかり，固定資産税引上げのように地主や家主の既得権益を奪うような政策導入も必要となってくる．

また，都市の規模が縮小していくプロセスでは，学校や病院などの社会資本も縮小させていかなければならないが，そのためには，住民たちが事態を正確に理解し，地方自治体が利害の調整にあたって住民の間での合意形成を図らなければならない．

「都市の老い」という社会経済現象は，多くの人々にとってタブーとしたくなるような強烈なものであるにもかかわらず，そうした現象への政策対応は，数多くの政策手法の地道な積み重ねと住民の合意形成への地道な努力である．**強烈な現象と地道な対応というコントラスト**があまりに鮮明なために，かえって「派手な対応」を期待したくなって「広域行政」にも幻想を抱いてしまうのかもしれない．

各章の概要

本書は，「都市の老い」という広域的な現象を実証的に分析するとともに，「都市の老い」への政策の対応が地道な政策側の営為と住民側の合意形成の積み重ねであることを強調していく．本書の各章の概要は以下のとおりである．

「**第1部　都市の老い**」は，首都圏と地方中核都市について「都市の老い」

の現象を実証的に分析している．「**第1章　首都圏の老いについて：人口高齢化と住宅老朽化が交錯するとき**」（齊藤誠・顧濤・中川雅之）では，埼玉県，千葉県，東京都，神奈川県から構成される首都圏について，人口動態，住宅老朽化，地価形成のダイナミックな相互依存関係を実証的に明らかにしている．首都圏では，今後20年間で首都圏周辺部から中心部に向かって押し寄せてくる人口の減少や高齢化や，そうした人口動態に起因する地価低迷や住宅の空き家化の現象と，首都圏中心部から周辺部に向かって押し寄せてくる分譲マンションや賃貸共同住宅の老朽化が首都圏郊外でぶつかり合う．その結果，東京23区の縁辺区やそこに隣接するさいたま市，千葉市，多摩地区，川崎市・横浜市に向かう地域が人口増加・地価上昇のフェーズから人口減少・地価低下のフェーズに移っていく．一方，人口や経済が今後も成長する地域は，東京23区や横浜市・川崎市の中核地域に限定されてしまう．

　「**第2章　地方中核都市の老い：人口動態と地価形成の多様な関係**」（顧濤・中川雅之・齊藤誠）では，地方中核都市について人口動態と地価形成の関係を分析している．札幌市，仙台市，福岡市のような古くからの政令指定都市では，1990年代には地価高騰の調整を終えた．2000年代に入ると，首都圏の広域で起きているような人口減少・地価低下と人口増加・地価上昇の二極化が起きてきた．一方，新潟市，静岡市，浜松市のような新しい政令指定都市では，2000年代に入っても，上述の二極化現象が明確に現れたわけではなかった．同じく二極化現象が顕著でなかった富山市では，2000年代初頭でも中心部と郊外で地価格差が小さかったこともあって，都市中心部への機能や人口の移転を誘導するコンパクトシティ政策を進めることが可能であった．

　第1部の2つの章の分析から明らかになったことは，都市のダウンサイジングに向き合う政策の性格が人口動態と地価形成の関係に大きく依存するという点である．首都圏や古くからの政令指定都市のように広い範囲で人口減少・地価低下と人口増加・地価上昇の二極化が著しいところは，中核都市とその周辺を含めた広域において地域の分業や都市機能の再編を進めていかなければならない．その際には，老朽化した住宅の減築や遊休化した土地の用途転換を進めやすい政策環境を整える必要がある．一方，そうした二極化現象が顕著でない都市では，郊外部から中心部へ機能や人口を移転させるコンパクトシティ政策

を展開する余地もある.

「**第2部　老朽化する共同住宅のインパクト**」の3つの章では，分譲マンションや賃貸アパートなどの共同住宅ストックの老朽化や遊休化（空き家化）の実態を，首都圏を中心として実証的に再検討している.

現在の都市政策論議において住宅の老朽化や空き家化の深刻さを伝えるエビデンスとしてもっとも頻繁に用いられるのは，「住宅・土地統計調査」（以下，住調と略）の集計データである. しかし，とりわけ都市部の共同住宅については，築年や空き家の調査事項に観測誤差がきわめて大きい. 特に住調では，都市部の空き家率について過大推計になる傾向が指摘されている. さらには，住調が都市部の共同住宅の築年を正確に調査していないことから，共同住宅の老朽化が将来どのように進行するのかを適切に予測できない.

また，都市政策論議においては，都市部において共同住宅の老朽化や空き家化がもたらす深刻な問題は，すべて市場メカニズムの失敗として解釈される傾向が強い. しかし，たとえば，都市部の老朽化した賃貸アパートが大規模に残存するのは，低家賃住居を求める需要が賃貸市場に根強い結果であるという面も無視できない. また，空き家化した住宅ストックがすべて放置されるのではなく，建物所有者が自主的に滅失させるケースも決して少なくない. 住宅ストックの老朽化や空き家化が，市場メカニズムの失敗なのか，あるいは，その結果なのかを慎重に区別することは，都市政策が働きかける範囲を特定する上で欠かせない分析作業である.

「**第3章　マンションの老朽化と人口の高齢化がもたらす首都圏の姿**」（清水千弘・中川雅之）では，首都圏の分譲マンションについて築年を含めて物件情報について精度の高いデータベースを構築して，マンションの老朽化と人口の高齢化で首都圏の姿がどのように変わっていくのかを分析している.

分譲マンションは，法律用語としては「区分所有型集合住宅」と呼ばれるが，その建て替えや滅失には強い法的制限が与えられている. その結果，老朽化によってその機能が低下したり，住宅としての機能が維持できなくなったりしても，その更新がなかなか進めることができていない. 分譲マンションは1970年代以降に都市部を中心に本格的に建築されるようになり，その後，追次的に増加してきている. そして，都市部ほどに一般的な居住形態としてストックが

増加してきている.

　新たに構築した首都圏の共同住宅に関するデータベースに基づいた一連の分析を通じて，このような分譲マンションストックの集積とその老朽化は，都市に対して外部不経済をもたらし，土地価格の下落を推し進める要因のひとつとなっていることが明らかになった．また，分譲マンションの老朽化は，首都圏においては人口構成の高齢化と同時に発生していく．このような人口構成の老朽化は，多くの先行研究が示すように，住宅需要の低下を通じて資産価格を押し下げるように作用していくことが知られている．本章の分析は，マンションの全般的な老朽化もまた地価を押し下げるように作用することを示唆している．そのマグニチュードは，人口要因の3分の1以下ではあるものの，老朽化の速度が人口の高齢化の速度よりも早く，かつ将来においてその老朽化の解消が予定されていないために，いっそう深刻な問題になることが予想される．

　「第4章　共同住宅の遊休化・老朽化と家賃形成：首都圏と地方中核都市を事例として」（宗健）では，まず首都圏および主要都市を対象にして賃貸共同住宅の遊休化とその影響について論じている．住宅ストックの遊休化，すなわち空き家の状況については，住調のデータが用いられることが多いが，その結果が過大に評価されている可能性が高いことを複数の視点の比較から示している．ゼンリン・SUUMOデータに基づいた分析では，都市部での遊休化の進行はそれほどでもなく，都市郊外において空き家率が高まりつつあることを示している．そうした現状を踏まえた上で賃貸住宅の遊休化が家賃に与える影響を実証的に分析し，①家賃に与える影響がかなり小さいこと，②築年の方の影響が大きいことを明らかにしている．さらに同じくゼンリン・SUUMOデータを使って老朽化の状況を分析し，特に首都圏中心部において賃貸共同住宅の老朽化が進んでいることを示している．

　「第5章　人口・世帯と住宅ストックの関係：空き家滅失のメカニズム」（宗健）では，住調と「住民基本台帳」，およびゼンリンデータを組み合わせて，住調ベースでは2008年と2013年について，ゼンリンベースでは2013年と2016年について，全国の自治体ごとに世帯数の変化と住宅ストックの増減の関係を分析している．分析結果からは，いずれの期間においても自治体総数に対して20%以上の300自治体以上で住宅ストックが減少していることが確認

された．さらには，そうした減少メカニズムは市場や政策によるものではなく，個人の費用負担による滅失（すなわち，住宅所有者の自主的な意思やモラル）に依存しているという仮説を提出している．その上で滅失を市場機能として促進するための滅失権取引制度や中間法人による土地保有などの提案がなされている．

「第3部　少子高齢化社会における人口移動の停滞」では，地域間の人口移動の実態を明らかにしている．第1部でも議論してきたように，首都圏の中堅市区や地方中核都市が人口増加から人口減少に転じたのは，都市圏外からの転入が大幅に減少したことが影響してきた．第3部では，少子高齢化が進行している日本社会全体で人口移動の停滞が生じている実態を明らかにし，その原因を特定していく．

日本全体の人口移動の全般的な停滞という現象は，これまで圏外からの転入で人口増加を享受していた都市圏であっても，今後は人口増加を見込めないことを意味している．第9章で言及しているように，多くの都市計画は，依然として人口と経済の成長を大前提として政策ビジョンが描かれているが，こうした都市計画の前提を見直すことは急務となってくる．

「第6章　どのような世帯が移動し，どのような世帯が移動しないのか？：「住宅・土地統計調査」から見た傾向と特徴」（唐渡広志・山鹿久木）では，住調の世帯単位の個票データを利用しながら，同一市町村内での転入，同一県内他市町村からの転入，県外からの転入に分けて住居移動に関する傾向と特徴について明らかにしている．本章での分析作業は，第7章でも推計作業で用いる住調の個票データの基本的な特性を明らかにすることも目的としている．

もっとも重要な結果は，1998年から2003年かけても，2003年から2008年にかけても転入率が低下しているが，その背景が両期間で異なっているところである．前者の期間では，そもそも移動率の低い高齢者のウェートが人口高齢化で高まって全体の転入率が低下したが，同一年齢階層を見ていくと移動率はかえって上昇していた．ところが，後者の期間では，移動率の低い高齢者のウェートが人口高齢化で高まっただけでなく，ほとんどの同一年齢階層でも同一県他市町村や県外からの移動率が低くなった．ただし，同一市区町村内からの転入は20歳代から40歳代を中心に上昇している．こうした傾向は，全国だけ

でなく，大都市圏を抱える南関東や近畿においても認められる．すなわち，少子高齢化の影響ばかりか，遠距離移動の全般的な停滞が，2003 年から 2008 年にかけて転入率の低下の背景をなしている．こうしたファインディングは，圏外からの転入が人口増加を支えていた都市圏の人口が減少に転ずる一方，同一市町村内での人口移動がむしろ活発になっていく可能性を示唆している．

「**第 7 章　社会環境の変化と移住行動**」（山鹿久木・唐渡広志）では，まず，第 6 章でも用いてきた住調の世帯単位の個票データを利用しながら，同一市町村内での移動（以下では近距離移動と呼ぶ），同一県内他市町村からの移動（中距離移動），県外からの移動（遠距離移動）に分けて住居移動に関する傾向と特徴について，上述の 3 つのタイプの移動に「移動なし」の選択肢を加えた質的選択の計量経済モデルを用いて明らかにしている．1998 年から 2008 年の 10 年間では，①移動距離にかかわらず高所得者層の移動の頻度が高いこと，②遠距離移動になるほど高齢者層が移動しなくなること，③全般的に遠距離移動や中距離移動から近距離移動にシフトしていること，④遠距離移動が活発であった 20 歳代，30 歳代でも近距離移動へのシフトが認められることなどの傾向が認められた．

　後半の分析では，移住世帯がどのような社会環境変数を重視して移動しているのかを，移動距離帯別に分析している．そこでは移動距離に応じて重視している社会環境が明らかに異なり，教育施設や医療施設，公園面積や空き家率など日常の生活により身近な社会環境が近距離移動や中距離移動で重視される一方，遠距離移住者は転入者数や課税対象所得額など地域全体の特徴を示す指標を重視して移動していることがわかった．

　また，所得が低い世帯と高い世帯で重視している社会環境が違うということも明らかになった．特に遠距離からの移住では，高所得者世帯のみに見られる場合が多く，遠距離の移住にはある程度の所得がある世帯がより良い住環境を目指して移住している．また中距離程度の移住であっても，課税対象所得額が増え続けるような地域へのさらなる高所得者の移住や生活保護費が増え続けるような地域へのさらなる低所得者層の流入といった傾向は，所得階層によるゾーニングの傾向が強くなる可能性を示唆する．このように時系列的に見ると，移住者の二極化の傾向が示唆されている．こうした移住行動は，地価の分布に

も大きく影響を与え，人口が縮小していくと同時に住み分けの傾向が進む可能性がある．

第3部の2つの章の分析から得られる政策的含意としては，都市のダウンサイジングに対応した政策を考える際にも，居住地選択の自由を保障しつつセグリゲーションなどの問題が起こらないようにしなくてはらないであろう．一方，県外や市町村外からの転入が全般的に停滞している中で市町村内の移動が近年活発化してきたことは，都市のコンパクト化を誘導することができる余地のあることも示している．いずれの側面においても，都市縮小への政策対応においては，人々の移動行動を十分に考慮していく必要があるであろう．

「第4部　都市のダウンサイジングに対する行政対応」では，第1章から第7章までの実証分析を踏まえながら，「都市の老い」に対する政策や行政の対応がどのような方向性を有し，どのような性格の政策技術から構成されるべきなのか，市場メカニズムとの整合性をいかにとっていくのか，を慎重に考察している．

「第8章　公共施設再配置に関する利害者の対立と合意形成：埼玉県のケース」（中川雅之）では，将来の人口減少を見据えた公共施設マネジメントの議論を展開している．地域の将来の維持可能性を考えれば，公共施設のボリュームを身の丈にあったものとし，中身を人口構成に応じたものに転換することは不可欠であろう．しかし，将来の地域の維持可能性を高めるために，現在の公共施設へのアクセシビリティの悪化を受け入れることは，住民にとってはたやすい決断ではないかもしれない．また，公共投資の再配置の影響は，一部の住民に不便を強いることに他の住民がただ乗りしてしまうという点で住民間の利害対立が顕在化しやすい．

そこで本章では，2017年2月に実施したアンケート調査に基づいて住民の反応の特徴をつかみ一定の合理性のあるプランに住民の同意を求めるためにどのような工夫が必要なのかについて行動経済学的な観点から議論している．とりわけ重要なファインディングは，長期的なプランに一挙に合意形成を求めるよりも，何度も合意形成の機会を設けながら，比較的短期のプランについて合意を重ねていく漸次的な手法が有効であるというところである．アンケートの分析結果からは，公共施設の再配置に対する合意形成には，さまざまな工夫の

余地があることも示唆されている.

「**第9章　都市圏の縮小と広域行政の必要性**」(中川雅之・齊藤誠)では,主としてOECD諸国が展開している都市縮小に対する政策について事例研究を紹介しながら,都市縮小に対する政策として広域行政を展開する際の4つの留意点を指摘している.第1に,都市縮小への積極的な対応として構築されたはずの広域行政を当該地域の無謀な経済成長戦略にすりかえらないようにする.第2に,都市のダウンサイジングという政策課題に対応する政策ツールはきわめて技術的な側面が強く,さまざまな法律や税制の整備が必要になってくることに留意する.また,市場メカニズムと整合的な形でインセンティブを政策ツールに組み込むことも重要な対応となってくる.第3に,大都市圏ガバナンスにおいては,基礎自治体である市区町村からその上位にある都道府県への権限移譲を進めることが非常に重要である.第4に,都市縮小への対応として広域行政の手法が有効なケースに市区町村行政の手法が適用され,逆に,市区町村行政の手法が有効なケースに広域行政の手法が適用されるような事態を極力避ける.

第4部の2つの章を通して強調したい点は,「都市の老い」という社会経済現象が,①人口動態と地価形成の相互依存関係(第1部と第2部第3章),②住宅老朽化・遊休化と人口高齢化の同時進行(第1部と第2部),③都市圏外からの転入の停滞と市区町村内での移動の活発化(第1部と第3部)などの複雑な側面を伴って進行する一方で,それらに対応する政策は,きわめて地道な政策営為を必要とし,時間をかけた住民たちの合意形成に支えられていくというところである.

本書の性格と謝辞

本書は,日本学術振興会・科学研究費の基盤研究(A)「ダウンサイジング環境における土地・住宅ストックの効率的再構築に関する研究」の成果をまとめたものである.

本書は,当然ながら,論文集の性格を有しているが,明確であるが限定した仮説を提示して,その仮説の検証に向けて厳密な実証作業を行うという学術論文のスタイルから意識的に異なった実証論文で構成されている.「都市の老い」

のように多面的な側面を持ち，多様なケースを含む政策課題については，明確であるが限定的な少数の仮説で現実を裁断するよりも，緩やかな作業仮説を持ちながら，現実に起きている現象の本質をできるだけ正確に把握し，将来の姿をできるだけ的確に予想していくことの方が大切であると考えたからである．さらには，それぞれの地域に住む人々には，ある意味で目をそむけたくなる予想となってしまうが，それでもわかりやすい形で将来の姿を提示することこそが重要であると判断した．なお，各パートから生み出される厳格な学術論文スタイルに沿った論文は，学術雑誌での公刊を目指している．

　また，政策や行政の対応を検討するのにも，政策を補完するようなインセンティブ・メカニズムを導入するのにも，特定の仮説が検証されたエビデンスに基づいて政策の対象とする範囲がかなり限定的な手法だけを提案するよりは，さまざまな分析結果の積み重ねから，①都市縮小に向けた政策の方向性とはどのような政策枠組みになるのか，②そうした政策枠組みはどのような性格の政策技術によって構成されるのか，といった政策の骨格を明らかにしている．このような柔軟で多様な形で政策を提言するのも，政策対応の方向性や政策技術の性格がたとえ定まったとしても，具体的にどのような政策を推進していくのかは地域ごとの事情に大きく左右され，最終的には住民の合意形成に委ねられるからである．

　最後に謝辞を申し上げたい．本研究プロジェクトは，日本学術振興会からの研究助成がなければ決して可能とならなかった．また，文部科学省と日本学術振興会には，研究代表者の私の体調のために研究完了を1年延長することをお認めいただいた．勁草書房の宮本詳三さんには，企画，編集，校訂とさまざまな段階で大変にお世話になった．私のプロジェクト室の関節子さん，伊藤すみれさん，藤谷春江さんにはコンファレンスの準備や本書の編集をしていただいた．ここに深く感謝申し上げる．

2017 年 10 月

齊藤　誠

目　　次

はじめに

第1部　都市の老い

第1章　首都圏の老いについて：
　　　人口高齢化と住宅老朽化が交錯するとき　　　　　　　　　3

齊藤　誠・顧　濤・中川雅之

1. はじめに　3
　　1.1. 本書における本章の位置付け　3
　　1.2. 本章の分析方針　5
2. 首都圏における人口動態の二極化　7
　　2.1. 首都圏の人口密度　7
　　2.2. 人口密度の二極化　10
　　2.3. 高齢者比率と若年者比率の動向　14
3. 人口動態と地価形成　16
　　3.1. 地価決定関数の定式化　16
　　3.2. 地価決定関数の推計　17
4. 住宅の老朽化・遊休化と地価形成　21
　　4.1. 空き家化と老朽共同住宅　21
　　4.2. 住宅の老朽化・遊休化を組み入れた地価決定モデル　26
5. 人口密度1万人規模の「都市の老い」：
　　人口流入の停滞と老朽共同住宅の将来動向　31
　　5.1. 東京都の中堅都市における人口流入の停滞　31
　　5.2. 共同住宅老朽化の将来動向　35
　　5.3. 首都圏中堅都市の「老い」　36

5.4.「都市の老い」の規模感 42

6. おわりに 44

参考文献 45

第2章 地方中核都市の老い：人口動態と地価形成の多様な関係 47

顧 濤・中川雅之・齊藤 誠

1. はじめに 47

2. 地方中核都市の人口動態と人口移動 49

  2.1. 選択した都市の人口動態の現在と将来 49

  2.2. 距離帯別の人口動態 51

    2.2.1. 距離帯毎の人口密度の動向 51

    2.2.2. 高齢者比率の水準と変化 56

  2.3. 距離帯別の市内・市外からの転入率 59

3. 人口動態と地価形成 62

  3.1. メッシュデータによって把握される人口動態と地価形成の関係 62

  3.2. 距離帯別の地価の動向 64

  3.3. 地価決定関数の推計 66

    3.3.1. 地価決定関数の定式化 66

    3.3.2. 推計結果 68

4. 住宅ストックの遊休化・老朽化 80

5. おわりに：都市レベルでの政策オプション 82

参考文献 85

第2部 老朽化する共同住宅のインパクト

第3章 マンションの老朽化と人口の高齢化がもたらす首都圏の姿 89

清水千弘・中川雅之

1. はじめに：老朽マンションストックの発生 89

2. 老朽化マンションストック 94

  2.1. データ 94

目　次　　xv

　　2.2. 東京圏のマンションの供給動向　96

　3. 老朽マンションの近隣外部性　98

　　3.1. 推計モデル　98

　　3.2. データ　101

　　3.3. ヘドニック関数の推計結果　103

　　3.4. 老朽マンションの外部不経済の効果　107

　4. 2040 年のマンションストックと人口構成の変化　108

　5. 人口の高齢化・老朽マンションの増加が地域に与える影響　114

　　5.1. 推計モデル　114

　　5.2. 推計結果　118

　6. おわりに　120

　参考文献　122

第 4 章　共同住宅の遊休化・老朽化と家賃形成：
　　　　　首都圏と地方中核都市を事例として　　　　　　124

宗　健

1. はじめに　124

2. 賃貸共同住宅の空き家率の現状評価　125

　2.1. 先行研究　125

　2.2. 研究の枠組み　128

　2.3. 賃貸共同住宅の空き家率の現状評価　128

　　2.3.1. 住調の空き家率調査方法　128

　　2.3.2. 国土交通省空家実態調査　129

　　2.3.3. 自治体の空き家調査と住調の比較　129

　　2.3.4.「国勢調査」世帯数を用いた空き家率　133

　　2.3.5. SUUMO データを用いた賃貸募集率　134

　　2.3.6. 1 都 3 県の SUUMO 募集率の空間的分布　137

　2.4. ここまでのまとめおよび考察と今後の課題　138

3. 賃貸共同住宅の空き家率が家賃に与える影響　140

　3.1. 先行研究　140

xvi 目　次

　　3.2. 研究の枠組み　142

　　3.3. 分析結果　149

　　　3.3.1. 記述統計量　149

　　　3.3.2. 家賃モデルの推定結果　151

　　3.4. ここまでのまとめおよび考察と今後の課題　154

　4. 賃貸共同住宅の老朽化の現状　156

　　4.1. 先行研究　156

　　4.2. 研究の枠組み　158

　　4.3. 分析結果　158

　　　4.3.1. 記述統計量　158

　　　4.3.2. 老朽化率の空間的分布　159

　　4.4. ここまでのまとめおよび考察と今後の課題　164

　5. おわりに　164

　参考文献　165

第5章　人口・世帯と住宅ストックの関係：
　　空き家滅失のメカニズム　　　　168

宗　健

　1. はじめに　168

　2. 人口・世帯と住宅ストックの関係　169

　　2.1. 先行研究　169

　　2.2. 研究の枠組み　169

　3. 分析結果　170

　　3.1. 2008年から2013年にかけての変化（住調ベース）　170

　　3.2. 2013年から2016年にかけての変化（ゼンリンベース）　171

　　3.3. 2013年から2016年にかけての変化の空間的分布（ゼンリンベース）　175

　4. 結論および政策的インプリケーションと今後の課題　180

　5. おわりに　183

　参考文献　183

第3部　少子高齢化社会における人口移動の停滞

第6章　どのような世帯が移動し，どのような世帯が移動しないのか？：
　　　「住宅・土地統計調査」から見た傾向と特徴　　　187

唐渡広志・山鹿久木

1. はじめに　187

2. 人口移動に関する先行研究　188

3. 「住宅・土地統計調査」の記述統計　190

　3.1. 調査事項　190

　3.2. 記述統計分析　191

　　3.2.1. 世帯属性の分布　191

　　3.2.2. 転入・非転入別，住宅の所有状況別の集計　197

4. 転入世帯割合変動の要因分解　202

　4.1. 年齢分布と移動性向の変動　203

　4.2. 転入世帯割合の変動（全国）　204

　4.3. 転入世帯割合の変動（9地域別）　207

5. おわりに　210

付論1. 住宅に関する事項についての記述統計　212

付論2. 世帯年収分布の推定　214

参考文献　215

第7章　社会環境の変化と移住行動　　　217

山鹿久木・唐渡広志

1. はじめに　217

2. 社会環境の変化と移動　220

3. 移住の要因についての計量経済分析　224

　3.1. 移動選択についての多項選択プロビット分析　224

　3.2. 推定結果　227

4. 社会環境の変化と移住に関する計量経済分析　235

xviii 目 次

　4.1. 社会環境変数を用いた推定モデル　235

　4.2. 推定結果　237

　　4.2.1. 推定結果の見方　237

　　4.2.2. 距離帯別の傾向　241

　　4.2.3. 時系列的な傾向　248

5. おわりに　250

参考文献　252

第4部　都市のダウンサイジングに対する行政対応

第8章　公共施設再配置に関する利害者の対立と合意形成： 埼玉県のケース
255

中川雅之

1. はじめに　255

2. これからの公共施設管理に関するアンケート調査　260

3. 地域別の意向の差異　263

　3.1. 地域別削減率が拒否率に与える影響　263

　3.2. 異なる提案に対する拒否率の変化　263

　3.3. 長期的な方針に対する拒否率はなぜ増えるのか？　264

　3.4. 実際削減されるときに拒否率はなぜ増えるのか？　267

　　3.4.1. 公共施設の廃止および短期方針の提示で発生する客観的損失　267

　　3.4.2. 客観的損失の心理的評価　269

4. 住民の使用頻度別の意向の差異　271

5. おわりに　273

参考文献　275

第9章　都市圏の縮小と広域行政の必要性
277

中川雅之・齊藤　誠

1. はじめに　277

2. 問題意識：都市雇用圏から見た首都圏と地方都市　278

3. 都市縮小政策のケーススタディ 282

  3.1. 都市縮小政策の類型化 282

  3.2. 都市縮小に対する認識の共有化 283

  3.3. 土地利用, ストック管理政策 284

    3.3.1. 郊外化, スプロールの防止 284

    3.3.2. 空き家, 荒廃ビルディングの廃止, 適正な管理の確保 284

    3.3.3. 所有者不明, 空き家・空き地などに関する一般的な制度 285

    3.3.4. 公共施設, インフラの縮減, 再配置 285

  3.4. 都市成長戦略などとの関係 286

4. 大都市圏ガバナンスのケーススタディ 286

  4.1. 大都市ガバナンス問題とは 286

  4.2. 既存の地方政府の調整組織としての大都市圏ガバナンス 288

    4.2.1. 自発的調整組織 288

    4.2.2. 中央政府の働きかけによる調整組織 288

  4.3. 固有の権限を有する組織による大都市圏ガバナンス 289

    4.3.1. 地方自治体としての大都市圏ガバナンス組織 289

    4.3.2. 市町村の共同組織としての大都市圏ガバナンス組織 290

5. 日本における都市縮小政策に関する議論 291

  5.1. 日本における都市縮小に対する対応 291

    5.1.1. 都市縮小に関する認識の共有化の現状 291

    5.1.2. 郊外化, スプロール防止の現状 291

    5.1.3. 住宅ストックの調整に関する現状 292

    5.1.4. 公共施設などのストック調整に関する現状 294

  5.2. 共有化されるビジョンの問題 295

  5.3. 都市縮小政策企画・執行主体の問題 297

  5.4. 住宅土地市場の問題 299

    5.4.1. 空き家問題などをどうとらえるか 299

    5.4.2. 既存住宅, マンションをめぐる制度 301

6. おわりに 301

参考文献 304

xx　　　　　　　　　　　　目　　次

索　　引　307
執筆者紹介　309

第 1 部　都市の老い

第1章 首都圏の老いについて：
人口高齢化と住宅老朽化が交錯するとき

齊藤　誠・顧　濤・中川雅之

1. はじめに

1.1. 本書における本章の位置付け

　日本社会全体で進行する人口減少や高齢化の影響は，土地や住宅などの不動産取引にも大きな影響を及ぼしてきている．たとえば，人口減少で住宅や宅地への需要が減退していることから，地価や賃貸価格が低迷するようになった．住宅需要が著しく落ち込んだところでは，空き家が急増してきた．また，持ち家の所有者が高齢化することで維持修繕がままならなくなり，住宅の老朽化が進んできている．特に，修繕や建て替えの合意形成がとりにくい共同住宅においては，その傾向が顕著である．地価の低迷や住宅の老朽化・遊休化で不動産の価値が顕著に低下したことから，相続が放棄され，老朽住宅や遊休土地が放置されるケースも増えてきている．さらには，住宅の老朽化や遊休化は，当該不動産の価値を毀損するばかりでなく，その周辺の地価にも悪影響をもたらしている．

　通常，都市において生じる人口減少や高齢化の影響は，都市の人口が成長する中心部に対して，人口減少・高齢化が進行する周辺部の対照としてとらえられることが多い．しかし，首都圏[1]の場合は，個々の市区町村の内部で生じている現象というよりも，東京23区を中核とし，23区に隣接する地域，さら

には，そこから周辺部に向かう地域という形で都市圏が形成されてきたことから，市区町村をまたぐ広域の都市圏レベルで，さまざまな都市現象をとらえられることが多い．

たとえば，上述の人口減少や高齢化の不動産取引への影響についても，多くの人々は，東京23区，および23区に隣接する地域，すなわち，

> ・千葉県であれば千葉市に向かう地域
> ・埼玉県であればさいたま市の方向に広がる地域
> ・東京都であれば23区西側に広がる多摩地区
> ・神奈川県であれば23区に隣接する川崎市や横浜市

においては，人口減少・高齢化の不動産取引への影響が軽微であると考えているのでないであろうか．あるいは，人口減少・高齢化の影響は，それらの中核地域の外側における現象としてとらえられているのではないであろうか．

確かに，上述のような認識は，合理的な根拠を伴っている．人口動態も，それを反映した地価形成も，二極化と呼ばれる現象を伴ってきたからである．すなわち，人口が成長し，地価が上昇する地域と，人口が減少し，地価が低下する地域に二極化し，これまでは，東京23区とその周辺地域は，前者の地域に属してきた．一方，東京23区とその隣接地域の外側の首都圏周辺地域が後者の地域に該当していた．

本章では，今後，東京23区の縁辺区や，23区に隣接する地域が，**人口成長・地価上昇のフェーズ**から**人口減少・地価低迷のフェーズ**に移行することを分析していく．逆にいうと，今後も人口が成長し，地価が上昇する地域は，東京23区の中でも中核部分に限定されることを明らかにしていく．

こうした人口減少・地価低迷の動向は，「首都圏の周辺部から中心部に向かって進行している現象」であるが，本書全体で議論していくように，「東京23区の内部やその周辺地域から首都圏の周辺部に広がっている現象」も新たに生じてきている．本書の第4章（宗論文）で分析しているように，東京23区内には，1980年以前に建てられた共同住宅の多くが低家賃による需要に支えら

---

1)　第9章で議論しているように，4都県からなる首都圏と重なる概念である東京大都市雇用圏では，東京23区，立川市，武蔵野市，さいたま市，千葉市，横浜市，川崎市，厚木市を中心として163もの郊外都市を含む巨大な圏域である．

れて建て替えされないままに残ってきた．また，本書の第3章（清水・中川論文）で論じているように，東京23区内やその周辺で1980年代以降に建てられたマンション物件の老朽化が進行し近隣地価に悪影響を及ぼし始めている．本書の第6章（山鹿・唐渡論文）が強調するように人口移動の停滞が日本社会全体で進行しているが，首都圏でもこれまで人口流入が活発であった東京23区周辺の地域で人口流入が鈍化してきている．

　本書の第2章（顧・中川・齊藤論文）で分析しているように，地方の中核都市圏内でも，人口動態と地価の関係についてダイナミックな変化が認められる．一方，首都圏においては，首都圏の周辺から中心に向かっていく現象と，首都圏の中心から周辺に向かっていく現象が丁度ぶつかり合う東京23区の縁辺区や23区に隣接する地域では，従来にない「**都市の老い**」の問題が生じることになる．さらには，これらの地域で進行する「都市の老い」は，人口の減少・高齢化や住宅の老朽化・遊休化が都市環境にもたらす影響は，その規模において，首都圏周辺に比べてきわめて大きい．本書の第8章（中川論文）や第9章（中川・齊藤論文）で検討しているように，行政側も，都市のダウンサイジングに抜本的な対応が求められる．

1.2. 本章の分析方針

　本章では，首都圏内で地域毎に異なって進行する人口減少・高齢化やそれらに起因する住宅老朽化・遊休化の実態をできるだけ正確で明確に，しかし，できるだけ容易に把握できるように，これらの現象を市区町村レベルの人口密度（1平方キロ当たりの人口規模）に還元して分析していこうと考えている．

　本章の中心的な分析のひとつとして行っていることは以下のとおりである．第2節で詳しく見ていくように，市区町村毎の人口密度の変化や若年者比率の変化は人口密度水準の増加関数に，高齢者比率の変化は人口密度水準の減少関数になる．一方，地価水準は，人口密度や若年者比率の増加関数に，高齢者比率の減少関数になることが指摘されている．こうした実証的な事実を踏まえると，人口動態が地価形成に及ぼす影響は，人口密度，高齢者比率，若年者比率のそれぞれの変化を通じて地価形成に及ぼす影響を市区町村の人口密度水準に還元することができる．また，人口動態は，国立社会保障・人口問題研究所

（2013）（以下，社人研（2013）と略する）で将来予測が公表されていることから，将来についても，人口動態と地価形成の関係を予測することが可能となる．

たとえば，人口密度水準について，それ以上であると地価が上昇し，それ以下であると地価が減少する閾値を推計することができる．このように地価を上昇から減少に転じさせる人口密度の閾値を求めることができれば，今後，人口減少と地価低下がどのような地域で進行するのかが明らかになる．

本章の分析のもうひとつの特徴は，首都圏周辺部から進行している住宅の空き家化と，首都圏の中心部で進行している共同住宅の老朽化の問題をそれぞれ分けて分析している．住宅の空き家化と人口減少・高齢化はほぼ並行して起きているので，人口密度や高齢者比率を説明変数に含む地価決定関数において空き家比率が追加的な説明力を持つことは限られている．一方，共同住宅の高齢化については，必ずしも人口密度や高齢者比率の動向と一致しているわけではないので，老朽共同住宅比率が地価決定関数において独自の説明力を発揮する余地が出てくる．

このような分析を踏まえながら，東京23区縁辺区や23区隣接地域が2020年以降に被るであろう「都市の老い」の問題がどの程度の規模で進行するのかを明らかにしていく．地価低迷や住宅老朽化・遊休化の問題は，これまで人口密度が数千人を下回る地域で進行していた現象であったことから，その規模はそれほど大きいものではなかった．しかし，東京23区縁辺区や23区に隣接する地域の人口密度は1万人前後に達しており，その規模は従来と比べるときわめて大きい．

本章は，以下のように構成されている．第2節では，首都圏における人口動態の二極化を，第3節では，人口動態の二極化が地価形成の二極化として表れている実態を計量的に分析していく．第4節では，人口動態に加えて，共同住宅の老朽化や空き家の増加が地価形成に与える影響を分析する．第5節では，首都圏の中堅自治体（人口密度が1万人前後の市区）において，人口流入の停滞，共同住宅の老朽化，空き家の増加が同時進行している実態を分析していくとともに，こうした「都市の老い」がどの程度の規模感で進行しているのかを明らかにする．第6節では，本章の分析から得られる行政や政策へのインプリケーションを検討していく．

第1章 首都圏の老いについて：人口高齢化と住宅老朽化が交錯するとき　　7

2. 首都圏における人口動態の二極化

2.1. 首都圏の人口密度

　本章の分析の主眼のひとつが，人口の減少・高齢化と住宅の老朽化・遊休化が交錯する「都市の老い」の問題を首都圏市区町村の人口密度水準に還元して取り扱うことにあるので，まずは，市区町村別の人口密度の動向を詳しく見ていこう．なお，2015年の人口密度は「国勢調査」に，2020年以降の将来予測は社人研（2013）にそれぞれ依拠している．

　表1-1-1と表1-1-2は，首都圏4都県の市区について，2015年時点の人口密度が15,000人を超える市区，10,000人から15,000人の市区，5,000人から10,000人の市区に分けて2015年，2025年，2035年の人口密度を報告している．

　埼玉県には，2015年時点で人口密度15,000人を超える市区は存在しない．

表 1-1-1　首都圏の人口密度の推移（埼玉県，千葉県）

埼玉県

	2015	2025	2035	15⇒25
蕨市	14,137	13,044	11,821	−7.7%
浦和区	13,414			
南区	13,038			
中央区	11,770			
川口市	9,334	9,179	8,871	−1.7%
草加市	8,998	8,865	8,427	−1.5%
大宮区	8,890			
北区	8,519			
志木市	8,028	7,710	7,352	−4.0%
ふじみ野市	7,583	7,234	6,903	−4.6%
戸田市	7,481	7,164	7,160	−4.2%
朝霞市	7,418	7,268	7,123	−2.0%
和光市	7,315	7,757	7,761	6.0%
新座市	7,119	7,050	6,784	−1.0%
さいたま市	5,815	5,706	5,513	−1.9%
越谷市	5,604	5,409	5,141	−3.5%
富士見市	5,468	5,288	4,980	−3.3%
見沼区	5,279			
桜区	5,255			

千葉県

	2015	2025	2035	15⇒25
浦安市	9,485	9,292	9,354	−2.0%
市川市	8,381	7,838	7,252	−6.5%
習志野市	8,013	7,934	7,648	−1.0%
松戸市	7,873	7,640	7,080	−3.0%
稲毛区	7,595	7,534	7,148	−0.8%
船橋市	7,274	7,098	6,765	−2.4%
美浜区	7,017	7,178	6,791	2.3%
花見川区	5,244	4,865	4,346	−7.2%
鎌ケ谷市	5,170	5,241	5,055	1.4%

表 1-1-2 首都圏の人口密度の推移(東京都, 神奈川県)

東京都

	2015	2025	2035	15⇒25
豊島区	22,373	22,856	21,710	2.2%
中野区	21,083	19,278	18,131	−8.6%
荒川区	20,819	20,575	20,248	−1.2%
台東区	19,635	17,008	16,107	−13.4%
文京区	19,469	18,544	17,979	−4.7%
目黒区	18,957	18,079	17,220	−4.6%
墨田区	18,621	18,443	18,339	−1.0%
新宿区	18,297	18,760	18,516	2.5%
板橋区	17,441	16,488	15,751	−5.5%
品川区	16,930	16,420	15,998	−3.0%
杉並区	16,584	15,343	14,279	−7.5%
北区	16,549	15,488	14,484	−6.4%
世田谷区	15,511	15,475	15,111	−0.2%
練馬区	15,019	15,680	15,328	4.4%
渋谷区	14,879	13,073	12,303	−12.1%
特別区部	14,796			
中央区	13,819	14,019	13,957	1.4%
江戸川区	13,633	13,754	13,361	0.9%
武蔵野市	13,177	12,244	11,596	−7.1%
葛飾区	12,738	11,752	10,790	−7.7%
西東京市	12,687	12,638	12,256	−0.4%
足立区	12,603	11,754	10,668	−6.7%
狛江市	12,531	11,751	10,957	−6.2%
江東区	12,404	12,257	12,481	−1.2%
港区	11,949	10,863	10,771	−9.1%
大田区	11,829	11,523	11,145	−2.6%
三鷹市	11,397	11,873	11,712	4.2%
小金井市	10,760	10,855	10,626	0.9%
国分寺市	10,707	10,733	10,426	0.2%
調布市	10,642	10,527	10,231	−1.1%
小平市	9,276	8,955	8,534	−3.5%
東久留米市	9,058	8,622	7,988	−4.8%
国立市	8,991	9,414	9,121	4.7%
府中市	8,839	8,918	8,749	0.9%
東村山市	8,759	9,295	9,150	6.1%
清瀬市	7,321	6,901	6,431	−5.7%
立川市	7,200	7,302	6,894	1.4%
多摩市	6,979	6,837	6,360	−2.0%
日野市	6,765	6,496	6,211	−4.0%
昭島市	6,431	6,296	5,951	−2.1%
東大和市	6,346	6,311	6,111	−0.5%
町田市	6,024	6,134	5,958	1.8%
福生市	5,751	5,281	4,749	−8.2%
羽村市	5,641	5,557	5,203	−1.5%
千代田区	5,004	4,288	4,132	−14.3%

神奈川県

	2015	2025	2035	15⇒25
中原区(川崎市)	16,789	16,133	15,719	−3.9%
幸区(川崎市)	16,070	16,188	16,381	0.7%
南区(横浜市)	15,409	14,549	13,417	−5.6%
西区(横浜市)	14,019	13,765	13,362	−1.8%
高津区(川崎市)	13,944	14,612	14,818	4.8%
宮前区(川崎市)	12,123	12,479	12,374	2.9%
港北区(横浜市)	10,964	11,190	11,137	2.1%
港南区(横浜市)	10,843	10,560	9,681	−2.6%
多摩区(川崎市)	10,451	10,913	10,767	4.4%
川崎市	10,317	10,508	10,447	1.9%
神奈川区(横浜市)	10,076	10,317	10,168	2.4%
保土ケ谷区(横浜市)	9,374	9,146	8,579	−2.4%
青葉区(横浜市)	8,798	8,905	8,686	1.2%
磯子区(横浜市)	8,728	8,124	7,491	−6.9%
大和市	8,603	8,419	8,048	−2.1%
鶴見区(横浜市)	8,589	8,318	8,070	−3.2%
横浜市	8,517	8,489	8,153	−0.3%
戸塚区(横浜市)	7,694	7,657	7,340	−0.5%
都筑区(横浜市)	7,603	8,458	8,896	11.2%
旭区(横浜市)	7,554	7,379	6,864	−2.3%
麻生区(川崎市)	7,551	7,905	7,925	4.7%
中央区(相模原市)	7,324			
座間市	7,322	7,109	6,641	−2.9%
南区(相模原市)	7,273			
瀬谷区(横浜市)	7,258	7,050	6,543	−2.9%
緑区(横浜市)	7,073	7,306	7,201	3.3%
中区(横浜市)	6,998	6,951	6,666	−0.7%
茅ヶ崎市	6,707	6,553	6,265	−2.3%
栄区(横浜市)	6,600	6,535	6,033	−1.0%
金沢区(横浜市)	6,534	6,451	5,955	−1.3%
泉区(横浜市)	6,533	6,550	6,191	0.3%
藤沢市	6,096	5,973	5,772	−2.0%
川崎区(川崎市)	5,652	5,666	5,581	0.2%

第 1 章　首都圏の老いについて：人口高齢化と住宅老朽化が交錯するとき　　　9

人口密度がもっとも高い蕨市は，2015 年の 14,137 人から 2025 年に 13,044 人，2035 年に 11,821 人と大きく減少に転じることが見込まれている．人口密度5,000 人を超える市区でも，2015 年以降は人口減少傾向にある．ただし，和光市の人口密度は，2015 年 7,315 人，2025 年 7,757 人，2035 年 7,761 人と堅調に推移すると予想されている

　千葉県は，2015 年時点で人口密度が 10,000 人を超える市区が存在しない．人口密度 5,000 人を超える市区では，2015 年以降，概ね減少傾向にある．千葉市の美浜区と鎌ヶ谷市は，2015 年から 2025 年にかけて人口密度が上昇するものの，それ以降は人口が大きく減少に転じている．たとえば，美浜区の人口密度は，2015 年から 2025 年にかけて 7,017 人から 7,178 人に増加するが，2035年にかけて 6,791 人に大きく減少することが見込まれている．

　東京都では，2015 年時点で人口密度が 15,000 人を超える区は，2015 年以降，人口減少の傾向にある．2015 年から 2025 年にかけて人口が増加する豊島区，新宿区，練馬区も，2025 年以降は人口減少に転じている．人口密度 5,000 人から 15,000 人の市区には，東京 23 区だけでなく，多摩地区の市も多く含まれている．ほとんどの市が 2015 年以降，人口減少の傾向にある．2015 年から 2025年にかけて人口が増加する市区（人口密度が 10,000 人を超える中央区，江戸川区，三鷹市，小金井市，国分寺市，人口密度が 10,000 人を下回る国立市，府中市，東村山市，立川市，町田市）においても，2025 年以降は，すべて人口減少に転じている．

　神奈川県は，2015 年時点で川崎市の中原区と幸区，横浜市の南区が人口密度 15,000 人を超えている．中原区と南区は 2015 年以降に人口減少に転じる一方，幸区の人口密度は 16,070 人（2015 年），16,188 人（2025 年），16,381 人（2035 年）と増加基調にある．人口密度が 10,000 人から 15,000 人の市区は，横浜市の西区と港南区を除いて 2025 年にかけて人口が増加しているものの，2025 年以降は減少に転じている．人口密度が 10,000 人を下回る市区は，ほとんどが 2015 年以降に人口が減少し，遅くとも 2025 年以降に人口減少に転じている．しかし，横浜市の都筑区と川崎市の麻生区では，2035 年まで人口が拡大している．特に，都筑区の人口密度は，7,603 人（2015 年），8,458 人（2025年），8,896 人（2025 年）と着実な増加が見込まれている．

10 第1部　都市の老い

　以上見てきて明らかなように，埼玉県の和光市，神奈川県の都筑区（横浜市），幸区，麻生区（ともに川崎市）を除く首都圏の市区は，現在の人口密度がたとえ高水準であっても，向こう20年間で人口減少に転じていくことが予想されている．本章の以下の分析では，特に人口密度が10,000人前後の市区において「都市の老い」が複雑な形で進行していく実態を明らかにしていく．

2.2. 人口密度の二極化

　人口密度が増加していく地域と減少していく地域に二極化していくメカニズムを理解するためには，まず人口密度がある長期水準に収斂するモデルを見てみるのがよいかもしれない．ロジスティック方程式といわれている標準的な人口モデルは，現在（t時点）の人口密度（Pop_t）と長期的な人口密度（Pop^*）の間に次のような関係を想定している．

$$\frac{\Delta Pop_{t+1}}{Pop_t} = -a(Pop_t - Pop^*) \tag{1}$$

ただし，aは，正値のパラメーターである．

　（1）式は，現在の人口密度が長期水準よりも上回る場合には人口密度が低下し$\left(\frac{\Delta Pop_{t+1}}{Pop_t}<0\right)$，逆に下回る場合に人口密度が上昇することを示している$\left(\frac{\Delta Pop_{t+1}}{Pop_t}>0\right)$．その結果，現在の人口密度が長期水準よりも高くても，低くても，いずれは長期水準に収束する．**図1-1-1**は，横軸を人口密度，縦軸を人口密度の成長率として（1）式を描いたものであるが，人口密度が相対的に高い地域が人口減少地域，人口密度が相対的に低い地域が人口成長地域である結果，人口密度は時間を通じて長期水準に収斂する傾向が生じる．

　人口密度が二極化するのは，（1）式においてパラメーターaが負値をとって**図1-1-2**のように描けるケースである．この場合は，人口密度が高い地域は，人口がますます成長し，人口密度が低い地域は，人口がますます衰退していくので，時間が経過すると人口成長地域と人口減少地域に分離してしまう．

　首都圏4都県で起きている人口動態は，まさに人口密度が二極化するパターンである．ここで（1）式を以下のような式に置き換えて推計を行ってみる．

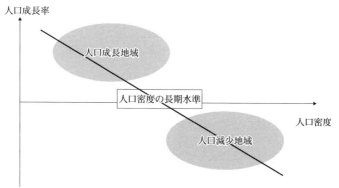

図 1-1-1　人口収斂のケース

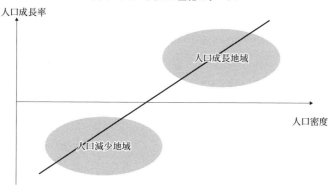

図 1-1-2　人口二極化のケース

$$\ln Pop_{t+1} - \ln Pop_t = \alpha_1 \ln Pop_t + const_1 \qquad (2)$$

なお，自然対数をとった差分（$\ln Pop_{t+1} - \ln Pop_t$）はその変数の変化率$\left(\dfrac{\Delta Pop_{t+1}}{Pop_t}\right)$を近似することが知られている．二極化するモデルでは，α_1が正値となる．

また，それを境に人口成長率の符号が逆転する人口密度の閾値（$\widehat{Pop_1}$）は，以下のように計算することができる．

$$\widehat{Pop_1} = \exp\left(-\frac{const_1}{\alpha_1}\right) \tag{3}$$

たとえば，現在の人口密度（Pop_i）がその閾値（$\widehat{Pop_1}$）を下回ったところで，人口成長率は正から負に逆転することになる．

表1-2・パネル（1）は，市区町村別の人口データを用いて（2）式を推計した結果を報告している．2010年，2015年については「国勢調査」から，2020年，2025年，2030年については社人研（2013）からデータを得ている．いずれのインターバルについても，対数人口密度の係数 α_1 は有意に正の値で推計されている．すなわち，人口密度が二極化していくパターンが2010年以降，継続していることになる．

表1-2 に報告されている推計結果に基づいて，（3）式によって人口成長率の符号が逆転する人口密度の閾値（$\widehat{Pop_1}$）を求めると以下のようになる．

2010年から2015年： **2,917人/平方キロ**

2015年から2020年： **9,350人/平方キロ**

2020年から2025年：**19,255人/平方キロ**

2025年から2030年：**34,923人/平方キロ**

図1-2 は，4つのインターバルについて，横軸を人口密度，縦軸を人口密度変化率として，表1-2・パネル（1）の推計結果をグラフ化したものである．グラフと横軸がちょうど交わるところが，人口密度の閾値に対応している．図1-2 から明らかなように，人口密度の閾値が上方にシフトしているとともに，人口密度変化率が下方にシフトしてきている．

上の閾値の計算は，首都圏の人口動態を考える上できわめて示唆的である．2010年から2015年にかけては，人口減少地域が人口密度3,000人弱の市区町村に限定されていた．すなわち，首都圏のかなりの地域は，人口成長地域であった．しかし，2015年には，人口減少地域が人口密度9,000人強の地域まで広がってきた．

2020年から2025年のインターバルでは，人口密度の閾値が19,000人強となっているので，首都圏のほとんどの市区町村は人口減少地域となっていく．2025年から2030年のインターバルでは，人口密度の閾値が35,000人弱となっ

第1章　首都圏の老いについて：人口高齢化と住宅老朽化が交錯するとき　　13

表1-2　人口動態の推計

(1) 人口密度変化率

	平均	対数人口密度	定数項	標本数	決定係数
2010-2015	−0.006	0.021 (0.001)	−0.168 (0.011)	255	0.474
2015-2020	−0.021	0.014 (0.001)	−0.127 (0.006)	243	0.552
2020-2025	−0.031	0.013 (0.001)	−0.133 (0.006)	243	0.571
2025-2030	−0.039	0.013 (0.001)	−0.139 (0.006)	243	0.576

(2) 高齢者比率変化率

	平均	対数人口密度	定数項	標本数	決定係数
2010-2015	0.175	−0.004 (0.002)	0.205 (0.017)	255	0.014
2015-2020	0.092	−0.011 (0.001)	0.176 (0.010)	243	0.253
2020-2025	0.048	−0.008 (0.001)	0.105 (0.009)	243	0.159
2025-2030	0.052	0.007 (0.001)	0.001 (0.009)	243	0.129

(3) 若年者比率変化率

	平均	対数人口密度	定数項	標本数	決定係数
2010-2015	−0.058	0.012 (0.002)	−0.152 (0.016)	255	0.136
2015-2020	−0.072	0.009 (0.001)	−0.138 (0.011)	243	0.134
2020-2025	−0.076	0.002 (0.001)	−0.088 (0.008)	243	0.009
2025-2030	−0.067	−0.004 (0.001)	−0.037 (0.005)	243	0.156

注1：括弧内は，不均一分散に頑健な標準偏差.
注2：2015年から2020年のインターバル以降，標本数が減少するのは，社人研（2013）は，さいたま市と相模原市について区別の予測を公表していないことによる.

図1-2 人口密度と人口密度変化率

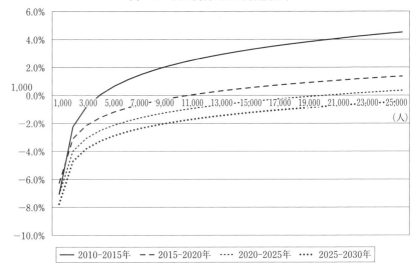

たことから首都圏全域が人口減少地域となる．2.1節で見てきたように，2025年から2035年にかけて首都圏で人口成長が認められるのは，4つの市区（和光市，横浜市都筑区，川崎市幸区・麻生区）に限られている．

2.3. 高齢者比率と若年者比率の動向

人口の高齢化や少子化も，人口減少と同時進行することが知られているので，高齢者比率 $\left(\frac{Old_t}{Pop_t}\right)$ と若年者比率 $\left(\frac{Young_t}{Pop_t}\right)$ の変化率についても，人口密度に回帰した推計を行ってみる．

$$\ln \frac{Old_{t+1}}{Pop_{t+1}} - \ln \frac{Old_t}{Pop_t} = -\alpha_2 \ln Pop_t + const_2 \tag{4}$$

$$\ln \frac{Young_{t+1}}{Pop_{t+1}} - \ln \frac{Young_t}{Pop_t} = \alpha_3 \ln Pop_t + const_3 \tag{5}$$

α_2 と α_3 は，正値であることが予想されている．なお，(4) 式と (5) 式の左辺は，高齢者（若年者）比率の変化率を表している．

(4) 式と (5) 式の推計においては，「国勢調査」と社人研 (2013) のデータ

第1章 首都圏の老いについて：人口高齢化と住宅老朽化が交錯するとき　　15

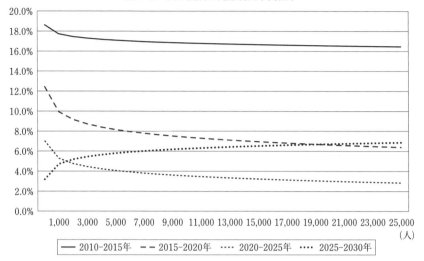

図 1–3　人口密度と高齢者比率変化率

から，高齢者人口密度は 65 歳以上人口を，若年者人口密度は 15 歳未満人口をそれぞれ得ている．**表 1–2** の **パネル**（2）と **パネル**（3）には，市区町村別の人口データから推計した結果が報告されている．

　2010 年から 2015 年，2015 年から 2020 年，2020 年から 2025 年のそれぞれのインターバルについては，予想通りに（4）式について人口密度の係数が負値に，（5）式について人口密度の係数が正値に有意に推計されている．

　ただし，2025 年から 2030 年にかけては，係数の符号が逆転している．すなわち，高齢化が十分に進んだ人口密度の低い地域では高齢化傾向が止まり，人口密度の高い地域では高齢化傾向が加速するようになる．同様に，少子化が十分に進んだ人口密度の低い地域では少子化傾向が止まり，人口密度の高い地域では少子化傾向が加速するようになる．

　図 1–3 と **図 1–4** は，（4）式と（5）式の推計結果を描いたものであるが，高齢者比率については，年を経るごとに右下がりのパターンを維持しながらも高齢化が全般的に鈍化していくが，2025 年から 2030 年のインターバルでは高齢者比率が右上がりのパターンに転じていく．一方，若年者比率については，年を経るごとに右上がりのパターンを維持しながら少子化が全般的に加速してい

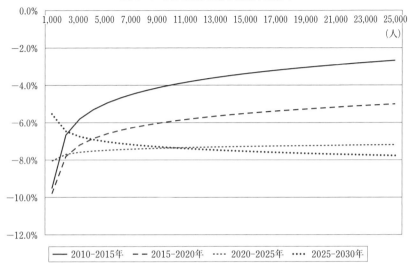

図1-4 人口密度と若年者比率変化率

くが，2025年から2030年のインターバルでは若年者比率が右下がりのパターンに転じていく．

表1-2で報告されている推計結果は，第3節において人口動態と地価形成の関係を分析する際にも用いていくことになる．

3. 人口動態と地価形成

3.1. 地価決定関数の定式化

本書の第2章（顧・中川・齊藤論文）や第3章（清水・中川論文）で詳しく論じているように，地価水準は人口密度や若年者比率の増加関数に，高齢者比率の減少関数になることが既存文献から明らかにされている（たとえば，西村(2014), Saita et al. (2016), Tamai et al. (2016))．すなわち，地価水準（P_t）について次のような関係が定式化されている[2]．

---

2) 多くの実証研究では，総人口ではなく，生産人口（20歳から65歳の人口）に対する高齢者人口をとることが多い．

第 1 章　首都圏の老いについて：人口高齢化と住宅老朽化が交錯するとき　　17

$$\ln P_t = \beta_1 \ln Pop_t - \beta_2 \ln \frac{Old_t}{Pop_t} + \beta_3 \ln \frac{Young_t}{Pop_t} + const_4 \tag{6}$$

β_1, β_2, β_3 は，正値であることが予想されている．

　ここでは，市区町村の固定効果を取り除くために (6) 式の階差をとったモデルを推計することにする．すなわち，以下の定式化を用いていく．ここで，ある変数について自然対数の階差をとったものは，その変数の変化率であることに注意してほしい．

$$\ln P_{t+1} - \ln P_t = \beta_1 (\ln Pop_{t+1} - \ln Pop_t)$$
$$- \beta_2 \left(\ln \frac{Old_{t+1}}{Pop_{t+1}} - \ln \frac{Old_t}{Pop_t} \right) + \beta_3 \left(\ln \frac{Young_{t+1}}{Pop_{t+1}} - \ln \frac{Young_t}{Pop_t} \right) + const_5 \tag{7}$$

なお，(7) 式の定数項 $const_5$ は，2 つの時点の年次効果の相対的な違いを表している．

　(2) 式，(4) 式，(5) 式を (7) 式に代入すると，以下の関係を導くことができる．

$$\ln P_{t+1} - \ln P_t = (\alpha_1 \beta_1 + \alpha_2 \beta_2 + \alpha_3 \beta_3) \ln Pop_t$$
$$+ (\beta_1 const_1 - \beta_2 const_2 + \beta_3 const_3 + const_5) \tag{8}$$

　(8) 式からは，地価上昇率が上昇から減少に転じる人口密度の閾値 $(\widehat{Pop})$ を導出することができる．

$$\widehat{Pop} = \exp \left(- \frac{\beta_1 const_1 - \beta_2 const_2 + \beta_3 const_3 + const_5}{\alpha_1 \beta_1 + \alpha_2 \beta_2 + \alpha_3 \beta_3} \right) \tag{9}$$

3.2. 地価決定関数の推計

　(7) 式を推計する前に，地価と人口密度の関係を概観しておこう．人口密度については「国勢調査」データから，地価については地価公示の住宅地データから市区町村毎に集計（単純平均）したデータを得ている．「国勢調査」は調査年の 10 月 1 日時点，地価公示は毎年 1 月 1 日の評価であることから，たとえば，「国勢調査」で 2010 年から 2015 年のインターバルをとるときには，地価公示の方は 2011 年から 2016 年のインターバルをとることになる．

図 1-5 2010 年の人口密度と 2011 年から 2016 年にかけての地価変化率（首都圏）

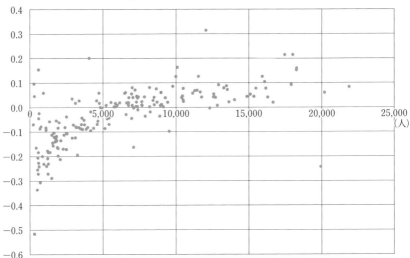

　図 1-5 は，横軸に 2010 年時点の人口密度を，縦軸に 2011 年から 2016 年の地価変化率を，首都圏 4 都県の市区町村毎にプロットしたものである．図 1-5 から明らかなように，人口密度 10,000 人を超える市区は地価が上昇する傾向にあり，人口密度が 5,000 人を下回る市区町村では地価が低下する傾向にある．人口密度 5,000 人から 10,000 人規模の市区町は地価がほぼ横ばい傾向にある．なお，荒川区では，人口密度 2 万人弱で地価が大きく下落しているが，2016 年に調査地点数が 3 から 16 に大幅に上昇して相対的に地価の安いポイントが含まれたからである．

　図 1-5 は，人口が二極化していくとともに，地価も二極化していくことを示唆している．すなわち，人口が成長していく地域で地価が上昇し，人口が減少していく地域で地価が低下していく．図 1-6 は，4 都県別に市区町村の対数住宅地価の標準偏差を 1980 年から 2016 年についてプロットしたものである．1980 年代のバブル形成期に地価の地域格差が大きく広がったものが，1990 年代前半のバブル崩壊期に地価の格差が大きく縮まった．しかし，いずれの都県でも，2000 年前後から地価格差が高まってきている．2008 年のリーマンショック後に地価格差が一時的に縮まったが，2010 年以降には，埼玉県，東京都，

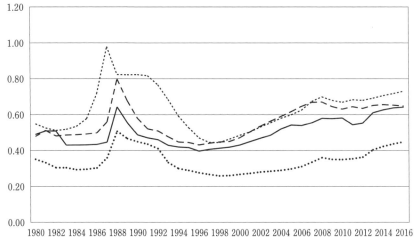

図 1-6 対数住宅地価公示の標準偏差の推移

神奈川県で地価格差が高まってきている．こうした最近の地価格差の拡大は，人口二極化の影響を反映してきたと考えられる．

表 1-3 は，「国勢調査」について 2010 年から 2015 年のデータを，地価公示について 2011 年から 2016 年のデータをそれぞれ用いて (7) 式を推計した結果を報告している．推計値の符号はすべて予想通りで，地価が人口密度や若年者比率の増加関数に，高齢者比率の減少関数にそれぞれなっている．ただし，若年者比率の係数は，有意に推定されていない．

表 1-4 は，4 つのインターバルについて，人口密度変化率，高齢者比率変化率，若年者比率変化率の平均を (7) 式の推計結果に代入して平均地価変化率を求めるとともに，それぞれの貢献度を計算したものである．2010 年から 2015 年にかけては，高齢化の進行による地価下落が顕著で，平均地価変化率は -4.7% であった．2015 年以降は，高齢化の影響が弱まる一方で，人口減少の影響が強まっている．全体としては，高齢化の影響が弱まった分，平均地価上昇率が 0.7%（2015 年から 2020 年），3.4%（2020 年から 2025 年），2.2%（2025 年から 2030 年）とそれぞれ正値をとっている．

表 1-3 で報告している (7) 式の推計結果に対して，表 1-2 のパネル (1) か

20　　　　　　　　　　　　　第1部　都市の老い

表1-3　人口動態と地価形成に関する推計結果（首都圏，2010年から2015年）

被説明変数：対数地価変化幅

	人口密度 弾性値	高齢者比率 弾性値	若年者比率 弾性値	定数項	標本数	決定係数
2010-2015	1.160 (0.225)	−0.861 (0.144)	0.027 (0.214)	0.113 (0.026)	179	0.469

注：括弧内は，不均一分散に頑健な標準偏差．

表1-4　地価上昇率がゼロとなる人口密度の計算

	人口密度 変化率の 平均効果	高齢者比率 変化率の 平均効果	若年者比率 変化率の 平均効果	定数項	効果の合計	地価上昇率が ゼロとなる 人口密度
2010-2015	−0.007	−0.150	−0.002	0.113	−0.047	11,230
2015-2020	−0.025	−0.079	−0.002	0.113	0.007	12,293
2020-2025	−0.036	−0.041	−0.002	0.113	0.034	16,127
2025-2030	−0.045	−0.044	−0.002	0.113	0.022	253,958

らパネル（3）で報告している（2）式，（4）式，（5）式の推計結果を代入して，（9）式から地価変化率の符号が逆転する人口密度の閾値を計算してみよう．なお，各インターバルで時間効果の影響を中立化するために，各説明変数の平均で評価した地価上昇率が2010年から2015年のインターバルの−4.7％に等しくなるように，（7）式の定数項（$const_5$）を修正している．そうすることによって，2010年から2015年のインターバルに比して人口動態だけで地価が変化する度合いを抽出することができる．

　表1-4の最後のコラムには，こうして計算された人口密度の閾値（$\widehat{Pop}$）が以下のように報告されている．

2010年から2015年：　**11,230人／平方キロ**

2015年から2020年：　**12,293人／平方キロ**

2020年から2025年：　**16,127人／平方キロ**

2025年から2030年：　**253,958人／平方キロ**

　図1-7は，4つのインターバルについて，横軸を人口密度，縦軸を地価変化率として，表1-3の結果をグラフ化したものである．グラフと横軸がちょうど

第1章 首都圏の老いについて：人口高齢化と住宅老朽化が交錯するとき　　21

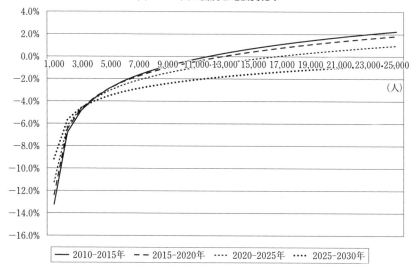

図1-7　人口密度と地価変化率

交わるところが，人口密度の閾値に対応している．図1-7から明らかなように，人口密度の閾値が上昇してきている．2025年から2030年のインターバルについては，もはや実際的な人口密度水準で横軸と交点を持たなくなる．

　地価上昇地域と地価低下地域の境界となる人口密度の閾値は，2010年から2025年にかけて大きく上昇している．すなわち，人口の動向によって地価が上昇する首都圏の中心部が急速に狭まっていく．図1-8-1から図1-8-3は，2010年，2015年，2020年の各時点において，地価が依然として上昇していく地域を格子でシェードしたものである．2020年の時点では，東京23区の中核地区だけで地価が上昇し，東京23区内であってもその縁辺区では地価が下落していく事態となる．

4. 住宅の老朽化・遊休化と地価形成

4.1. 空き家化と老朽共同住宅

　本節では，まず，「住宅・土地統計調査」によって空き家と老朽共同住宅の動向を見ていこう．「住宅・土地統計調査」は5年毎に実施されているが，本

図 1-8-1 首都圏の人口密度 (2010 年)

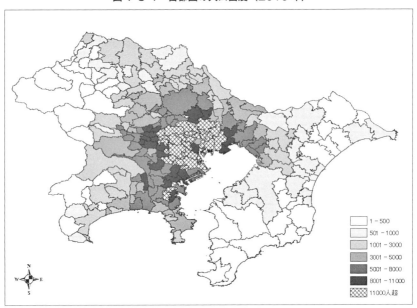

図 1-8-2 首都圏の人口密度 (2015 年)

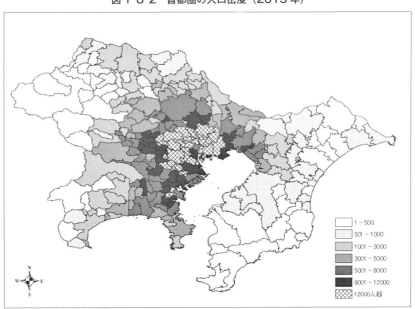

図 1-8-3　首都圏の人口密度（予測，2020年）

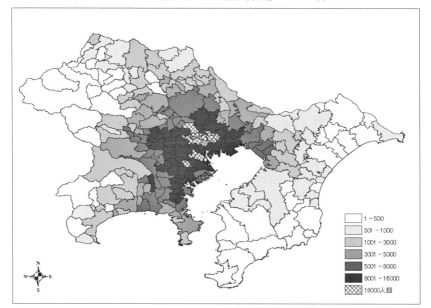

節では 2008 年調査と 2013 年調査を用いていく．本節では，空き家についても，共同住宅の老朽化についても，人口減少や高齢化の影響を伴うという意味で人口動態との関連性が強い事実を踏まえるとともに，人口密度が比較的高い地域においても住宅の空き家化や共同住宅の老朽化が進んでいることに注意を向けていきたい．

　図 1-9 は，首都 4 都県の市区町村について，住宅戸数に占める空き家戸数の比率（2013 年，縦軸）と人口密度（2010 年，横軸）の関係を描いている．人口密度が 2000 人を下回る市区町村では，空き家率が急激に高まる傾向がある．しかし，人口密度が 1 万人を超える市区であっても，空き家率が 10% を大きく超えているところが少なくない．

　「住宅・土地統計調査」については，都市部に集中する共同住宅の空き家調査の精度が低く，空き家率が過大に推計されていることが指摘されてきた．本書の第 4 章（宗論文）でも，「住宅・土地統計調査」における空き家調査の問題点が検討されている．主な理由は，調査員が昼間の調査だけで共同住宅の居

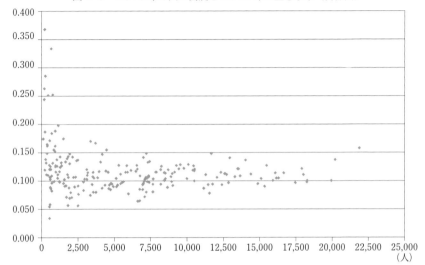

図 1-9 2010年の人口密度と 2013年の空き家率（首都圏）

住の有無を確認することが難しいからである．

　そこで，空き家率の水準ではなくて，2008年から2013年の変化幅を見ることにする．市区町村毎に空き家率の変化幅を見ることによって，地域固有の調査誤差がかなりの程度取り除かれると期待できる．

　図 1-10 は，首都 4 都県の地図に 2008 年から 2013 年の空き家率の変化幅を見たものである．確かに，空き家率が 2% 以上上昇した地域は首都圏周辺部に多い．しかし，詳細に見ていくと，東京都内でも，空き家率が 2% 以上上昇している市区が少なくない．23 区内では，江戸川区，墨田区，港区，大田区，世田谷区，中野区，豊島区で空き家率が上昇している．また，多摩地区においても，狛江市，調布市，多摩市，武蔵野市，小金井市，国分寺市で空き家率が高まっている．このように，空き家率の上昇は，首都圏の縁辺部の現象に限られているわけではない．

　次に，共同住宅の老朽化を見ていこう．実は，「住宅・土地統計調査」に報告されている住宅築年の推計についても精度がかなり低いといわれている．特に，賃貸物件となっている共同住宅の居住者は，物件の築年について正確な知識を有していないことが多い．そこで，共同住宅の老朽化についても，共同住

第 1 章 首都圏の老いについて：人口高齢化と住宅老朽化が交錯するとき　　25

図 1-10　首都圏空き家率の変化（2008 年から 2013 年）

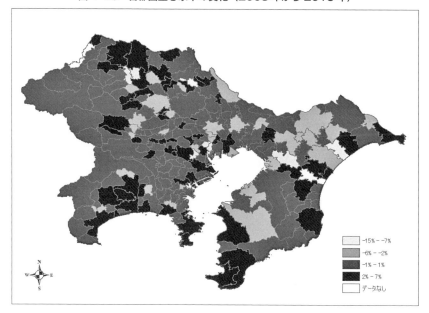

宅総戸数に占める 1980 年以前に建てられた共同住宅の戸数の比率について，2008 年から 2013 年の変化を見てみる．空き家率と同様に老朽共同住宅比率の水準ではなく，その変化幅を見ることで，市区町村に固有の調査誤差がある程度取り除かれることが期待できる．

　ここで注意すべき点は，老朽共同住宅比率の変化幅は，1980 年以前に建てられた住宅がそのままで残され，1980 年以降に建てられた住宅がより多く取り壊されてその後も建て替えられない限り，その比率が上昇するとは考えにくい．しかし，老朽共同住宅比率の変化幅が正値をとる市区町村が決して少なくない．こうしたことも，共同住宅の築年の調査がかならずしも正確でないことを反映しているのかもしれない．ここでは，老朽共同住宅比率が高止まりして，その変化幅がゼロ，あるいは正値になっている事態を，老朽共同住宅の更新が停滞していると解釈していく．なお，「住宅・土地統計調査」で築年の調査がなされている市区町村が限定されることにも留意してほしい．

　図 1-11 は，首都 4 都県の地図に 2008 年から 2013 年の老朽共同住宅比率の

図 1-11 首都圏老朽共同住宅比率の変化（2008 年から 2013 年）

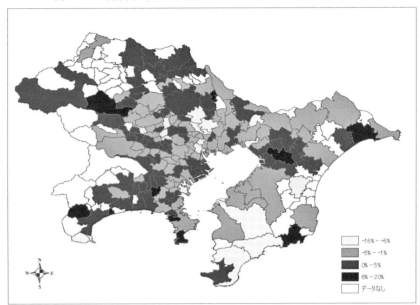

変化幅を見たものである．空き家率の動向と同様に，老朽共同住宅比率の変化幅がゼロ，もしくは正値となっている市区町村は，首都圏縁辺部に限られているわけではない．東京都については，23 区内でも，墨田区，練馬区，中野区，大田区で老朽共同住宅の更新が停滞している．狛江市，調布市，三鷹市以西の多摩地区でも，老朽共同住宅比率は低下していない．また，東京 23 区に接する市区でも，千葉県で市川市，埼玉県でさいたま市や戸田市，神奈川県で川崎市の川崎区，幸区，緑区をはじめとした横浜市の広範な地域で老朽共同住宅の更新が停滞している．

なお，次節の推計には，共同住宅に限らず住宅全体について老朽住宅比率の変化幅も説明変数に加えていく．

4.2. 住宅の老朽化・遊休化を組み入れた地価決定モデル

本小節では，人口動態と地価形成の関係を定式化した (7) 式に，さらに空き家率（VR_t）の変化や老朽住宅や老朽共同住宅の比率（OH_t と OC_t）の変化

幅を加えた推計式を用いていく.

$$\ln P_{t+1} - \ln P_t = \beta_1(\ln Pop_{t+1} - \ln Pop_t)$$
$$- \beta_2\left(\ln \frac{Old_{t+1}}{Pop_{t+1}} - \ln \frac{Old_t}{Pop_t}\right) + \beta_3\left(\ln \frac{Young_{t+1}}{Pop_{t+1}} - \ln \frac{Young_t}{Pop_t}\right) \qquad (10)$$
$$- \beta_4(VR_{t+1} - VR_t) - \beta_5(OC_{t+1} - OC_t) - \beta_6(OH_{t+1} - OH_t) + const_6$$

β_4, β_5, β_6 についても，正値をとることが予想されている.

　5年毎の間隔で調査をしている「国勢調査」，地価公示，「住宅・土地統計調査」は，調査年が異なることから以下のようなインターバルを推計に用いていく．被説明変数については，地価公示の市区町村住宅地平均（2011年から2016年）から「住宅地価の変化率」を用いる．説明変数については，「国勢調査」（2010年から2015年）から「人口密度の変化率」，「高齢者比率（65歳以上比率）の変化率」，「若年者比率（15歳未満比率）の変化率」を用いる．また，住宅土地統計（2008年から2013年）からは，「空き家率の変化幅」，「共同住宅戸数に占める老朽物件（1980年以前に建てられたもの）の比率の変化幅」，「総住宅戸数に占める老朽物件（同上）の割合の変化幅」を用いていく.

　ここで推計結果を報告する前に，（10）式を推計する意味を考えてみたい．たとえば，**図 1-12** が示すように，首都4都県の市区町村について，横軸に老朽共同住宅比率の2008年からの2013年の変化を，縦軸に住宅地価の2011年から2016年の変化率をそれぞれとってみると，老朽共同住宅の更新が停滞するほど住宅地価が低迷するパターンが確認できる．（10）式の推計は，そのようなパターンを厳密に検証していることになる.

　表 1-5-1 から**表 1-5-5** は，首都4都県全体と，都県別に（10）式を推計した結果を報告している.

　表 1-5-1 が示すように，首都圏全体では，人口動態の地価に及ぼす影響は，**表 1-3** に報告されている（7）式の推計結果と大きく変わるところがない．すなわち，地価は人口密度とともに上昇する一方，高齢者比率とともに低下する．若年者比率の影響は有意でない．一方，空き家比率や老朽住宅比率の変化は地価の変化に有意な影響をもたらしていないものの，老朽共同住宅については更新が停滞するほど，地価が低迷する関係が認められる．説明変数として老朽共

図1-12 2008年から2013年の老朽共同住宅比率の変化と2011年から2016年の地価変化率(首都圏)

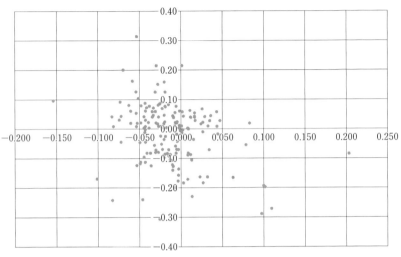

表1-5-1 住宅の老朽化・遊休化と地価形成に関する推計結果(首都圏)

人口変化率	0.851*** (0.249)	0.947*** (0.246)	0.809*** (0.235)	0.804*** (0.255)	0.901*** (0.254)	0.747*** (0.241)
高齢率変化率	−0.832*** (0.145)	−0.827*** (0.145)	−0.866*** (0.143)	−0.837*** (0.148)	−0.833*** (0.147)	−0.874*** (0.145)
若年率変化率	0.044 (0.224)	0.142 (0.234)	0.111 (0.206)	0.037 (0.226)	0.138 (0.238)	0.105 (0.208)
老朽共同住宅比率変化幅	−0.004** (0.002)		−0.007*** (0.002)	−0.004** (0.002)		−0.008*** (0.002)
老朽住宅比率変化幅		0.001 (0.003)	0.009** (0.004)		0.002 (0.003)	0.010** (0.004)
空き家率変化幅				−0.002 (0.002)	−0.002 (0.002)	−0.003 (0.002)
定数項	0.114*** (0.030)	0.128*** (0.028)	0.153*** (0.029)	0.116*** (0.030)	0.130*** (0.028)	0.157*** (0.029)
標本サイズ	158	158	158	158	158	158
決定係数	0.498	0.474	0.526	0.500	0.476	0.531

注:括弧内は分散不均一性に頑健な標準偏差.***$p<0.01$, **$p<0.05$, *$p<0.1$.

第1章　首都圏の老いについて：人口高齢化と住宅老朽化が交錯するとき　　29

表 1-5-2　住宅の老朽化・遊休化と地価形成に関する推計結果（埼玉県）

人口変化率	1.574^{***}	1.640^{***}	1.471^{***}	1.585^{***}	1.636^{***}	1.488^{***}
	(0.336)	(0.359)	(0.360)	(0.337)	(0.358)	(0.365)
高齢率変化率	-0.461^{**}	-0.666^{**}	-0.497^{**}	-0.451^{**}	-0.668^{**}	-0.474^{**}
	(0.208)	(0.257)	(0.201)	(0.214)	(0.258)	(0.200)
若年率変化率	-0.549	-0.176	-0.365	-0.577	-0.170	-0.416
	(0.364)	(0.543)	(0.461)	(0.361)	(0.524)	(0.443)
老朽共同住宅比率変化幅	-0.008^{***}		-0.012^{***}	-0.008^{***}		-0.013^{***}
	(0.002)		(0.004)	(0.003)		(0.004)
老朽住宅比率変化幅		-0.004	0.008		-0.004	0.009
		(0.004)	(0.005)		(0.005)	(0.007)
空き家率変化幅				0.001	-0.001	0.004
				(0.007)	(0.008)	(0.007)
定数項	-0.036	0.025	0.009	-0.041	0.026	0.002
	(0.061)	(0.088)	(0.074)	(0.062)	(0.087)	(0.070)
標本サイズ	36	36	36	36	36	36
決定係数	0.645	0.571	0.664	0.645	0.571	0.669

注：括弧内は分散不均一性に頑健な標準偏差．$^{***}p<0.01$, $^{**}p<0.05$, $^{*}p<0.1$.

表 1-5-3　住宅の老朽化・遊休化と地価形成に関する推計結果（千葉県）

人口変化率	-0.570	-0.694	-0.621	-0.471	-0.624	-0.514
	(0.938)	(0.901)	(0.963)	(1.026)	(0.959)	(1.053)
高齢率変化率	-1.066^{***}	-1.106^{***}	-1.086^{***}	-1.098^{***}	-1.135^{***}	-1.127^{***}
	(0.377)	(0.372)	(0.382)	(0.367)	(0.364)	(0.363)
若年率変化率	0.281	0.327	0.311	0.243	0.301	0.272
	(0.464)	(0.464)	(0.484)	(0.503)	(0.492)	(0.521)
老朽共同住宅比率変化幅	-0.004		-0.005	-0.004		-0.006
	(0.004)		(0.005)	(0.003)		(0.004)
老朽住宅比率変化幅		-0.002	0.004		-0.002	0.005
		(0.006)	(0.007)		(0.005)	(0.007)
空き家率変化幅				-0.003	-0.002	-0.003
				(0.004)	(0.004)	(0.004)
定数項	0.174^{*}	0.185^{*}	0.192^{*}	0.175^{*}	0.188^{*}	0.197^{*}
	(0.101)	(0.103)	(0.105)	(0.102)	(0.103)	(0.103)
標本サイズ	29	29	29	29	29	29
決定係数	0.336	0.310	0.343	0.344	0.315	0.352

注：括弧内は分散不均一性に頑健な標準偏差．$^{***}p<0.01$, $^{**}p<0.05$, $^{*}p<0.1$.

表 1-5-4　住宅の老朽化・遊休化と地価形成に関する推計結果（東京都）

人口変化率	0.860*** (0.318)	0.881** (0.342)	0.881** (0.344)	0.741* (0.375)	0.739* (0.373)	0.740* (0.371)
高齢率変化率	−0.288 (0.323)	−0.331 (0.334)	−0.326 (0.320)	−0.282 (0.337)	−0.329 (0.349)	−0.328 (0.339)
若年率変化率	0.402 (0.341)	0.395 (0.331)	0.403 (0.341)	0.409 (0.328)	0.410 (0.313)	0.412 (0.320)
老朽共同住宅比率変化幅	0.006 (0.004)		0.002 (0.006)	0.007 (0.004)		0.001 (0.006)
老朽住宅比率変化幅		0.009 (0.006)	0.007 (0.010)		0.009 (0.006)	0.009 (0.010)
空き家率変化幅				−0.003 (0.003)	−0.004 (0.003)	−0.004 (0.003)
定数項	0.090* (0.052)	0.113** (0.048)	0.110** (0.042)	0.093 (0.055)	0.118** (0.050)	0.117*** (0.043)
標本サイズ 決定係数	49 0.454	49 0.463	49 0.464	49 0.465	49 0.481	49 0.481

注：括弧内は分散不均一性に頑健な標準偏差．***$p<0.01$，**$p<0.05$，*$p<0.1$

表 1-5-5　住宅の老朽化・遊休化と地価形成に関する推計結果（神奈川県）

人口変化率	1.398*** (0.399)	1.802*** (0.396)	1.387*** (0.442)	1.250*** (0.290)	1.768*** (0.346)	1.231*** (0.329)
高齢率変化率	−0.168 (0.316)	0.009 (0.348)	−0.179 (0.317)	−0.202 (0.278)	0.014 (0.324)	−0.220 (0.277)
若年率変化率	0.379 (0.355)	0.420 (0.447)	0.383 (0.364)	0.250 (0.335)	0.341 (0.473)	0.256 (0.347)
老朽共同住宅比率変化幅	−0.006** (0.002)		−0.006* (0.003)	−0.008*** (0.002)		−0.008** (0.003)
老朽住宅比率変化幅		−0.005 (0.006)	0.001 (0.007)		−0.005 (0.006)	0.002 (0.007)
空き家率変化幅				−0.018** (0.007)	−0.012 (0.009)	−0.019*** (0.007)
定数項	0.037 (0.049)	−0.012 (0.052)	0.042 (0.059)	0.049 (0.041)	−0.010 (0.044)	0.058 (0.051)
標本サイズ 決定係数	44 0.528	44 0.447	44 0.528	44 0.601	44 0.483	44 0.602

注：括弧内は分散不均一性に頑健な標準偏差．***$p<0.01$，**$p<0.05$，*$p<0.1$．

第1章　首都圏の老いについて：人口高齢化と住宅老朽化が交錯するとき　　31

同住宅比率と老朽住宅比率を同時に用いると，老朽住宅比率の係数が有意に正値をとってしまうが，後に見るように，こうした推計結果は頑健といえない．

　都県別に見ていくと，埼玉県（**表 1-5-2**）の結果は，首都圏全体のものと大きく変わるところがない．ただし，老朽共同住宅比率と老朽住宅比率を同時に説明変数に用いても，老朽住宅比率の係数が有意に正値をとることはない．千葉県（**表 1-5-3**）については高齢者比率だけが，東京都（**表 1-5-4**）については人口密度だけが地価動向をそれぞれ決定している．

　神奈川県（**表 1-5-5**）の推計結果は非常に興味深い．人口動態の地価に与える影響は人口密度の変化にしか認められないが，老朽共同住宅比率や空き家率の上昇が地価を有意に引き下げる方向に働いている．神奈川県においては，地価低迷の背後に，人口動態ばかりではなく，住宅の老朽化や遊休化が強く影響を及ぼしてきた．

　最後に老朽住宅比率や空き家率の地価に対する影響が人口密度毎に異なる可能性を考慮して，人口密度 7,000 人以上ダミーの交差項を含めて推計している．**表 1-6** に報告された推計結果によると，老朽共同住宅の更新が停滞するとともに地価が低迷する現象は，基本的に人口密度が 7,000 人を下回る市区町村で認められる．本推計では，老朽住宅比率の変化が地価を有意に変化させることはない．また，空き家率の上昇は地価を有意に引き下げるが，人口密度 7,000 人を上回る市区町村ではその効果が打ち消されている．ここでの推計結果を見る限りは，4.1 節で見てきたように空き家率の上昇や老朽共同住宅更新の停滞は東京 23 区やその周辺でも認められたが，これらが地価に影響を及ぼしてはいない．

5. 人口密度 1 万人規模の「都市の老い」：
人口流入の停滞と老朽共同住宅の将来動向

5.1. 東京都の中堅都市における人口流入の停滞

　本節では，第 2 節から第 4 節の推計作業で直接取り扱ってこなかった 2 つの要因，すなわち，人口流入の停滞と老朽共同住宅の将来動向について，東京都の実態を詳しく見ていきたい．

表 1-6　住宅の老朽化・遊休化と地価形成に関する推計結果
（人口密度ダミーの交差項を含む推計，首都圏）

人口変化率	0.762^{***} (0.195)	0.841^{***} (0.190)	0.748^{***} (0.195)	0.659^{***} (0.207)	0.733^{***} (0.207)	0.640^{***} (0.207)
高齢率変化率	-0.668^{***} (0.130)	-0.613^{***} (0.134)	-0.679^{***} (0.128)	-0.666^{***} (0.133)	-0.612^{***} (0.136)	-0.678^{***} (0.130)
若年率変化率	0.034 (0.183)	0.059 (0.193)	0.060 (0.181)	0.043 (0.171)	0.073 (0.184)	0.073 (0.174)
老朽共同住宅比率 変化幅	-0.005^{**} (0.002)		-0.006^{**} (0.002)	-0.005^{***} (0.002)		-0.006^{***} (0.002)
人口密度 7 千人以上 ダミーとの交差項	0.008^{**} (0.004)		0.010^{*} (0.005)	0.008^{**} (0.004)		0.009^{*} (0.005)
老朽住宅比率変化幅		-0.002 (0.004)	0.005 (0.005)		-0.002 (0.004)	0.005 (0.005)
人口密度 7 千人以上 ダミーとの交差項		0.006 (0.007)	-0.005 (0.010)		0.005 (0.007)	-0.004 (0.010)
空き家率変化幅				-0.005^{**} (0.003)	-0.006^{**} (0.003)	-0.006^{**} (0.003)
人口密度 7 千人以上 ダミーとの交差項				0.003 (0.005)	0.003 (0.005)	0.003 (0.005)
人口密度 7 千人以上ダミー	0.080^{***} (0.012)	0.091^{***} (0.026)	0.064^{**} (0.031)	0.082^{***} (0.012)	0.092^{***} (0.025)	0.066^{**} (0.031)
定数項	0.058^{**} (0.028)	0.043 (0.032)	0.077^{**} (0.034)	0.058^{**} (0.028)	0.046 (0.031)	0.079^{**} (0.033)
標本サイズ 決定係数	158 0.599	158 0.572	158 0.603	158 0.609	158 0.583	158 0.614

注：括弧内は分散不均一性に頑健な標準偏差．$^{***}p<0.01$，$^{**}p<0.05$，$^{*}p<0.1$．

　まずは，東京都における人口流入の停滞の実態を概観していく．1990 年，2000 年，2010 年，2015 年の「国勢調査」では，調査時点以前の 5 年間の地域間人口移動について，現在人口に対する流入者数（正確には，自市区町村外から移動してきた人口）の割合を求めることができる．すなわち，1990 年調査では 1985 年から 1990 年にかけての転入率，2000 年調査では 1995 年から 2000 年にかけての転入率，2010 年調査では 2005 年から 2010 年にかけての転入率，2015 年調査では 2010 年から 2015 年にかけての転入率が得られる．

　図 1-13 は，東京都の市区町村について，横軸に 2015 年時点の人口密度をと

第1章 首都圏の老いについて：人口高齢化と住宅老朽化が交錯するとき　　33

図 1-13　2015 年の人口密度と 1990 年から 2000 年にかけての転入率の変化

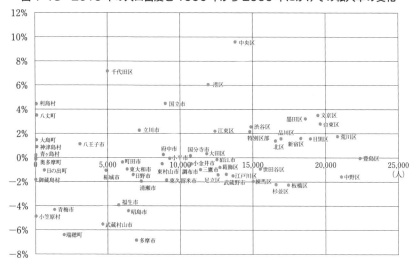

り，縦軸に転入率の 1990 年から 2000 年の変化をプロットしている．多くの市区町村は，転入率に大きな変化がなく，転入率の変化幅はプラス・マイナス 2% 以内にとどまっている．ただし，人口密度が非常に低い地域では転入率が大きく低下し，人口密度が非常に高い地域では転入率が上昇する傾向も認められる．

図 1-14 は，図 1-13 と同様の関係を 2000 年から 2015 年の転入率の変化について見たものである．図 1-14 によると，人口密度が 5,000 人から 15,000 人規模の中堅市区において，転入率が大幅に低下する傾向が認められる．たとえば，国立市の転入率は，1990 年から 2000 年にかけて 4% 以上上昇したのに対して，2000 年から 2015 年にかけて 10% 近く低下している．立川市の転入率も，前半期に 2% 強上昇したのに対して，後半期に 7% 近く低下している．図 1-15 によると，中堅都市において 35 歳から 49 歳の転入率が 2000 年から 2010 年にかけて低下している．なお，本章執筆時点では，2015 年の「国勢調査」について年齢階層別の転入者のデータは得られなかった．

以上 3 つの図が示すように，東京都では，21 世紀に入って人口密度 10,000 人前後の市区で人口流入が急激に鈍化し，そのことが人口減少の要因となって

図 1-14　2015年の人口密度（横軸）と2000年から2015年までの転入率の変化（縦軸）

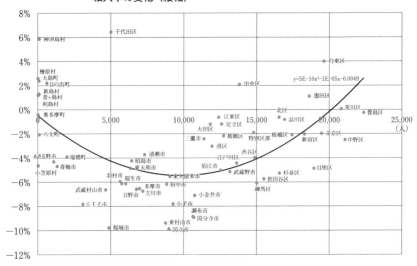

図 1-15　2000年の人口密度と35歳から49歳の転入率の変化（2000年から2010年）

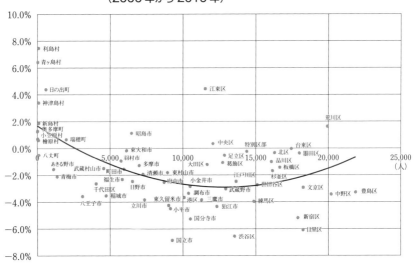

きた.

5.2. 共同住宅老朽化の将来動向

第4節では，共同住宅の老朽化について 2008 年から 2013 年の動向を見てきたが，本小節では，第3章（清水・中川論文）で作成した首都圏共同住宅データベースを用いながら，東京都の老朽共同住宅の将来動向について概観してみよう．ここでは，2015 年時点と 2030 年時点において，老朽共同住宅比率を「住宅総面積（2015 年時点のデータ）」に対する 1990 年以前に建てられた共同住宅の延べ床面積」として東京都の市区町村別に計算している．

図 1-16 は，横軸に 2015 年の人口密度をとり，縦軸に 2015 年の老朽共同住宅比率をとって東京都の市区町村データをプロットしたものである．人口密度が高まるとともに，1990 年以前に建てられた共同住宅の比率が高まっている．

図 1-17 は，図 1-16 と同様に横軸に 2015 年の人口密度をとっているが，縦軸は老朽共同住宅比率の 2015 年から 2030 年にかけての老朽住宅比率の変化をプロットしたものである．注目すべき点は，2015 年時点で老朽共同住宅比率が

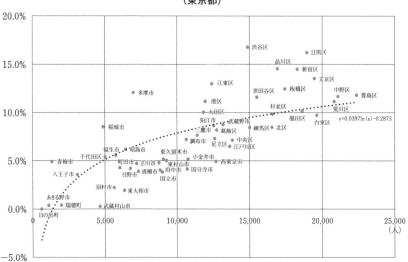

図 1-16 2015 年における人口密度と老朽共同住宅床面積/住宅総面積（東京都）

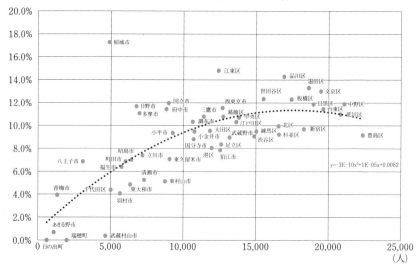

図 1-17　2015 年の人口密度と老朽共同住宅床面積/住宅総面積の変化
（東京都，2015 年から 2030 年）

かならずしも高くなかった人口密度 5,000 人から 10,000 人にかけての市において老朽共同住宅比率が急激に上昇することが予想されている．たとえば，国立市，府中市，日野市は，老朽共同住宅比率が 2015 年時点で高い水準でなかったが，2030 年にかけて同比率が大きく上昇していく．また，多摩市や稲城市は，老朽共同住宅比率が 2015 年ですでに高い水準にあったが，2030 年にかけて同比率がいっそう伸びている．

こうして見てきて明らかなように，共同住宅の老朽化は，都市部中核から周辺に広がっている都市現象といえる．向こう 15 年間を見ると，人口密度が 10,000 人前後の規模の自治体にまで急速に広がっていく．

5.3. 首都圏中堅都市の「老い」

本小節では，首都圏の中堅市区において，人口流入の停滞，共同住宅の老朽化，空き家の増加が同時進行している実態を概観していこう．こうした「都市の老い」現象を特定するために以下の 4 つの指標を用いた．

①「国勢調査」から算出した転入率が 2000 年から 2015 年にかけて 5% 以上

第 1 章　首都圏の老いについて：人口高齢化と住宅老朽化が交錯するとき　　37

低下する．

②首都圏共同住宅データベースから算出した老朽共同住宅比率が 2015 年から 2030 年にかけて 8％以上上昇する．

③「住宅・土地統計調査」から算出した老朽共同住宅比率が 2008 年から 2013 年にかけて減少していない．

④「住宅・土地統計調査」から算出した空き家率が 2008 年から 2013 年にかけて上昇している．

表 1-7-1 から表 1-7-4 は，首都 4 都県の市区毎に上述の 4 つの指標を報告している．人口流入停滞，共同住宅老朽化，空き家増加が認められる指標については薄い網掛けで示している．また，東京 23 区との相対的な位置を示すために，23 区に近接する市区については，市区名に濃い網掛けをしている．なお，東京都（表 1-7-3）については，東京 23 区の縁辺区や多摩地区の市についても網掛けしている．

表 1-8 は，4 都県の市区町村毎に上の①から④の指標のうち 3 つ以上該当する市区町村をリストしたものである．表 1-8 によると，東京 23 区の縁辺区と，23 区に近接する自治体において「都市の老い」の問題が深刻であることが浮かび上がってくる．

東京都と神奈川県では，「都市の老い」の問題を抱えている市区が多い．東京 23 区内では，墨田区に加えて，西側に位置する縁辺区である杉並区，世田谷区，大田区が表 1-8 に含まれている．世田谷区と杉並区は，人口流入の停滞，共同住宅の老朽化，空き家増のいずれの問題も抱えている．さらに東京都では，23 区に近接する武蔵野市や調布市より西側の多摩地区にある自治体の多くが「都市の老い」の問題を抱えている．

神奈川県では，中原区，高津区，多摩区などの東京 23 区の西側に近接する川崎市の区が表 1-8 に含まれている．横浜市の多くの区も「都市の老い」の問題を抱えている．特に港南区は，4 つの指標すべてで問題を抱えている．大和市をはじめとして横浜市の西部に位置する 4 市も含まれている．

埼玉県は，草加市，戸田市，朝霞市，和光市，さいたま市浦和区と，東京 23 区の北側で近接する市区が「都市の老い」の問題を抱えている．2003 年に誕生したさいたま市は，2000 年について区毎の転入率のデータがないが，南

38　第1部　都市の老い

表 1-7-1　市区別の人口密度，転入率の変化，老朽共同住宅比率の変化，および空き家率の変化（濃い網掛けの市区は東京 23 区に近接する市区，埼玉県）

	人口密度（2015年, 薄い網掛け：7,000人から12,000人）	転入率の変化（2000年から2015年, 薄い網掛け：-5%以下）	老朽共同住宅比率（築25年以上）の変化（2015年から2030年, 首都圏共同住宅DB, 薄い網掛け：8%以上）	老朽共同住宅比率（1980年以前築）の変化（2008年から2013年, 住宅土地統計, 薄い網掛け：正値）	空き家率の変化（2008年から2013年, 住宅土地統計, 薄い網掛け：正値）
さいたま市	5,815			-0.5%	-0.9%
西区	2,993		1.4%	-3.6%	-0.3%
北区	8,519		8.7%	-3.8%	-1.5%
大宮区	8,890		7.2%	2.9%	-3.9%
見沼区	5,279		4.9%	-1.3%	0.8%
中央区	11,770		13.7%	-2.3%	-3.4%
桜区	5,255		7.1%	-2.4%	0.1%
浦和区	13,414		13.6%	1.6%	1.6%
南区	13,038		14.7%	1.7%	-1.0%
緑区	4,409		2.4%	4.4%	-2.0%
岩槻区	2,234		0.2%	-10.1%	0.1%
川越市	3,210	-4.1%	3.8%	-3.1%	-1.6%
熊谷市	1,243	-4.0%	0.9%	0.3%	1.7%
川口市	9,334	-4.8%	8.5%	-6.1%	1.1%
行田市	1,217	-2.1%	0.2%	1.3%	-0.3%
秩父市	110	-2.6%	0.0%	-1.1%	-1.3%
所沢市	4,658	-6.4%	6.1%	-2.8%	-0.3%
飯能市	418	-4.0%	2.8%	6.3%	-0.7%
加須市	843	-4.1%	0.2%	-0.7%	-0.5%
本庄市	868	-3.4%	0.3%	-3.6%	1.1%
東松山市	1,399	-2.1%	0.9%	2.7%	1.5%
春日部市	3,521	-5.4%	3.7%	-2.1%	-0.7%
狭山市	3,111	-4.1%	2.9%	-3.7%	0.5%
羽生市	938	-2.2%			2.3%
鴻巣市	1,752	-6.1%	1.6%	-0.9%	1.9%
深谷市	1,040	-4.5%	0.1%		4.7%
上尾市	4,948	-5.2%	2.4%	-0.1%	0.6%
草加市	8,998	-6.5%	8.2%	1.5%	-1.1%
越谷市	5,604	-4.5%	5.3%	-0.5%	0.8%
蕨市	14,137	-4.0%	7.5%	-7.4%	1.6%
戸田市	7,481	-8.3%	12.7%	1.1%	-0.2%
入間市	3,322	-4.9%	3.7%	-4.1%	-4.6%
朝霞市	7,418	-9.7%	12.8%	-3.5%	1.0%
志木市	8,028	-3.9%	4.4%	-4.3%	0.8%
和光市	7,315	-10.1%	11.5%	-3.3%	5.0%
新座市	7,119	-6.7%	6.9%	-7.2%	0.4%
桶川市	2,916	-4.5%	2.2%	-3.0%	1.9%
久喜市	1,843	-4.8%	0.7%	3.2%	-1.3%
北本市	3,401	-3.3%	1.3%	1.2%	1.8%
八潮市	4,810	1.0%	2.8%	-2.2%	0.5%
富士見市	5,468	-8.0%	5.2%	-0.4%	-1.5%
三郷市	4,531	0.7%	3.0%	-1.9%	0.4%
蓮田市	2,287	-4.1%	0.8%	-4.3%	1.8%
坂戸市	2,478	-4.1%	0.8%	0.8%	1.5%
幸手市	1,548	-1.2%	0.6%	-0.3%	0.9%
鶴ヶ島市	3,981	-6.0%	3.7%	-0.6%	0.6%
日高市	1,190	-1.4%	0.8%	-0.4%	2.2%
吉川市	2,203	-3.3%	0.8%		0.1%
ふじみ野市	7,583		0.8%	-4.3%	3.5%
白岡市	2,069		0.8%		7.8%

表 1-7-2　市区別の人口密度，転入率の変化，老朽共同住宅比率の変化，および空き家率の変化（濃い網掛けの市区は東京 23 区に近接する市区，千葉県）

	人口密度（2015年，薄い網掛け：7,000人から12,000人）	転入率の変化（2000年から2015年，薄い網掛け：-5%以下）	老朽共同住宅比率（築25年以上）の変化（2015年から2030年，首都圏共同住宅DB，薄い網掛け：8%以上）	老朽共同住宅比率（1980年以前築）の変化（2008年から2013年，住宅土地統計，薄い網掛け：正値）	空き家率の変化（2008年から2013年，住宅土地統計，薄い網掛け：正値）
千葉市	3,579	-5.3%		0.3%	-1.1%
中央区	4,591	-4.3%	7.2%	0.1%	-1.9%
花見川区	5,244	-7.4%	7.2%	-5.0%	1.2%
稲毛区	7,595	-6.0%	6.0%	0.3%	0.5%
若葉区	1,797	-6.3%	2.8%	7.9%	-8.2%
緑区	1,916	-13.9%	5.8%	-0.3%	2.5%
美浜区	7,017	-10.7%	14.0%	2.3%	-0.6%
銚子市	765	1.1%	0.0%	-1.4%	2.6%
市川市	8,381	-7.3%	7.9%	-0.5%	1.0%
船橋市	7,274	-6.6%	8.4%	-4.3%	-0.6%
館山市	431	-0.3%	0.0%	3.6%	3.3%
木更津市	966	1.2%	0.4%	-3.1%	0.9%
松戸市	7,873	-6.4%	7.8%	-2.0%	-1.5%
野田市	1,483	-4.1%	0.5%	-4.9%	-3.4%
茂原市	898	-3.8%	0.6%	-9.1%	2.0%
成田市	614	-6.8%	1.2%	-4.3%	-2.6%
佐倉市	1,666	-7.1%	4.6%	-1.0%	-1.7%
東金市	681	-6.7%	0.8%		3.4%
旭市	511	-4.3%	0.0%		-0.1%
習志野市	8,013	-6.1%	10.0%	-7.2%	-0.1%
柏市	3,609	-6.0%	4.2%	-0.3%	-1.0%
勝浦市	205	0.9%	1.6%	8.2%	0.9%
市原市	746	-3.2%	1.3%	-2.7%	0.5%
流山市	4,938	-3.4%	4.4%	-3.2%	1.0%
八千代市	3,760	-9.7%	6.8%	-2.4%	6.7%
我孫子市	3,051	-7.8%	4.7%	-5.3%	1.4%
鴨川市	178	-1.3%	1.1%	-6.2%	-1.2%
鎌ケ谷市	5,170	-6.5%	2.6%	-1.9%	0.6%
君津市	270	-2.9%	0.2%	-15.4%	-5.2%
富津市	222	-0.2%	0.0%	-1.5%	1.9%
浦安市	9,485	-9.9%	15.1%	-2.0%	-3.7%
四街道市	2,586	-5.9%	2.1%	1.3%	-0.5%
袖ケ浦市	642	-3.0%	0.2%	-2.5%	-3.2%
八街市	945	-10.4%	0.3%	-0.6%	-1.3%
印西市	749	-3.3%	7.4%	-2.6%	-1.1%
白井市	1,740		4.6%	-6.3%	-2.1%
富里市	922		0.3%	-5.0%	-4.3%
南房総市	170			-16.1%	2.1%
匝瑳市	367			3.8%	3.7%
香取市	296			-4.7%	0.5%
山武市	356		0.2%	-5.3%	-2.1%
いすみ市	245		0.3%	-4.0%	4.9%
大網白里市	847				

40　　第 1 部　都市の老い

表 1-7-3　市区別の人口密度，転入率の変化，老朽共同住宅比率の変化，および空き家率の変化（濃い網掛けの市区は東京 23 区に近接する市区，東京都）

	人口密度（2015年，薄い網掛け：7,000人から12,000人）	転入率の変化（2000年から2015年，薄い網掛け：-5%以下）	老朽共同住宅比率（築25年以上）の変化（2015年から2030年，首都圏共同住宅DB，薄い網掛け：8%以上）	老朽共同住宅比率（1980年以前築）の変化（2008年から2013年，住宅土地統計，薄い網掛け：正値）	空き家率の変化（2008年から2013年，住宅土地統計，薄い網掛け：正値）
特別区部	14,796	−1.9%		−3.5%	−0.2%
千代田区	5,004	6.4%	4.4%	−7.0%	−12.5%
中央区	13,819	2.1%	10.7%	−5.3%	−14.8%
港区	11,949	−3.0%	8.1%	−5.8%	3.0%
新宿区	18,297	−2.0%	9.7%	−2.3%	−0.4%
文京区	19,469	−2.0%	13.0%	−2.0%	−0.2%
台東区	19,635	4.0%	11.5%	−3.0%	−5.4%
墨田区	18,621	1.1%	13.3%	0.1%	2.0%
江東区	12,404	−0.6%	14.8%	−5.4%	−0.5%
品川区	16,930	−0.8%	14.3%	−5.2%	−0.3%
目黒区	18,957	−4.9%	11.9%	−2.8%	−6.5%
大田区	11,829	−1.2%	9.5%	1.1%	2.6%
世田谷区	15,511	−5.7%	12.3%	−5.4%	2.8%
渋谷区	14,879	−4.0%	9.1%	−4.2%	−1.6%
中野区	21,083	−2.5%	11.9%	−0.2%	4.6%
杉並区	16,584	−5.3%	9.2%	−1.9%	0.1%
豊島区	22,373	−0.3%	9.2%	−1.5%	2.9%
北区	16,549	−0.6%	10.0%	−8.3%	0.2%
荒川区	20,819	0.1%	11.0%	−8.3%	−2.7%
板橋区	17,441	−2.1%	12.3%	−3.0%	−0.2%
練馬区	15,019	−6.1%	9.5%	−1.0%	−0.5%
足立区	12,603	−1.2%	8.4%	−8.1%	−2.8%
葛飾区	12,738	−2.2%	10.8%	−2.8%	−0.7%
江戸川区	13,633	−4.4%	10.3%	−3.9%	1.4%
八王子市	3,093	−7.8%	6.9%	−2.1%	−0.4%
立川市	7,200	−6.8%	7.4%	−0.9%	0.5%
武蔵野市	13,177	−5.1%	9.0%	−7.4%	5.1%
三鷹市	11,397	−2.4%	10.8%	2.6%	−1.3%
青梅市	1,328	−4.7%	3.9%	−0.6%	2.7%
府中市	8,839	−6.2%	11.4%	−0.7%	1.0%
昭島市	6,431	−4.2%	7.0%	0.1%	2.3%
調布市	10,642	−8.9%	10.3%	1.7%	1.5%
町田市	6,024	−6.1%	6.9%	3.3%	−0.9%
小金井市	10,760	−7.1%	9.5%	−4.3%	1.9%
小平市	9,276	−7.8%	9.4%	−2.1%	0.0%
日野市	6,765	−6.6%	11.7%	−4.3%	1.2%
東村山市	8,759	−9.4%	5.1%	−5.4%	−0.5%
国分寺市	10,707	−8.9%	8.8%	−0.5%	2.5%
国立市	8,991	−9.9%	12.0%	1.2%	0.0%
福生市	5,751	−6.1%	6.4%	2.4%	−1.7%
狛江市	12,531	−5.0%	7.9%	0.2%	1.8%
東大和市	6,346	−4.8%	4.8%	−6.0%	1.2%
清瀬市	7,321	−3.7%	5.3%	−1.8%	0.3%
東久留米市	9,058	−5.5%	7.1%	−0.2%	−1.5%
武蔵村山市	4,652	−6.6%	0.4%	4.7%	−0.6%
多摩市	6,979	−6.5%	11.1%	−2.7%	2.1%
稲城市	4,877	−9.8%	17.3%	−3.5%	0.4%
羽村市	5,641	−5.9%	4.1%	0.9%	0.5%
あきる野市	1,102	−4.3%	0.7%	−1.6%	0.0%
西東京市	12,687		11.5%	−7.1%	0.0%

注：　東京 23 区縁辺，　23 区近接多摩地区，　それ以外の多摩地区

第1章　首都圏の老いについて：人口高齢化と住宅老朽化が交錯するとき

表 1-7-4　市区別の人口密度，転入率の変化，老朽共同住宅比率の変化，および空き家率の変化（濃い網掛けの市区は東京23区に近接する市区，神奈川県）

	人口密度（2015年，薄い網掛け：8,000人から12,000人）	転入率の変化（2000年から2015年，薄い網掛け：−5%以下）	老朽共同住宅比率（築25年以上）の変化（2015年から2030年，首都圏共同住宅DB，薄い網掛け：8%以上）	老朽共同住宅比率（1980年以前築）の変化（2008年から2013年，住宅土地統計，薄い網掛け：正値）	空き家率の変化（2008年から2013年，住宅土地統計，薄い網掛け：正値）
横浜市	8,517	−4.3%		−1.8%	0.4%
鶴見区	8,589	−4.2%	12.0%	−2.8%	2.3%
神奈川区	10,076	−5.6%	11.7%	−2.6%	2.8%
西区	14,019	−4.3%	15.5%	−4.3%	−1.9%
中区	6,998	−3.5%	11.6%	−6.3%	0.9%
南区	15,409	−5.3%	17.7%	−3.8%	−0.7%
保土ケ谷区	9,374	−7.7%	11.8%	−4.8%	0.4%
磯子区	8,728	−4.0%	10.3%	−0.7%	−0.5%
金沢区	6,534	−7.0%	8.8%	−5.3%	0.7%
港北区	10,964	−8.1%	14.1%	−0.6%	0.4%
戸塚区	7,694	−7.6%	14.6%	−2.0%	0.4%
港南区	10,843	−6.8%	9.7%	4.3%	1.0%
旭区	7,554	−7.4%	4.8%	0.1%	1.0%
緑区	7,073	−7.8%	11.8%	−0.7%	0.2%
瀬谷区	7,258	−7.2%	4.9%	2.6%	0.8%
栄区	6,600	−5.2%	9.9%	4.4%	−3.8%
泉区	6,533	−8.6%	5.0%	8.3%	−0.2%
青葉区	8,798	−14.3%	12.6%	−1.9%	−1.3%
都筑区	7,603	−19.8%	16.9%	−3.3%	1.1%
川崎市	10,317	−5.4%		−1.9%	0.3%
川崎区	5,652	−0.8%	6.7%	−0.5%	−0.6%
幸区	16,070	−1.3%	9.9%	3.6%	−0.3%
中原区	16,789	−5.8%	21.0%	−3.1%	0.6%
高津区	13,944	−10.1%	17.5%	−4.8%	0.9%
多摩区	10,451	−11.0%	11.6%	−2.0%	0.8%
宮前区	12,123	−12.0%	15.4%	−4.5%	0.2%
麻生区	7,551	−10.3%	14.4%	2.7%	−0.1%
相模原市	2,194	−7.2%		−0.4%	0.2%
緑区	685		4.4%		
中央区	7,324		5.9%		
南区	7,273		5.6%		
横須賀市	4,033	−2.6%	6.6%	−4.5%	2.5%
平塚市	3,808	−2.8%	4.1%	0.8%	1.9%
鎌倉市	4,360	−4.5%	7.8%	−4.4%	2.5%
藤沢市	6,096	−4.2%	7.9%	−0.2%	0.7%
小田原市	1,706	−2.3%	1.2%	−1.0%	2.0%
茅ヶ崎市	6,707	−5.3%	4.6%	0.1%	2.1%
逗子市	3,269	−4.9%	7.0%	3.5%	−0.8%
三浦市	1,414	−1.4%	7.0%	9.7%	3.4%
秦野市	1,613	−4.8%	7.0%	−1.3%	1.6%
厚木市	2,403	−6.5%	3.3%	0.9%	1.6%
大和市	8,603	−5.4%	11.1%	1.7%	1.1%
伊勢原市	1,828	−5.7%	2.1%	−4.9%	3.1%
海老名市	4,900	−5.9%	8.8%	0.9%	1.9%
座間市	7,322	−10.1%	8.1%	−4.4%	−0.1%
南足柄市	562	−1.5%	0.1%	10.9%	−1.1%
綾瀬市	3,818	−4.6%	3.2%	3.4%	−2.0%

42　　　　　　　　　　　　　　　第1部　都市の老い

表 1-8　転入率の低下，老朽共同住宅比率の上昇，空き家率の上昇が同時進行する地域

	都県内	23区側
埼玉県	さいたま市（浦和区，〈南区〉），草加市，戸田市，朝霞市，和光市	
千葉県	千葉市（稲毛区，美浜区），市川市	墨田区
東京都	武蔵野市，府中市，調布市，小金井市，日野市，国分寺市，国立市，狛江市，多摩市，稲城市，羽村市	杉並区，世田谷区
神奈川県	川崎市（中原区，高津区，多摩区，宮前区，麻生区），横浜市（神奈川区，保土ヶ谷区，金沢区，港北区，戸塚区，港南区，旭区，緑区，瀬谷区，栄区，都筑区），茅ヶ崎市，厚木市，大和市，海老名市	大田区

区は，それと接する戸田市や朝霞市の動向に照らして転入率が 5% 以上低下したと考えられる．その場合，南区も「都市の老い」の問題を抱えていると判断される．

　一方，千葉県は，そもそも人口密度 1 万人程度の市区が少ないこともあって，「都市の老い」の問題を抱える市区は多くない．それでも，千葉県の稲毛区や美浜区，市川市が表 1-8 に含まれている．東京 23 区の東に位置して人口密度が比較的高い浦安市（9,485 人），習志野市（8,013 人），松戸市（7,873 人），船橋市（7,274 人）では，転入率が 2000 年から 2015 年にかけて 6% 以上低下している．特に，浦安市の転入率低下は 10% 近くに達している．千葉県にあって比較的人口密度が高い市でも，転入減に起因する人口減少が今後進行していくであろう．

5.4.「都市の老い」の規模感

　本節の最後に「都市の老い」の問題を抱える市区の規模感を都県毎に概観してみよう．

　第 2 節から本節までの分析を踏まえると，向こう 15 年間に人口減少・高齢化や空き家増加のように首都圏の周辺部から中心部に向けて押し寄せる問題と，人口流入の停滞や共同住宅の老朽化のように都市部で発生している問題がちょうどぶつかり合う人口密度 10,000 人前後の自治体で「都市の老い」の問題が深刻になることが予想される．一方，人口密度 15,000 人を超える東京 23 区内，横浜市，川崎市のそれぞれの中核区は，当面の間，人口増加や地価上昇が期待

第1章　首都圏の老いについて：人口高齢化と住宅老朽化が交錯するとき　　43

表 1-9　人口密度別の人口規模（4 都県，2015 年）

埼玉県

全体	7,266,534	
人口密度 15,000 人以上	0	0.0%
10,000 人以上 15,000 人未満	180,152	2.5%
7,000 人以上 10,000 人未満	1,781,499	24.5%
合計	1,961,651	27.0%

千葉県

全体	6,222,666	
人口密度 15,000 人以上	0	0.0%
10,000 人以上 15,000 人未満	0	0.0%
7,000 人以上 10,000 人未満	2,229,721	35.8%
合計	2,229,721	35.8%

東京都

全体	13,515,271	
人口密度 15,000 人以上	5,595,811	41.4%
10,000 人以上 15,000 人未満	4,703,649	34.8%
7,000 人以上 10,000 人未満	1,041,681	7.7%
合計	11,341,141	83.9%

神奈川県

全体	9,126,214	
人口密度 15,000 人以上	603,246	6.6%
10,000 人以上 15,000 人未満	1,565,299	17.2%
7,000 人以上 10,000 人未満	3,090,224	33.9%
合計	5,258,769	57.6%

できる．

　表 1-9 は，4 都県毎に，2015 年における（1）人口密度が 7,000 人から 10,000 人，（2）10,000 人から 15,000 人，（3）15,000 人以上の市区町の人口規模をまとめている．

　表 1-9 によると，「都市の老い」の問題を抱えている市区の規模は，埼玉県や千葉県ではそれほど大きくない．埼玉県は人口密度が 7,000 人以上の市区の規模は 196 万人，千葉県のそれは 223 万人である．それぞれの県人口に占める割合は，埼玉県で 27.0%，千葉県で 35.8% である．

　一方，東京都では，人口密度 7,000 人から 10,000 人の市区の規模は 104 万人，人口密度 10,000 人から 15,000 人の市区の規模は 470 万人である．両者の規模の市区を合わせると 574 万人となり，都人口の 42.5% に達する．ただし，今後も成長が期待できる人口密度 15,000 人以上の市区は，人口規模で 560 万人，都人口の 41.4% に相当する．すなわち，東京都全体では，「都市の老い」を抱えて衰退していく市区と，依然として成長していく市区の規模がほぼ釣り合っていることになる．

　神奈川県は，人口密度 7,000 人から 10,000 人の市区の規模は 309 万人，人口密度 10,000 人から 15,000 人の市区の規模は 157 万人である．両者の規模の市区を合わせると 456 万人となり，神奈川県人口の 51.1% に達する．一方，東

京都と異なって，今後も成長が期待できる人口密度 15,000 人以上の市区は，人口規模で 60 万人，県人口の 6.6% にすぎない．神奈川県は，「都市の老い」の問題を抱えている市区の人口規模は東京都に匹敵するものの，神奈川県を牽引することが期待できる市区の規模は東京都の 1 割強にすぎない．

　このようなファインディングを踏まえながら，「都市の老い」の問題に対して都県レベルでの対応を考えると，東京都は，今後も成長が期待できる東京 23 区内の中核区を牽引力として「都市の老い」の問題に向き合う余力があると考えることができる．一方，埼玉県や千葉県は，成長が期待できる市区をまったく持たないままに，人口規模で 200 万人，県人口比で 3 割前後の規模の「都市の老い」の問題に向き合わなければならない．神奈川県はさらに深刻で，人口規模で 60 万人，県人口比で 7% 弱にすぎない成長市区しか有しないままに，人口規模で 400 万人台半ば，県人口比で 5 割強の規模の「都市の老い」の問題に向き合わなければならない．

6. おわりに

　本章の分析が示すように，今後，20 年の期間に首都圏の中堅市区（人口密度 1 万人前後の市区）にまで，人口減少，地価低迷，住宅ストックの老朽化・遊休化などの「都市の老い」が広がっていくことが予想される．それでは，こうした「都市の老い」にどのような政策対応が必要となってくるのであろうか．ここでは，重要な論点をあげるのにとどめて，詳細な議論は，第 8 章と第 9 章で展開していく．

　第 1 に，首都圏の「都市の老い」が有するもっとも特徴的な点は，東京 23 区を中核として放射線状に多摩地区，川崎市，横浜市，さいたま市，千葉市の方向へと数多くの都市をまたがって広がっているという点である．このような事態を踏まえると，市区町村はおろか，都県をまたがる広域の行政対応が必要となってくる．たとえば，第 5 節で見てきたように，神奈川県では，成長コアをほとんど持たないままに，県人口の 5 割の規模で進行する「都市の老い」に対応しなければならず，首都圏内や国との政策協調が是非とも必要となってくるであろう．

第1章　首都圏の老いについて：人口高齢化と住宅老朽化が交錯するとき　　45

　第2に，今後「都市の老い」を経験していく中堅都市が，これまで人口が成長し，地価が上昇してきた地域であるという点である．そうした成長トレンドから減少トレンドに都市政策の方向性を根本的に変更していくことは，成長や減少のテンポの変化に対応するよりもはるかに難しい．とりわけ，第8章や第9章で詳しく論じるように，都市規模の減少に応じて社会資本ストックを縮小させていく政策は当該地域の複雑な利害対立に直面し，合意形成が非常に難しいであろう．また，住宅ストックについても，首都圏周辺部から急速に進行していく空き家問題や首都圏の中心部から深刻になっていく共同住宅の老朽化問題については，固定資産税減税措置の見直しや区分所有法の改正などの国レベルの対応とともに，土地利用の用途転換などの自治体レベルの対応が必要となってくる．

　第3に，今後，「都市の老い」の問題を抱える中堅都市においても，それぞれの市区町村の中では「都市の老い」の程度が大きく異なってくる．たとえば，地価低下に見舞われる中堅市区であっても，鉄道駅近くなどの利便性が高い地区では依然として土地需要が堅調であろう．一方，交通の利便性が相対的に低い地区では，地価低下のテンポが加速する．こうした市区内のばらつきについて，コンパクトシティ政策など，市区レベルできめ細かな都市政策を展開する必要がある．ただし，第2章の地方都市の分析で指摘しているように，地価形成において市中心部と周辺部で格差があると，機能や人口の再配置をすることが難しくなる可能性にも留意しなければならない．

　このように首都圏の中堅都市が直面する「都市の老い」については，国レベル，首都圏レベル，都県レベル，市区町村レベルでさまざまな政策対応が求められていく．

参考文献

国立社会保障・人口問題研究所（2013），『日本の地域別将来推計人口』（http://www.ipss.go.jp/pp-shicyoson/j/shicyoson13/t-page.asp からダウンロードが可能）.

西村清彦（2014），「不動産バブルと金融危機の解剖学3」『住宅土地経済』No. 97,

pp10–19.

Saita, Y., C. Shimizu and T. Watanabe (2016), "Aging and Real Estate Prices: Evidence from Japanese and US Regional Data," *International Journal of Housing Markets and Analysis*, 9, pp. 69–87.

Tamai, Y., C. Shimizu and K. G. Nishimura (2016), "Aging and Property Prices: Theory of a Very Long Run and Prediction on Japanese Municipalities in the 2040s," *Asian Economic Policy Review*. (forthcoming)

第2章 地方中核都市の老い：
人口動態と地価形成の多様な関係

顧　濤・中川雅之・齊藤　誠

---

1. はじめに

　第1章では，首都圏における人口動態，住宅ストックの老朽化・遊休化，地価形成のダイナミックな関係を市区町村レベルのデータから分析してきた．今後の首都圏の姿を考えると，東京23区の中心地域をコアとしながら，首都圏周辺から中心に向かって生じている人口減少・高齢化の動向と，首都圏中心からその周辺に向かって生じている住宅ストックの遊休化・老朽化の動向がちょうどぶつかり合う東京23区の縁辺区や23区に隣接する地域において「都市の老い」の現象が深刻になることを明らかにしてきた．

　本章では，地方の中核都市を対象としながら，2000年代における人口動態と地価形成のダイナミックな関係を分析していく．さらには，住宅ストックの老朽化・遊休化の動向も概観していく．本章の分析は，第1章の分析とは対照的に，数多くの都市をまたいで広がる現象ではなく，ひとつの都市内で生じている現象を対象としている．具体的には，各地方都市の中心駅からの距離帯によって地域を特徴付け，中心部，周辺部，そしてそれらに挟まれたドーナツ部毎に人口動態と地価形成の関係を見ていく．

　多くの人々は，人口動態と地価形成の関係について，首都圏地域の中心と周辺の相似形を，地方都市内についても思い浮かべるかもしれない．すなわち，

人口減少や高齢化が地方都市内の周辺部で深刻で，そのことを反映して周辺部で地価が大きく低下していると予想するかもしれない．しかし，それぞれの都市内の動向を丁寧に見ていくと，中心部で人口が成長し，縁辺部やドーナツ部で人口が減少しているわけでは必ずしもない．また，人口高齢化も周辺から中心に向かって単調に進行しているわけではなく，人口高齢化が地価形成に対して常にネガティブな影響を及ぼしているわけでもない．

　本章の分析に選択した都市には，古くから政令指定都市であった札幌市（1972年4月に指定），仙台市（1989年4月に指定），福岡市（1972年4月に指定）とともに，新しく政令指定都市となった新潟市（2007年4月に指定），静岡市（2005年4月に指定），浜松市（2007年4月に指定）が含まれている．さらには，2000年代初頭からコンパクトシティ政策を推進してきた富山市も対象としている．古くからの政令指定都市は，人口規模がいずれも100万人を超えているのに対して，それ以外の対象都市の人口は，100万人をかなり下回っている．

　このように都市形成の歴史が異なっている地方都市を分析対象とすることによって，人口動態と地価形成の関係について多様な関係を見出していきたい．たとえば，これらの都市では，21世紀に入って人口減少や高齢化と地価低迷が同時進行する都市もあれば，地価動向がかならずしも人口動態に大きく左右されていない都市もある．地価動向と人口動態の関係が弱い都市では，都市政策によって，人口動態で基本的に決まってくる土地需要の変化を打ち消すように土地供給環境が誘導されている可能性もある．

　第1章の分析結果が広域行政に対していくつもの政策インプリケーションを提供しているが，本章の分析結果からは，それぞれの市で完結する都市政策に対していくつもの政策インプリケーションを得ることができる．特に，コンパクトシティ政策の含意を中心に考察していきたい．

　本章は以下のように構成されている．第2節では，地方都市の人口動態や人口移動の動向を詳しく見ていく．第3節では，まず，都市毎に地価形成の実態を丁寧に観察していく．その上で，人口動態と地価形成の関係について，特に高齢化の進行が地価に及ぼす影響について実証的に検証していく．第4節では，分析の対象とした地方都市における住宅ストックの老朽化や遊休化の実態を概観する．第5節では，本章の分析から得られる政策インプリケーションについ

て議論していきたい.

2. 地方中核都市の人口動態と人口移動

2.1. 選択した都市の人口動態の現在と将来

　まずは，選択した地方都市の人口動態の平均的な姿について現在と将来のありようを概観してみよう．古くからの政令指定都市は，いずれも人口規模が100万人を超えている．2015年時点で札幌市が195.2万人，仙台市が108.2万人，福岡市が153.9万人に達している．**表2-1**によって人口密度の2015年から2035年にかけての動向で見ると，札幌市は，中央区を除いて2015年から2035年にかけて大きく減少していく．ただし，中央区は5,100人前後で推移することが予想されている．仙台市も，ほぼ横ばいで推移する宮城野区を除くすべての区で人口減少が予想されている．福岡市は，博多区と西区で微増，それ以外の区で減少傾向にある．

　一方，新しい政令指定都市は，いずれも人口規模が100万人を下回っている．2015年時点で新潟市が81.0万人，静岡市が70.5万人，浜松市が79.8万人である．2015年から2035年にかけての人口密度は，市全体で見ると，新潟市で1,115人から966人に，静岡市で499人から419人に，浜松市で512人から450人に減少することがそれぞれ見込まれている．

　2000年代初頭からコンパクトシティ政策を展開してきた富山市は，2015年の人口規模が41.9万人で，2015年から2035年にかけての人口密度は337人から295人に減少することが見込まれている．富山市のコンパクトシティ政策では，2002年に「コンパクトな町づくり」，市町村合併がなされた2005年に「富山市総合的都市交通体系マスタープラン」や「富山市まちなか居住推進計画」，2007年に「富山市中心市街地活性化基本計画」，「富山市総合計画」，「富山市公共交通活性化計画」，「富山市公共交通沿線居住推進計画」，2008年に「富山市都市マスタープラン」が次々と打ち出されてきた．富山市は，こうした政策によって公共交通網に沿った地域に都市機能を集約させると同時に，それらの地域に人口移動を促してきた．

　2015年の65歳以上人口比率（以下，高齢者比率と呼ぶ）の動向を見ると，古

50　　　　　　　　　　　第1部　都市の老い

表2-1　選択した地方都市の人口動態に関する現在と将来

	2015年の総人口	人口密度				高齢者比率			
		2010	2015	2025	2035	2010	2015	2025	2035
札幌市	1,952,356	1,707	1,741	1,685	1,592	20.5	24.9	31.7	36.6
札幌市　中央区	237,627	4,743	5,119	5,181	5,193	18.7	21.5	26.4	31.9
札幌市　北区	285,321	4,385	4,488	4,363	4,138	20.2	24.6	30.8	34.9
札幌市　東区	261,912	4,491	4,597	4,382	4,118	19.4	23.6	29.9	34.6
札幌市　白石区	209,584	5,926	6,080	5,821	5,501	19.1	23.0	28.7	34.0
札幌市　豊平区	218,652	4,588	4,730	4,506	4,251	20.3	23.6	30.0	35.3
札幌市　南区	141,190	223	215	195	170	25.8	31.9	42.1	47.9
札幌市　西区	213,578	2,813	2,844	2,759	2,587	21.5	25.7	32.8	38.0
札幌市　厚別区	127,767	5,270	5,241	4,965	4,527	21.9	28.0	36.6	42.4
札幌市　手稲区	140,999	2,460	2,484	2,440	2,304	21.5	27.4	36.2	40.2
札幌市　清田区	115,726	1,948	1,933	1,969	1,881	19.4	25.3	33.2	37.9
仙台市	1,082,159	1,330	1,376	1,343	1,296	18.6	22.6	27.4	31.8
仙台市　青葉区	310,183	964	1,026	1,000	985	19.1	21.9	26.6	30.7
仙台市　宮城野区	194,825	3,273	3,348	3,428	3,391	16.7	21.1	23.8	27.9
仙台市　若林区	133,498	2,601	2,625	2,594	2,486	18.5	22.3	26.7	31.4
仙台市　太白区	226,855	966	993	934	876	20.3	23.7	29.6	34.7
仙台市　泉区	216,798	1,440	1,479	1,423	1,344	18.1	23.8	30.1	34.9
福岡市	1,538,681	4,263	4,481	4,395	4,292	17.7	20.7	26.2	30.4
福岡市　東区	306,015	4,213	4,412	4,252	4,115	17.4	20.5	25.7	29.5
福岡市　博多区	228,441	6,719	7,222	7,348	7,396	17.1	19.6	24.2	27.7
福岡市　中央区	192,688	11,586	12,512	12,131	11,844	16.3	18.0	24.8	30.6
福岡市　南区	255,797	7,976	8,257	7,824	7,404	18.4	21.9	28.2	33.2
福岡市　西区	206,868	2,296	2,458	2,534	2,578	18.9	21.8	26.1	29.5
福岡市　城南区	130,995	8,046	8,192	8,089	7,811	18.0	21.8	27.3	31.3
福岡市　早良区	217,877	2,207	2,273	2,192	2,094	17.7	21.3	27.3	31.5
新潟市	810,157	1,118	1,115	1,046	966	23.2	27.0	31.5	34.6
新潟市　北区	76,328	721	709			22.6	27.4		
新潟市　東区	137,577	3,576	3,562			22.4	26.6		
新潟市　中央区	183,767	4,782	4,868			22.2	25.1		
新潟市　江南区	68,906	920	914			23.2	27.5		
新潟市　秋葉区	76,843	811	806			25.9	29.2		
新潟市　南区	45,685	465	453			24.0	27.6		
新潟市　西区	162,833	1,714	1,731			22.8	26.7		
新潟市　西蒲区	58,218	344	330			26.2	30.3		
富山市	418,686	340	337	319	295	24.5	28.3	31.4	33.7
静岡市	704,989	507	499	462	419	24.7	28.6	31.8	34.8
静岡市　葵区	253,593	238	236			25.7	29.4		
静岡市　駿河区	212,419	2,917	2,908			21.9	25.4		
静岡市　清水区	238,977	935	901			26.1	30.5		
浜松市	797,980	514	512	484	450	22.9	26.4	30.8	34.1
浜松市　中区	237,443	5,378	5,355			21.4	25.0		
浜松市　東区	128,555	2,735	2,777			21.3	24.7		
浜松市　西区	111,353	991	971			22.5	26.5		
浜松市　南区	100,870	2,186	2,154			22.2	26.3		
浜松市　北区	93,567	320	317			24.6	28.2		
浜松市　浜北区	95,900	1,370	1,442			22.6	25.4		
浜松市　天竜区	30,292	36	32			37.9	42.1		

出典：2010年，2015年の実績は「国勢調査」に，2025年，2035年の予測は国立社会保障・人口問題研究所（2013）にそれぞれ依拠している.

くからの政令指定都市はそれ以外の都市に比べて低い．しかし，2035年までの傾向を見ると，両者の違いは縮まっていく．たとえば，2015年で高齢者比率が一番低い福岡市は，20.7％から30.4％に大きく上昇しているが，同時点で一番高い静岡市は，28.6％から34.8％と上昇幅が小さい．

　本章では，以上のような市区町村データでは無視されてしまう都市内の人口密度や高齢者比率の著しく不均一な分布を考慮しながら，人口動態と地価形成の関係を検証していく．特にここで分析対象としている地方中核都市は，全域の人口密度が低くても中心部で非常に高い．高齢者比率も，必ずしも中心部で低くて周辺部で高いというわけではない．本章の地価決定関数の推計では，こうした人口動態の多様な地域内分布を積極的に活用していく．

2.2. 距離帯別の人口動態

2.2.1. 距離帯毎の人口密度の動向

　メッシュデータ化された「国勢調査」を用いながら，各都市の都市構造を踏まえた人口と高齢化の動向を把握するために中心地から30キロ圏内を区切って距離帯毎に集計作業を行っている．具体的には，人口密度と高齢者比率（65歳以上人口密度/全人口密度）のデータについて1995年，2000年，2005年と2010年の「国勢調査」の1キロ平方メッシュデータを用いている．また，「国勢調査」が10月実施，地価公示が年初時点であることを踏まえて，地価公示地点のデータについては，「国勢調査」実施年の翌年のデータ（1996年，2001年，2006年，2011年）を用いている．各都市の中心駅としては，それぞれJRの札幌駅，仙台駅，博多駅，新潟駅，静岡駅，浜松駅，富山駅を採用している．その中心駅から3キロ毎に30キロ圏内の多重リングバッファーを発生させ，距離帯毎の人口密度，高齢者比率，公示地価の平均値を求めている．

　図2-1-1から図2-1-7は，各都市について，距離帯毎に1995年の人口密度，2000年，2005年，2010年について1995年水準に対する人口密度比をグラフ化している．

　まずは，都市毎に距離帯別人口密度の水準と変化を1995年から2010年にかけて見ていこう．古い政令指定都市である札幌市と福岡市については，中心部で人口が増大するとともに，18キロ圏前後のドーナツ部でも人口拡大が認め

図2-1-1 距離帯別の人口密度（札幌市）

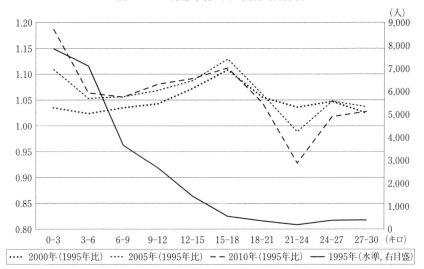

図2-1-2 距離帯別の人口密度（仙台市）

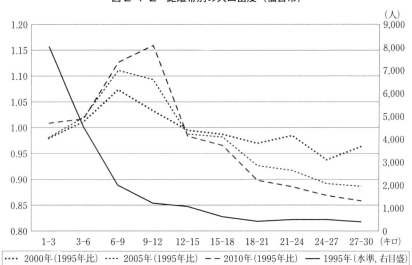

第 2 章　地方中核都市の老い：人口動態と地価形成の多様な関係

図 2-1-3　距離帯別の人口密度（福岡市）

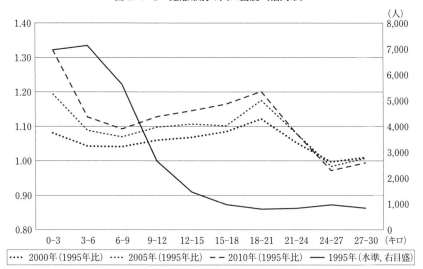

図 2-1-4　距離帯別の人口密度（新潟市）

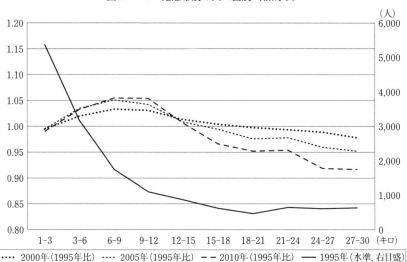

図2-1-5 距離帯別の人口密度（富山市）

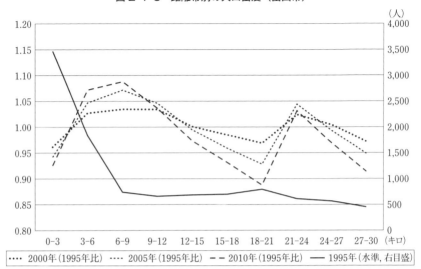

図2-1-6 距離帯別の人口密度（静岡市）

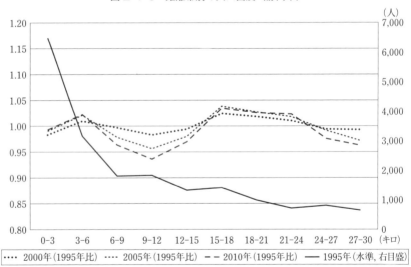

第2章　地方中核都市の老い：人口動態と地価形成の多様な関係

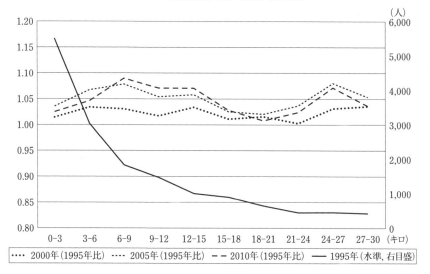

図2-1-7　距離帯別の人口密度（浜松市）

られる．

　札幌市（図2-1-1）は，1995年の人口密度が市中心部（3キロ圏内）で7,861人であったが，周辺部に向けて急激に低下し，15キロ圏外では1,000人を大きく下回っていた．その後の動向は，2010年にかけて3キロ圏内で人口が2割増加するとともに，18キロ圏前後のドーナツ部でも1割拡大している．しかし，21キロ圏外では人口が縮小している．

　福岡市（図2-1-3）は，1995年の人口密度が「3キロから6キロ距離帯」で7,131人の水準であったが，15キロ圏外で1,000人を割り込んでいた．2010年にかけては，中心部で3割増加し，18キロ圏前後のドーナツ部で2割拡大している．しかし，21キロ圏外では人口が縮小している．

　一方，仙台市（図2-1-2）は，札幌市や福岡市と異なって，1995年から2010年にかけて中心部の人口拡大は認められず，3キロ圏内の人口密度は，8,000人前後で安定して推移してきた．しかし，9キロ圏前後のドーナツ部では，人口が15%程度増加している．なお，15キロ圏外では人口が縮小傾向にある．

　一方，新しい政令指定都市である新潟市（図2-1-4），静岡市（図2-1-6），浜松市（図2-1-7）では，1995年の人口密度が中心部で5,000人半ばから6,000

人半ばの水準にあって周辺部に向かって急激に減少し，12キロ圏外では概ね1,000人を切っていた．1995年から2010年にかけての動向は，古い政令指定都市に比べると，人口密度の変化がそれほど大きくなく，上下5%の範囲にほぼとどまっている．

きわめて特徴的なのは，富山市（**図2-1-5**）の動向である．富山市は，1995年時点で人口密度が6キロ圏内で2,000人から3,500人の水準であったが，6キロ圏外では1,000人を大きく下回っていた．すなわち，低人口密度地域が中心部を除いて広がっていたことになる．しかし，1995年から2010年にかけては，2000年代初頭から展開されたコンパクトシティ政策の効果を反映して，12キロ圏内への人口集中が認められる．すなわち，「3キロから12キロの距離帯」で人口が5%以上増加し，逆に「12キロから21キロの距離帯」で人口が10%近く減少している．

それぞれの都市毎に見てきた距離帯別の人口動向の多様なパターンは，第3節における地価関数の推計においても，距離帯ダミーの交差項を説明変数に加えることによって人口動態の多様なパターンが地価に対する影響を検証している．

2.2.2. 高齢者比率の水準と変化

次に，距離帯別の高齢者比率の動向を見ていこう．**図2-2-1**によると，1995年の高齢者比率は，いずれの距離帯でも，古い政令指定都市は低く，新しい政令指定都市は高い．富山市はさらに高い水準を示している．たとえば，3キロ圏内の高齢者比率を見てみると，札幌市，仙台市，福岡市が12%前後なのに対して，新潟市，静岡市，浜松市が15%強であった．富山市は17.0%に達している．

また，距離帯毎の傾向は，いずれの都市も3キロ圏内で水準が高く，「6キロから9キロ距離帯」にかけて低下する一方で，9キロ圏外では周辺に向かって上昇する傾向が認められる．たとえば，仙台市の場合，3キロ圏内で12.1%，「6キロから9キロ距離帯」で8.8%まで低下し，それより周辺では，「18キロから21キロ距離帯」で17.5%，「27キロから30キロ距離帯」で18.8%まで上昇している．

第2章 地方中核都市の老い：人口動態と地価形成の多様な関係

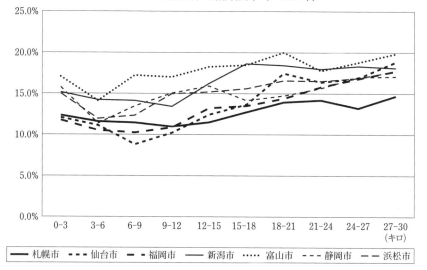

図2-2-1　距離帯別の高齢者比率（1995年）

凡例：札幌市　仙台市　福岡市　新潟市　富山市　静岡市　浜松市

　高齢者比率の動向を1995年から2000年の変化（図2-2-2）と2000年から2010年（図2-2-3）にかけての変化に分けて見てみよう．前者の期間では，いずれの距離帯でも上昇傾向にあり，周辺部の高齢化が進行する傾向にある．しかし，富山市を除いて，3キロ圏内では高齢化がそれほど進んでいない．また，静岡市や浜松市では，18キロ圏内の方で高齢化がかえって進んでいる．

　2000年から2010年にかけては，いずれの都市も，「6キロから9キロ圏」前後のドーナツ部で高齢化が進行している．一方，高齢化比率が依然として低かった中心部と，すでに高齢化比率が高かった周辺部においては高齢化の進行が鈍化している．ただし，札幌市は，周辺部で高齢化が急速に進んでいる．また，富山市は，高齢化の進行が距離帯毎に大きな違いが認められず，中心部においても高齢化が進んでいる．

　第3節では，2000年から2010年にかけての高齢化の進行とともに地価が下落する傾向があるのかどうかを見ていくが，中心部からドーナツ部にかけて高齢者比率が上昇する程度と，地価が下落する程度が一致しているのかどうかが推計結果を大きく左右する．

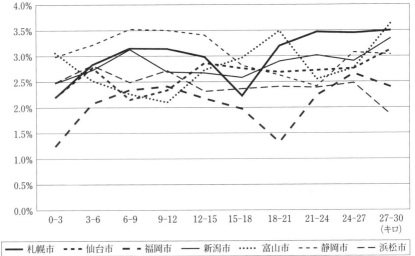

図2-2-2 距離帯別の高齢者比率の変化(1995年から2000年)

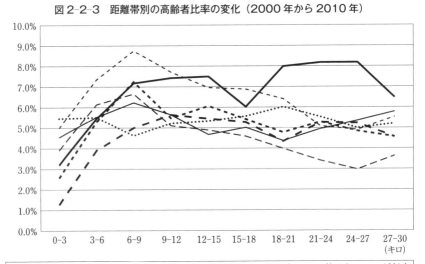

図2-2-3 距離帯別の高齢者比率の変化(2000年から2010年)

2.3. 距離帯別の市内・市外からの転入率

前節で確認してきた人口減少や高齢化の動向は，転入者（特に市外からの転入者）が若年・中年者が主体であると想定すると，当該市に転入する人々が人口規模に比して減少してきた事情が強いと考えられる．そこで，それぞれの都市について，「市内からの転入」と「市外からの転入」に分けて，距離帯毎に転入の動向を見ていこう．

「国勢調査」では，10年に1回，5年前の常住地からの転入，あるいは転出の人口移動に関する質問項目を設けて調査を行っている．本章の分析期間では，2000年と2010年の「国勢調査」において，人口移動のデータがメッシュデータの形で入手可能である．

「国勢調査」の人口移動に関する項目は，「5年前の常住地が現住所」，「5年前の常住地が現住所以外」，「5年前の常住地が自市区町村内」，「5年前の常住地が県内他市区町村」，「5年前の常住地が他県・国外」のように構成されている．これらのデータを用いて，それぞれの1キロ平方メッシュにおいて現在人口（ここでは，5年前にはすでに誕生している5歳以上人口を現在人口とする）に占める転入者の比率を算出することができる．

市内転入率は5歳以上現在人口に占める「5年前の常住地が自市区町村内」に住んでいた人口の割合として，市外転入率は5歳以上現在人口に占める「5年前の常住地が県内他市区町村」，もしくは「5年前の常住地が他県・国外」に住んでいた人口の割合としてそれぞれ定義する．

なお，5歳以上人口については，2010年の「国勢調査」で人口移動に関する項目に「不明」が多く含まれているために，不明数を調整する目的で5歳以上人口について移動人口数と定住人口数の和を採用している．

まず，距離別の市内転入率の動向から見ていこう．**図2-3-1**によると，2000年の市内転入率は，中心部で高く，周辺部に行くほど低くなる傾向が認められる．ただし，札幌市については，24キロ圏外で市内転入率がかえって高くなっている．なお，市内転入率について，古い政令指定都市と新しい政令指定都市の間で水準に大きな違いは認められない．

2000年から2010年にかけての市内転入率の変化を見ると（**図2-3-2**），9キロ圏内で大きく低下している．ただし，富山市は，15キロ圏内においても，

第1部　都市の老い

図 2-3-1　距離帯別の市内からの転入率（2000年）

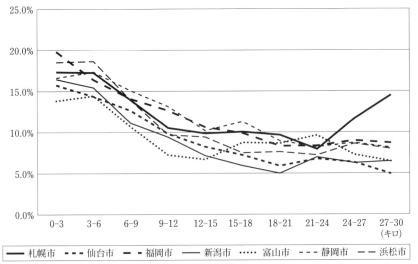

図 2-3-2　距離帯別の市内からの転入率の変化（2000年から2010年）

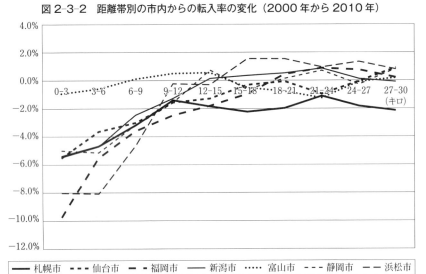

第2章 地方中核都市の老い：人口動態と地価形成の多様な関係　　61

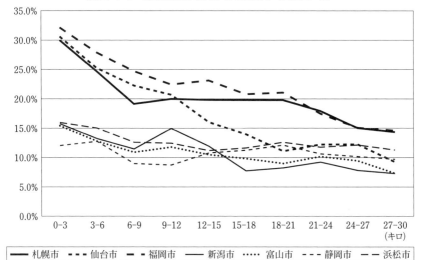

図 2-4-1　距離帯別の市外からの転入率（2000年）

市内転入率の水準は低下していない．

　一方，**図 2-4-1** によると，2000 年の市外転入率も，中心部から周辺部にかけて低下する傾向があるが，古い政令指定都市は他の都市に比べるといずれの距離帯でも市外転入率の水準が高く，中心部に行くほどその傾向が強まる．たとえば，3 キロ圏内で市外転入率を比較すると，札幌市 30.0%，仙台市 30.6%，福岡市 32.1% に対して，新潟市 15.8%，富山市 15.4%，静岡市 12.0%，浜松市 16.0% となっている．

　2000 年から 2010 年の市外転入率の動向は（**図 2-4-2**），古い政令指定都市の中心部で 6% 前後低下している．札幌市や福岡市では，周辺部の市外転入率の低下も顕著である．一方，新しい政令指定都市では，市外転入率に大きな変化が認められない．富山市は，新旧の政令指定都市の中間に位置している．

　それでは，前節までで見てきた人口密度や高齢者比率の動向と，本節で見てきた市外・市内転入率の動向を重ね合わせてみよう．古い政令指定都市において 2000 年代に 12 キロ圏内の人口拡大を支えてきたのは，転入，とりわけ市外からの転入であったといえる．一方，古い政令指定都市で 2000 年代に 6 キロ前後のドーナツ部で人口が拡大しながらも高齢者の割合を高めたのは，市外か

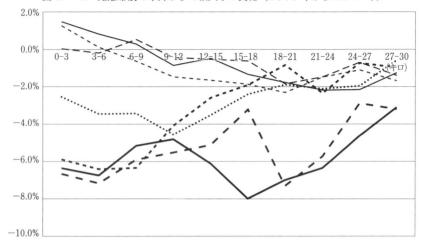

図 2-4-2 距離帯別の市外からの転入率の変化（2000 年から 2010 年）

らの転入者の主体が若年・中年者であると想定して、市外からの転入率が同期間に大きく低下したからであろう．

非常にユニークなのは富山市の動向である．2000 年代に「9 キロから 21 キロ」の距離帯で人口が減少し，9 キロ圏内で人口が増加したのは，市外からの人口流入の影響ではなく，主として市中心部で市内からの転入率が高く推移したからであろう．また，市中心部の高齢者比率が大きく上昇したのも，市内周辺部の高齢者が移動した可能性が高い．すなわち，富山市では，2000 年代に高齢者を含む人口が市周辺部から市中心部へ活発に移動したと考えられる．

3. 人口動態と地価形成

3.1. メッシュデータによって把握される人口動態と地価形成の関係

人口動態と地価形成の関係については，第 1 章や第 3 章であげた先行研究をはじめとして（たとえば，西村（2014），清水・渡辺（2009），Tamai et al. (2017)），理論的にも，実証的にも解明がなされてきた．そうした既存文献では，人口密度や高齢化比率が基本的に長期的な需要要因として位置付けられている．

すなわち，土地面積当たりの人口（人口密度）は，土地に対する長期的な需要の大きさと考えられている．当然ながら，人口減少とともに，土地需要が減退して地価が低下する．一方，高齢化比率の上昇は土地需要を弱める方向に働くとされている．清水・渡辺（2009）が指摘するように，持ち家に対する需要は65歳以降に急激に減退する．また，65歳以上の世帯は単身である比率が高まることから，1戸当たりの土地面積需要も減少する．

　日本経済のデータを用いた実証研究では，こうした人口減少や高齢化が地価水準を引き下げる現象が主として市区町村レベルのデータを用いて検証されてきた．第1章の実証研究も，そうした研究アプローチの流れにある．1990年代初頭以降，人口減少や高齢化が進行してきた時期と地価が下落してきた時期が一致していたので，地価が人口密度の増加関数となり，高齢者比率の減少関数となる実証結果が強く支持されてきた．

　しかし，第2節で詳しく見てきたように，地方の中核都市の内部で起きている人口減少や高齢化は都市周辺部から中心部へ向けた単調な変化というわけではない．こうした多様な人口動態は，地価形成との間にもさまざまな関係を生み出す可能性がある．政令指定都市のような大都市は，区レベルのデータでも都市内部の人口動態の多様性をある程度把握することができるが，本章の分析のようにメッシュデータを用いることによってよりきめ細やかな地域分析が可能となる．

　また，人口動態を通じた需要要因以外にも，マクロ経済環境やいくつかの供給要因も地価形成に大きな影響を与える．西村（2014）は，地価形成に与えるマクロ経済環境として銀行信用の膨張と縮小の重要性を指摘している．さらに，マクロ経済環境に起因する地価の変動ということについていえば，1990年代初頭からの地価下落は，1980年代後半の日本経済全体で起きた地価高騰の反動という側面が強く，地価の高騰と暴落の調整は都心部の方が激しい．その結果，人口減少や高齢化がさほど進行していない都市中心部で地価下落がかえって著しいというケースもある．

　次にコンパクトシティ政策によって都市中心部の土地供給環境を整備すると，都市部への人口移動による需要増の影響を相殺して，地価上昇がストレートに生じないケースもある．こうしたマクロ経済環境や供給要因の地域毎の影響も，

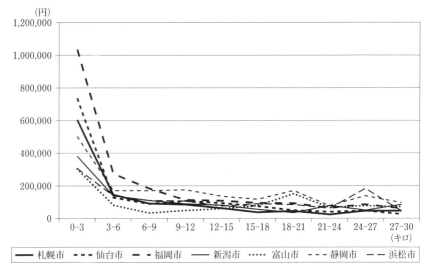

図 2-5-1 地価公示の水準（1996年）

メッシュデータによって正確に把握されることが期待できる．

3.2. 距離帯別の地価の動向

まずは都市毎に距離帯別の地価動向を見ていこう．図 2-5-1 は，1996年初における地価公示価格（1平方キロ当たり）の平均を距離帯毎に見たものである．なお，距離帯毎にサンプルサイズを確保するために，住宅地だけでなく他の用途の土地も含めてすべての公示地点をカバーしている．

いずれの都市も3キロ圏内で高水準であった地価が，3キロから6キロ圏にかけて急激に低下していく．3キロ圏内の地価と「3キロから6キロ距離帯」の地価を比較すると，古い政令指定都市である福岡市で103.6万円から27.4万円に，仙台市で73.7万円から12.7万円に，札幌市で60.5万円から14.5万円に大きく低下している．それ以外の都市でも，静岡市で50.2万円から17.1万円に，新潟市で38.3万円から13.8万円に，浜松市で30.8万円から13.9万円に，富山市で30.4万円から8.1万円にそれぞれ低下している．

「6キロから9キロ圏」では地価水準がいっそう下がるとともに，さらに周辺に向かって地価が緩やかに低下していく．たとえば，札幌市の場合，「6キ

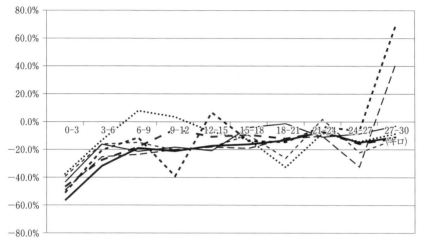

図 2-5-2 地価公示の変化率（1996 年から 2001 年）

ロから 9 キロ距離帯」で 9 万円強，15 キロ圏外では 4 万円をはさんで変動している．ただし，静岡市や富山市の「18 キロから 21 キロ距離帯」で，静岡市や浜松市の「24 キロから 27 キロ距離帯」で地価が高くなる傾向も認められる．

それでは，その後の地価動向を，「1996 年から 2001 年」と「2001 年から 2011 年」に分けて見ていくことにしよう．前半の期間は，依然として 1980 年代後半の地価高騰の調整期にあって，都市中心部の地価下落が著しい．一方，後半の期間は，全国的な地価下落が収束し，都市中心部の地価が堅調に推移するようになる一方，都市周辺部で地価が下落する傾向が依然として認められる．後半期の地価動向は，第 1 章の首都圏に見られる地価形成の二極化に対応している．

図 2-5-2 によると，いずれの都市でも，1996 年から 2001 年にかけて地価が 3 キロ圏内で 40% 以上下落している．特に，札幌市や仙台市では，中心部の地価下落率が 50% を超えている．一方，6 キロ圏外では，地価下落率が概ね 0% から 20% の範囲で変動している．

ただし，仙台市と浜松市では，「27 キロから 30 キロ距離帯」の地価が逆に 40% 以上上昇している．周辺部の動向は，地価水準自体が低く，地価公示地

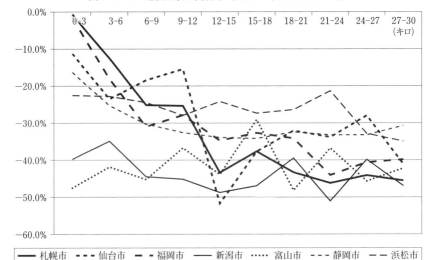

図 2-5-3 地価公示の変化率（2001 年から 2011 年）

点数が限られているために地価変動が大きくなった結果と考えられる．仙台市の場合，1996 年から 2001 年にかけて縁辺部の平均地価が 2.5 万円から 4.3 万円に上昇している一方で，公示地点数は 18 から 13 に減少している．浜松市の場合は，4.5 万円から 6.4 万円に上昇する一方，3 地点から 6 地点と低い水準で推移している．

2001 年から 2011 年にかけての動向を図 2-5-3 で見ると，札幌市や福岡市は中心部の地価が横ばいで推移するが，「3 キロから 12 キロ距離帯」の地価下落率が 20% を，12 キロ圏外の地価下落率が 30% をそれぞれ大きく超えている．仙台市，静岡市，浜松市も，地価下落率は周辺部に向かうほど大きくなっている．一方，新潟市や富山市は，距離帯にかかわらず地価下落率が 40% を挟んで推移している．

3.3. 地価決定関数の推計
3.3.1. 地価決定関数の定式化

本小節では，人口動態と地価形成の関係を検証するために，地価公示地点の地価を被説明変数として，その地点を含む 1 キロ平方メッシュの「国勢調査」

第2章 地方中核都市の老い：人口動態と地価形成の多様な関係　　67

の人口動態関連のデータ（人口密度と高齢者比率）を説明変数としてパネルデータを構築しながら固定効果モデルで推計を行っていく．なお，1995年，2000年，2005年，2010年の「国勢調査」（調査年の10月1日時点のデータ）に，1996年，2001年，2006年，2011年の地価公示（調査年の1月1日時点のデータ）をそれぞれ対応させている．

　推計に用いた基本的な定式化は，自然対数をとった人口密度（$\ln Pop_t$），自然対数をとった65歳以上人口比率$\left(\ln \dfrac{Old_t}{Pop_t}\right)$，定数項（$const$）に対して自然対数をとった地価（$\ln P_t$）を回帰させている．

$$\ln P_t = \beta_1 \ln Pop_t + \beta_2 \ln \frac{Old_t}{Pop_t} + const \tag{1}$$

先に述べたように，先行研究の実証結果では，β_1 が有意に正，β_2 が有意に負に推計されてきた．

　実際の推計では，地価形成に影響を与える個別要因として容積率，最寄り駅までの距離，1キロ平方メッシュ毎の住宅延べ面積50平米以下の世帯比率，さらには年次ダミーを加えている．また，第2節で見てきた人口の拡大・停滞・減少の動向を踏まえるために，距離帯ダミーとの交差項も追加的に設けた．

　推計作業は，1995年から2010年までの4時点の固定効果モデルと，2000年代の傾向に焦点を当てるために2000年と2010年の2時点の固定効果モデルを推計している．

　さらには，2000年と2010年の2時点のデータを用いて，（1）式の差分をとった定式化を推計している．

$$\begin{aligned}
\ln P_{2011} - \ln P_{2001} = {}& \beta_1 (\ln Pop_{2010} - \ln Pop_{2000}) \\
& + \beta_2 \left(\ln \frac{Old_{2010}}{Pop_{2010}} - \ln \frac{Old_{2000}}{Pop_{2000}}\right) + const
\end{aligned} \tag{2}$$

上の定式化で自然対数の差分は，その変数の変化率であることに留意してほしい．たとえば，$\ln Pop_{2010} - \ln Pop_{2000}$ は，人口密度の変化率に相当する．

　また，人口密度や高齢者比率の係数（β_1 や β_2）が時間を通じて変化する可能性も鑑みて以下の階差モデルも推計している．

$$\ln P_{2011} - \ln P_{2001} = \beta_1^{2010} (\ln Pop_{2010} - \ln Pop_{2000}) + (\beta_1^{2010} - \beta_1^{2000}) \ln Pop_{2000}$$
$$+ \beta_2^{2010} \left(\ln \frac{Old_{2010}}{Pop_{2010}} - \ln \frac{Old_{2000}}{Pop_{2000}} \right) + (\beta_2^{2010} - \beta_2^{2000}) \ln \frac{Old_{2000}}{Pop_{2000}} + const \qquad (3)$$

なお，（2）式や（3）式を推計する場合，2001 年と 2011 年のいずれについても地価が公示されている地点だけを推計に用いている．地価形成に与える容積率などの説明変数も階差をとっている．

3.3.2. 推計結果

　本節では，推計結果を詳しく考察していきたい．特に，地価が必ずしも高齢者比率の減少関数になっていないことに着目していく．**表 2-2-1** と**表 2-2-2** は，（1）式を推計した結果を報告している．まず，4 時点のパネルデータの結果から見ていこう．

　古い政令指定都市である札幌市や仙台市では，人口密度の係数は概ね有意に正で推計されている（**表 2-2-1**）．しかし，札幌市の周辺部（人口横ばい地域）や仙台市の中心部（人口横ばい地域）では，人口の減少が地価を上昇させる方向に働いている．福岡市は，人口密度の係数が正であるが有意ではない．一方，高齢者比率の係数は，仙台市と福岡市が有意に正で推計されている．ただし，札幌市の周辺部や仙台市の中心部では有意に負で推計されている．

　新しい政令指定都市と富山市を見ていくと（**表 2-2-2**），人口密度の係数は概ね正に推計されている．しかし，浜松市の中心部（人口縮小地域）では，正の係数を打ち消されている．高齢者比率の係数は，多くの場合において有意に正で推計されている．

　以上見てきたように，1995 年から 2010 年の 4 時点を用いたパネルデータの推計結果では，地価が人口密度とともに上昇し，高齢者比率とともに低下するという傾向が必ずしも確認されていない．こうした推計結果からは，1990 年代後半に都市中心部で依然として続いていた地価高騰の調整局面において，地価と人口動態の通常の関係が崩れてしまった可能性が高いと考えられる．そこで，2000 年代の傾向に注目するために，2000 年と 2010 年の 2 時点を用いたパネルデータの推計結果を見ていこう．

　古い政令指定都市である札幌市，仙台市，福岡市では，人口密度の正の係数

第2章　地方中核都市の老い：人口動態と地価形成の多様な関係　　　69

と高齢者比率の負の係数が確認できる．しかし，札幌市の周辺部では，人口密度の係数は負となっている．新しい政令指定都市である静岡市や浜松市では，必ずしも有意でないが，人口密度の正の係数と高齢者比率の負の係数が確認できる．富山市の周辺部（人口縮小地域）で高齢者比率の係数は有意に正となっていることについては，後で議論していく．

　2000年代の動向をさらに詳しく見るために，2001年と2011年の2時点間のデータを用いて（2）式や（3）式の階差モデルの推計結果を見ていこう．階差モデルは，どちらの時点にも存在している公示地点の地価だけを用いることから，固定効果を完全に制御することができるメリットがある．一方，地方都市では，2001年から2011年にかけて継続して公示されている地点が必ずしも多くないことから，新潟市，静岡市，浜松市でサンプルサイズが極端に少なくなるデメリットがある．サンプルサイズが著しく縮小した都市については，距離帯毎の交差項を設けた推計は断念している．

　まずは，表2-3-1で報告されている札幌市，仙台市，福岡市の4番目の推計結果（距離帯の交差項を考慮した（3）式を推計した結果）に注目してみよう．この定式化の優れているところは，人口密度の階差（$\ln Pop_{2010} - \ln Pop_{2000}$）の係数から β_1^{2010} が直接得られるとともに，期初の人口密度の水準（$\ln Pop_{2000}$）の係数（$\beta_1^{2010} - \beta_1^{2000}$）を差し引くと β_1^{2000} が間接的に得られる．同様に高齢者比率の階差と水準の係数から β_2^{2010} と β_2^{2000} を得ることができる．

　人口密度の係数は2000年から2010年にかけて上昇している．札幌市では -0.046（$0.079 - 0.125$）から 0.079 へ，仙台市では -0.006（$0.054 - 0.060$）から 0.054 へ，福岡市では 0.200（$0.252 - 0.052$）から 0.252 へそれぞれ有意に上昇している．ただし，札幌市や福岡市の周辺部では，人口密度の係数がかえって低下している．

　一方，高齢者比率の係数は，2000年から2010年にかけて低下している．札幌市では -0.240（$-0.416 + 0.176$）から -0.416 へ，仙台市では -0.083（$-0.151 + 0.068$）から -0.151 へそれぞれ有意に低下し，福岡市では -0.078（$-0.128 + 0.050$）から -0.128 へ有意でないが低下している．ただし，札幌市の周辺部では，高齢者比率の係数がかえって上昇している．

　まとめてみると，古い政令指定都市では，2000年にかけての地価高騰の調

表 2-2-1　4 時点（1995 年、2000 年、2005 年、2010 年）と 2 時点（2000 年、2010 年）のパネルデータに基づく推計結果（札幌市、仙台市、福岡市）

札幌市

	1995年、2000年、2005年、2010年	1995年、2000年、2005年、2010年	2000年、2010年	2000年、2010年
ln 人口	0.101**	0.161***	0.169*	0.219***
	(0.043)	(0.055)	(0.089)	(0.085)
ln 人口（18 キロから 30 キロ、横ばい）		−0.215***		−0.562**
		(0.060)		(0.225)
ln 65 歳比率	0.038	0.071	−0.320***	−0.243***
	(0.049)	(0.049)	(0.080)	(0.073)
ln 65 歳比率（18 キロから 30 キロ、横ばい）		−0.256***		−0.607***
		(0.061)		(0.083)
容積率	0.043***	0.044***	0.066***	0.062***
	(0.009)	(0.010)	(0.022)	(0.023)
ln 最寄り駅距離	−0.005	−0.002	0.020	0.021
	(0.013)	(0.013)	(0.028)	(0.026)
50 平米以下比率	−0.180	−0.198*	−1.084***	−1.065***
	(0.114)	(0.116)	(0.321)	(0.297)
2000 年ダミー	−0.303***	−0.309***		
	(0.019)	(0.019)		
2005 年ダミー	−0.560***	−0.569***		
	(0.028)	(0.028)		
2010 年ダミー	−0.675***	−0.686***	−0.244***	−0.250***
	(0.037)	(0.038)	(0.035)	(0.033)
定数項	10.664***	10.334***	9.126***	9.174***
	(0.331)	(0.401)	(0.656)	(0.601)
標本サイズ	2,646	2,646	1,278	1,278
決定係数	0.764	0.769	0.712	0.745

仙台市

	1995年、2000年、2005年、2010年	1995年、2000年、2005年、2010年	2000年、2010年	2000年、2010年
ln 人口	0.113**	0.195***	0.159**	0.099
	(0.050)	(0.077)	(0.077)	(0.078)
ln 人口（6 キロ内、横ばい）		−0.415***		−0.160
		(0.131)		(0.110)
ln 人口（12 キロから 30 キロ、縮小）		0.016		0.200
ln 65 歳比率	0.175***	0.169***	−0.019	−0.036
	(0.048)	(0.037)	(0.046)	(0.041)
ln 65 歳比率（6 キロ内、横ばい）		−0.147**		−0.034
		(0.053)		(0.058)
ln 65 歳比率（12 キロから 30 キロ、縮小）		−0.013		−0.260***
		(0.054)		(0.076)
容積率	0.053***	0.051***	0.044**	0.039**
	(0.005)	(0.005)	(0.017)	(0.018)
ln 最寄り駅距離	−0.012	0.002	0.050	0.058
	(0.049)	(0.050)	(0.055)	(0.055)
50 平米以下比率	0.783***	0.749***	−0.199	−0.079
	(0.142)	(0.147)	(0.244)	(0.256)
2000 年ダミー	−0.257***	−0.242***		
	(0.017)	(0.017)		
2005 年ダミー	−0.634***	−0.606***		
	(0.027)	(0.026)		
2010 年ダミー	−0.779***	−0.738***	−0.458***	−0.424***
	(0.033)	(0.032)	(0.021)	(0.023)
定数項	10.807***	11.543***	9.677***	10.236***
	(0.519)	(0.574)	(0.709)	(0.617)
標本サイズ	1,981	1,981	957	957
決定係数	0.801	0.808	0.872	0.881

福岡市

	1995年，2000年，2005年，2010年		2000年，2010年	
ln 人口	0.084 (0.058)	0.078 (0.060)	0.312*** (0.077)	0.324*** (0.078)
ln 人口（21キロから30キロ，横ばい）		0.083 (0.120)		−0.365 (0.397)
ln 65歳比率	0.213*** (0.054)	0.195*** (0.056)	−0.104** (0.051)	−0.093* (0.054)
ln 65歳比率（21キロから30キロ，横ばい）		0.095* (0.053)		−0.031 (0.068)
容積率	0.028*** (0.006)	0.026*** (0.006)	−0.012 (0.016)	−0.010 (0.016)
ln 最寄り駅距離	−0.029*** (0.010)	−0.031*** (0.010)	−0.039*** (0.011)	−0.039*** (0.011)
50平米以下比率	−0.242* (0.117)	−0.273*** (0.120)	−0.703*** (0.170)	−0.688*** (0.169)
2000年ダミー	−0.230*** (0.020)	−0.230*** (0.020)		
2005年ダミー	−0.558*** (0.031)	−0.557*** (0.031)		
2010年ダミー	−0.680*** (0.039)	−0.677*** (0.039)	−0.376*** (0.023)	−0.379*** (0.023)
定数項	11.898*** (0.428)	11.875*** (0.431)	9.372*** (0.595)	9.672*** (0.672)
標本サイズ	2,141	2,141	1,043	1,043
決定係数	0.782	0.783	0.861	0.862

注1：括弧内は，分散不均一に頑健な標準偏差.

注2：***は，p値が1%以下，**は，p値が5%以下，*は，p値が10%以下.

表2-2-2 4時点（1995年、2000年、2005年、2010年）と2時点（2000年、2010年）のパネルデータに基づく推計結果（新潟市、静岡市、富山市、浜松市）の

新潟市

	1995年, 2000年, 2005年, 2010年	2000年, 2010年	2000年, 2010年
ln 人口	0.196** (0.096)	0.148 (0.099)	0.494 (0.385)
ln 人口（15キロから30キロ、縮小）	0.569*** (0.173)		0.490 (0.480)
ln 65歳比率	0.335*** (0.104)	0.240** (0.105)	
ln 65歳比率（15キロから30キロ、縮小）	0.624*** (0.081)		
容積率	0.044*** (0.006)	0.038*** (0.006)	-0.099*** (0.035)
ln 最寄り駅距離	-0.003 (0.012)	-0.010 (0.010)	-0.069 (0.148)
50平米以下比率	0.910*** (0.236)	0.720*** (0.214)	1.277*** (0.674)
2000年ダミー	-0.228*** (0.029)	-0.245*** (0.029)	
2005年ダミー	-0.720*** (0.050)	-0.736*** (0.050)	
2010年ダミー	-0.876*** (0.069)	-0.962*** (0.067)	-0.714*** (0.156)
定数項	10.273*** (0.716)	9.449*** (0.634)	8.690*** (3.013)
標本サイズ	902	902	439
決定係数	0.852	0.871	0.929

富山市

	1995年, 2005年, 2010年	2000年, 2010年	2000年	2010年
ln 人口	0.358*** (0.108)	0.264 (0.175)	0.179 (0.115)	-0.046 (0.196)
ln 人口（12キロから21キロ、縮小）		0.379 (0.240)		0.741*** (0.271)
ln 65歳比率	0.140* (0.074)	0.083 (0.080)	0.022 (0.125)	-0.029 (0.147)
ln 65歳比率（12キロから21キロ、縮小）		0.200** (0.100)		0.323*** (0.104)
容積率	0.026*** (0.007)	0.027*** (0.007)	-0.017 (0.032)	-0.020 (0.033)
ln 最寄り駅距離	0.016 (0.032)	0.015 (0.031)	0.035 (0.029)	0.047 (0.036)
50平米以下比率	0.913*** (0.238)	1.115*** (0.289)	0.084 (0.423)	0.156 (0.373)
2000年ダミー	-0.142*** (0.017)	-0.153*** (0.020)		
2005年ダミー	-0.562*** (0.031)	-0.575*** (0.035)	-0.625*** (0.041)	
2010年ダミー	-0.804*** (0.041)	-0.811*** (0.045)		-0.640*** (0.046)
定数項	8.407*** (0.910)	8.069*** (1.032)	9.591*** (1.114)	9.303*** (1.277)
標本サイズ	980	843	473	406
決定係数	0.845	0.847	0.938	0.943

静岡市

	1995年、2000年、2005年、2010年	2000年、2010年	2000年、2010年	2010年
ln 人口	0.332*** (0.110)	0.169 (0.281)	0.262 (0.236)	0.352 (0.345)
ln 人口 (6キロ内、横ばい)		0.506 (0.348)		
ln 人口 (6キロから15キロ、縮小)		0.012 (0.329)	0.018 (0.112)	0.053 (0.358)
ln 65歳比率	0.121 (0.082)	0.233*** (0.076)		−0.143 (0.187)
ln 65歳比率 (6キロ内、横ばい)		−0.100 (0.064)		
ln 65歳比率 (6キロから15キロ、縮小)		−0.007 (0.065)		−0.253 (0.156)
容積率	0.049*** (0.010)	0.035*** (0.011)	−0.019 (0.075)	−0.090 (0.088)
ln 最寄り駅距離	−0.001 (0.009)	0.002 (0.008)	0.005 (0.064)	0.060 (0.060)
50平米以下比率	0.436** (0.194)	0.557*** (0.214)	−0.227 (0.437)	−1.580 (0.998)
2000年ダミー	−0.212*** (0.021)	−0.220*** (0.023)		
2005年ダミー	−0.555*** (0.040)	−0.588*** (0.043)		
2010年ダミー	−0.627*** (0.052)	−0.667*** (0.054)	−0.433*** (0.048)	−0.376*** (0.078)
定数項	9.308*** (0.908)	8.719*** (0.922)	9.780*** (1.795)	8.578*** (2.167)
標本サイズ	973	883	464	418
決定係数	0.778	0.777	0.932	0.942

浜松市

	1995年、2000年、2005年、2010年	2000年、2010年	2000年、2010年	2010年
ln 人口	0.311*** (0.077)	0.445*** (0.113)	0.365*** (0.059)	0.385*** (0.111)
ln 人口 (6キロ内、縮小)		−0.473** (0.203)		−0.034 (0.122)
ln 人口 (15キロから30キロ、縮小)		0.018 (0.153)		
ln 65歳比率	0.436*** (0.119)	0.414*** (0.112)	−0.048 (0.052)	−0.047 (0.052)
ln 65歳比率 (6キロ内、縮小)		−0.040 (0.084)		
ln 65歳比率 (15キロから30キロ、縮小)		0.316*** (0.106)		−0.010 (0.076)
容積率	0.031*** (0.009)	0.024*** (0.009)		
ln 最寄り駅距離	0.001 (0.011)	0.002 (0.014)	−0.031** (0.013)	−0.029* (0.018)
50平米以下比率	0.549*** (0.207)	0.521*** (0.209)	0.171 (0.222)	0.163 (0.224)
2000年ダミー	−0.375*** (0.031)	−0.376*** (0.032)		
2005年ダミー	−0.738*** (0.053)	−0.735*** (0.054)		
2010年ダミー	−0.809*** (0.068)	−0.836*** (0.068)	−0.284*** (0.023)	−0.283*** (0.026)
定数項	9.844*** (0.597)	10.541*** (0.710)	8.568*** (0.436)	8.456*** (0.683)
標本サイズ	907	907	438	438
決定係数	0.824	0.833	0.943	0.943

注1：括弧内は、分散不均一に頑健な標準偏差。
注2：***は、p値が1%以下、**は、p値が5%以下、*は、p値が10%以下。
注3：新潟市の2時点パネル推計では、距離帯ダミーの交差項は多重共線性のために推計できていない。
注4：富山市の距離帯ダミーの交差項を含めた推計では、人口密度の動向を考慮して距離帯を21キロ圏内としている。
注5：静岡市の2時点パネルの推計では、距離帯ダミーの交差項を含めた推計では、人口密度の動向を考慮して距離帯を24キロ圏内とし、6キロ内距離帯ダミーの係数は多重共線性のために推計できていない。
注6：浜松市の2時点パネルの推計では、6キロ内の距離帯ダミーと容積率の交差項と容積率の係数は多重共線性のために推計できていない。

第1部　都市の老い

表 2-3-1　2000 年から 2010 年の階差データに基づく推計結果（札幌市、仙台市、福岡市、富山市）

札幌市

	2000 年から 2010 年			
ln 人口（階差）	0.169** (0.089)	0.082 (0.087)	0.185** (0.092)	0.079 (0.087)
ln 人口（階差、18 キロから 30 キロ、横ばい）		−0.355* (0.209)		0.061 (0.263)
ln 人口（期初水準）		0.134*** (0.015)		0.125*** (0.016)
ln 人口（期初水準、18 キロから 30 キロ、横ばい）				−0.091** (0.041)
ln 65 歳（階差）	−0.320*** (0.080)	−0.409*** (0.103)	−0.290*** (0.081)	−0.416*** (0.106)
ln 65 歳（階差、18 キロから 30 キロ、横ばい）		−0.009 (0.277)		0.387 (0.253)
ln 65 歳（期初水準）		−0.149*** (0.050)		−0.176*** (0.051)
ln 65 歳（期初水準、18 キロから 30 キロ、横ばい）				0.358** (0.156)
距離帯ダミー（18 キロから 30 キロ、横ばい）		−0.270** (0.114)		1.038*** (0.305)
容積率（階差）	0.066*** (0.022)	−0.055** (0.028)	0.060** (0.024)	−0.048* (0.027)
50 平米以下比率（階差）	−1.084*** (0.322)	−0.729*** (0.249)	−1.090*** (0.296)	−0.778*** (0.234)
ln 最寄り駅距離（階差）	0.020 (0.028)	−0.004 (0.028)	0.021 (0.026)	−0.003 (0.027)
定数項	−0.244*** (0.035)	−1.622*** (0.139)	−0.229*** (0.036)	−1.586*** (0.160)
標本サイズ	501	501	501	501
決定係数	0.164	0.413	0.270	0.466

仙台市

	2000 年から 2010 年			
ln 人口（階差）	0.159** (0.077)	0.127 (0.091)	0.132 (0.095)	0.054 (0.101)
ln 人口（階差、6 キロ内、横ばい）		−0.272** (0.138)		−0.266 (0.163)
ln 人口（階差、12 キロから 30 キロ、縮小）		0.143 (0.153)		0.218 (0.172)
ln 人口（期初水準）		0.071*** (0.013)		0.060*** (0.022)
ln 人口（期初水準、6 キロ内、横ばい）				0.042 (0.036)
ln 人口（期初水準、12 キロから 30 キロ、縮小）				−0.045 (0.031)
ln 65 歳（階差）	−0.019 (0.046)	−0.011 (0.064)	−0.015 (0.069)	−0.151* (0.087)
ln 65 歳（階差、6 キロ内、横ばい）		−0.128 (0.108)		0.043 (0.137)
ln 65 歳（階差、12 キロから 30 キロ、縮小）		−0.105 (0.134)		−0.063 (0.195)
ln 65 歳（期初水準）		−0.040 (0.035)		−0.068* (0.038)
ln 65 歳（期初水準、6 キロ内、横ばい）				−0.023 (0.073)
ln 65 歳（期初水準、12 キロから 30 キロ、縮小）				−0.037 (0.107)
距離帯ダミー（6 キロ内、横ばい）		0.045 (0.051)		−0.460 (0.329)
距離帯ダミー（12 キロから 30 キロ、縮小）		−0.066 (0.061)		0.213 (0.255)
容積率（階差）	0.044** (0.018)	−0.026 (0.019)	0.025 (0.019)	−0.008 (0.023)
50 平米以下比率（階差）	−0.199 (0.246)	0.114 (0.231)	0.014 (0.270)	0.355 (0.248)
ln 最寄り駅距離（階差）	0.050 (0.056)	0.026 (0.052)	0.057 (0.055)	0.028 (0.050)
定数項	−0.458*** (0.022)	−1.135*** (0.111)	−0.440*** (0.044)	−1.010*** (0.163)
標本サイズ	345	345	345	345
決定係数	0.074	0.148	0.151	0.215

第2章　地方中核都市の老い：人口動態と地価形成の多様な関係　　75

福岡市

	2000年から2010年			
ln 人口（階差）	0.312*** (0.077)	0.255*** (0.087)	0.288*** (0.081)	0.252*** (0.087)
ln 人口（階差、21キロから30キロ、横ばい）			−0.276 (0.432)	−0.264 (0.437)
ln 人口（期初水準）		0.045*** (0.014)		0.052*** (0.015)
ln 人口（期初水準、21キロから30キロ、横ばい）				−0.113*** (0.043)
ln 65歳（階差）	−0.104* (0.051)	−0.123* (0.068)	−0.126** (0.058)	−0.128** (0.069)
ln 65歳（階差、21キロから30キロ、横ばい）			0.149 (0.112)	0.051 (0.218)
ln 65歳（期初水準）		−0.061 (0.040)		−0.050 (0.041)
ln 65歳（期初水準、21キロから30キロ、横ばい）				−0.009 (0.136)
距離帯ダミー（21キロから30キロ、横ばい）			−0.106 (0.065)	0.838** (0.349)
容積率（階差）	−0.012 (0.016)	−0.038* (0.016)	−0.014 (0.016)	−0.034** (0.017)
50平米以下比率（階差）	−0.703*** (0.171)	−0.374** (0.170)	−0.664*** (0.171)	−0.340** (0.170)
ln 最寄り駅距離（階差）	−0.039*** (0.011)	−0.042*** (0.012)	−0.039*** (0.011)	−0.042*** (0.012)
定数項	−0.376*** (0.023)	−0.881*** (0.122)	−0.364*** (0.025)	−0.920*** (0.128)
標本サイズ	320	320	320	320
決定係数	0.165	0.212	0.175	0.229

富山市

	2000年から2010年			
ln 人口（階差）	0.179 (0.116)	−0.069 (0.112)	−0.046 (0.201)	−0.306 (0.196)
ln 人口（階差、12キロから21キロ、縮小）			0.741*** (0.279)	0.757** (0.323)
ln 人口（期初水準）		−0.069* (0.035)		−0.034 (0.053)
ln 人口（期初水準、12キロから21キロ、縮小）				−0.086 (0.071)
ln 65歳（階差）	0.022 (0.127)	−0.137 (0.120)	−0.028 (0.174)	−0.150 (0.196)
ln 65歳（階差、12キロから21キロ、縮小）			0.319 (0.352)	0.472 (0.431)
ln 65歳（期初水準）		−0.133** (0.065)		−0.161 (0.110)
ln 65歳（期初水準、12キロから21キロ、縮小）				0.145 (0.182)
距離帯ダミー（12キロから21キロ、縮小）			0.001 (0.103)	0.880 (0.673)
容積率（階差）	−0.017 (0.033)	0.012 (0.025)	−0.020 (0.034)	0.003 (0.024)
50平米以下比率（階差）	0.084 (0.429)	−0.161 (0.440)	0.154 (0.415)	−0.038 (0.440)
ln 最寄り駅距離（階差）	0.035 (0.030)	0.048 (0.033)	0.047 (0.038)	0.048 (0.040)
定数項	−0.625*** (0.041)	−0.243 (0.328)	−0.640*** (0.055)	−0.593 (0.549)
標本サイズ	130	130	116	116
決定係数	0.037	0.111	0.150	0.217

注1：括弧内は、分散不均一に頑健な標準偏差。
注2：***は、p 値が1%以下、**は、p 値が5%以下、*は、p 値が10%以下。
注3：富山市の距離帯ダミーの交差項を含めた推計では、人口密度の動向を考慮して距離帯を21キロ圏内としている。

整局面で人口動態と地価形成の標準的な関係がいったん崩れたが，2000年代に入って人口密度の係数がマイナスからプラスに転じている．また，高齢者比率の係数は負の度合いが強まっている．ただし，札幌市や福岡市の周辺部では，依然として標準的な関係が回復していない．

　一方，**表2-3-2**によると，それ以外の都市では，浜松市を除けば，人口動態と地価形成の間に標準的な関係が認められない．富山市では，周辺部の人口減少地帯で人口密度の係数が正となっている以外は，有意な関係が推計されていない（**表2-3-1**）．ただし，サンプルサイズが極端に小さいことに留意してほしい．

　図2-6-1から**図2-6-3**では，以上の推計結果をもう一度振り返るために，福岡市，仙台市，富山市について2000年から2010年にかけての人口密度変化率，高齢者比率変化幅，地価変化率を距離帯毎にプロットしている．

　福岡市は，地価変化率が人口密度変化率とともに上昇し，高齢者比率変化幅とともに低下する傾向を容易に確認することができる．仙台市は，福岡市ほど明確ではないが，中心部を除くと，地価変化率と人口密度変化率がパラレルに推移している．地価変化率と高齢者比率変化幅については，どちらもが低下トレンドにありながらも，お互いがミラーイメージになっていて，一方が上昇すると他方が低下している．

　しかし，富山市については，地価変化率，人口密度変化率，高齢者比率変化幅の間にそうした標準的な関係を見てとることができない．(1) 式の推計結果からも確認できたが，高齢者比率については，「6キロから21キロ距離帯」で上昇する局面で地価変化率がかえって上昇する傾向さえ認められる．

　なぜ，富山市でこのような推計結果が生じたのであろうか．ひとつの可能性は，2000年代にコンパクトシティ政策が展開される中で，人口動態で決まってくる地価決定の需要要因を相殺するように土地供給環境が整備されてきたことであろう．たとえば，中心部へ人口移動が起きて土地需要が高まっても，中心部の供給環境の整備で需要増大の影響がストレートに地価に現れないようなケースである．こうして見てくると，コンパクトシティ政策のように都市内の機能や人口の配置を調整する政策は，人口動態と地価決定との標準的な関係を根本的に変更させてしまう可能性があることになる．

表 2-3-2　2000 年から 2010 年の階差データに基づく推計結果（新潟市、静岡市、浜松市）

	新潟市		静岡市		浜松市	
	2000 年から 2010 年		2000 年から 2010 年		2000 年から 2010 年	
ln 人口（階差）	0.494	0.633	0.262	0.268	0.365***	0.205*
	(0.474)	(0.995)	(0.256)	(0.262)	(0.064)	(0.108)
ln 人口（期初水準）		0.049		0.067		0.005
		(0.206)		(0.040)		(0.018)
ln 65 歳（階差）	0.490	0.647	0.018	0.140	−0.048	−0.283**
	(0.592)	(0.979)	(0.122)	(0.215)	(0.056)	(0.124)
ln 65 歳（期初水準）		0.099		−0.007		−0.143*
		(0.458)		(0.099)		(0.073)
容積率（階差）	−0.099**	−0.121	−0.019	0.022	—	—
	(0.043)	(0.093)	(0.082)	(0.132)		
50 平米比率（階差）	1.277	1.677	−0.227	0.171	0.171	0.254
	(0.832)	(1.640)	(0.475)	(0.481)	(0.240)	(0.234)
ln 最寄り駅距離（階差）	−0.069	−0.059	0.005	0.011	−0.031**	−0.042**
	(0.182)	(0.211)	(0.070)	(0.058)	(0.014)	(0.017)
定数項	−0.714***	−1.006	−0.433***	−1.033***	−0.284***	−0.523***
	(0.193)	(1.370)	(0.053)	(0.341)	(0.025)	(0.140)
標本サイズ	17	17	36	36	32	32
決定係数	0.452	0.455	0.057	0.176	0.373	0.418

注1：括弧内は、分散不均一に頑健な標準偏差。
注2：***は、p 値が1%以下、**は、p 値が5%以下、*は、p 値が10%以下。
注3：浜松市の推計では、容積率の係数は多重共線性のために推計できていない。

第1部 都市の老い

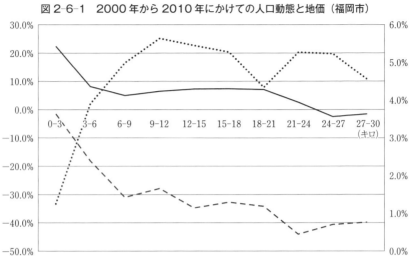

図2-6-1 2000年から2010年にかけての人口動態と地価（福岡市）

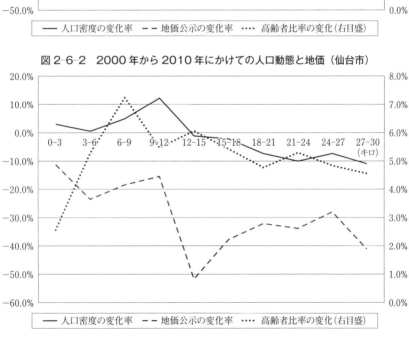

図2-6-2 2000年から2010年にかけての人口動態と地価（仙台市）

第2章 地方中核都市の老い:人口動態と地価形成の多様な関係　　79

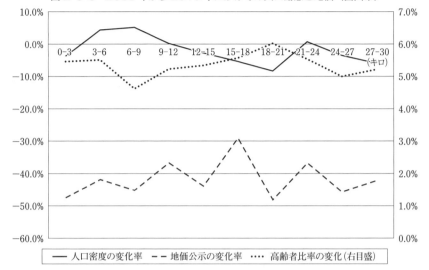

図2-6-3　2000年から2010年にかけての人口動態と地価（富山市）

　逆にいうと，人口高齢化で地価が下落するという標準的な推計結果は，都市内の機能や人口の配置を変更するような都市政策について頑健でない可能性もある．人口高齢化で地価が下落するという予測も，都市政策によってその妥当性が左右される点については留意が必要であろう．

　ここで重要なところは，全国の市区町村別データで把握すると，富山市が全域の人口密度が300人強と低く高齢者比率が28％強と高い中小都市で2000年代の最初の10年間で平均地価が4割も低下したという事実と，富山市の都市内の分析で把握すると，人口密度が中心部の3,000人から周辺部の400人と不均一に分布しているにもかかわらず距離帯別の地価が同期間で一様に4割低下したという事実は，実証レベルがかなり異なっているという点である．前者は全国的に見て富山市が中小都市であるところに起因しているが，後者は富山市の都市政策の帰結である可能性が高い．実証結果からの政策インプリケーションという観点では，後者の点が重要であることを本章の最終節や本書の第9章で詳しく議論していきたい．

4. 住宅ストックの遊休化・老朽化

　本章の最後にここで分析対象としてきた都市における住宅ストックの遊休化や老朽化の動向を概観していこう．本節で用いる指標は，第1章と同じように2008年と2013年の「住宅・土地統計調査」から得られた空き家率，老朽住宅比率（1980年以前に建てられた住宅が住宅全体に占める比率），老朽共同住宅比率（1980年以前に建てられた共同住宅が共同住宅全体に占める比率）である．第1章で言及したように，これらの指標の水準については，測定誤差が含まれている可能性が高いので，2008年と2013年の水準だけでなく，その期間における変化幅にも着目していく．これらの指標は，**表2-4**で市区レベルについて水準と変化がまとめられている．なお，各市区の人口動態については，**表2-1**を参考にしてほしい．

　まずは，空き家率の動向を見ていくと，2008年の水準は古い政令指定都市で特に高い．新潟市12.3%，富山市13.2%，静岡市12.9%，浜松市9.3%に対して，札幌市13.8%，仙台市15.3%，福岡市14.6%となっている．しかし，仙台市と福岡市は，空き家率が2013年にかけて大きく低下している．仙台市で15.3%から10.0%に著しく低下したのは，2011年3月11日の東日本大震災や原発事故で仙台市に移り住む人が増えて住宅需要が高まったからであろう．一方，札幌市は，空き家率が上昇する区と低下する区で二極化している．人口集中地区でも，白石区のように低下する地域と中央区のように上昇する地域に分かれている．人口密度が相対的に低い南区でも空き家率は上昇している．

　それ以外の都市を見ると，都市中心部の地域で空き家率の上昇が目立っている．たとえば，新潟市東区（1.7%），静岡市駿河区（3.2%），浜松市中区（3.9%）で空き家率が上昇している．ただし，人口密度が相対的に高い新潟市中央区で空き家率が低下している．

　住宅ストックの老朽化については，住宅全体でも，共同住宅でも，2008年から2013年にかけて更新が順調に進んでいる．特に仙台市では，先に述べた事情もあって，老朽化比率は住宅全体で6.9%，共同住宅で5.4%，それぞれ低下している．

表2-4 空き家率と老朽住宅比率の変化（2008年から2013年）

	空き家率			老朽住宅比率			老朽共同住宅比率		
	2008年	2013年	08年から13年	2008年	2013年	08年から13年	2008年	2013年	08年から13年
札幌市	13.8%	14.1%	0.3%	19.8%	16.9%	−2.9%	14.1%	13.0%	−1.1%
中央区	16.1%	20.3%	4.2%	16.8%	16.0%	−0.8%	13.3%	14.2%	0.8%
北区	12.4%	12.3%	−0.1%	18.3%	14.1%	−4.2%	9.3%	8.1%	−1.2%
東区	14.0%	13.2%	−0.7%	19.8%	16.9%	−2.9%	14.7%	12.9%	−1.8%
白石区	19.7%	16.1%	−3.6%	15.3%	15.1%	−0.2%	9.0%	11.4%	2.4%
豊平区	16.0%	15.3%	−0.7%	20.6%	17.5%	−3.1%	15.3%	12.4%	−2.9%
南区	12.1%	13.9%	1.8%	27.5%	25.8%	−1.7%	26.5%	26.1%	−0.4%
西区	11.0%	13.3%	2.3%	23.3%	19.7%	−3.6%	18.2%	16.0%	−2.2%
厚別区	9.4%	9.8%	0.4%	23.8%	18.8%	−4.9%	21.9%	17.9%	−4.0%
手稲区	9.4%	9.6%	0.2%	18.5%	14.3%	−4.2%	5.4%	3.6%	−1.7%
清田区	8.1%	5.9%	−2.2%	18.9%	12.1%	−6.8%	8.4%	2.2%	−6.2%
仙台市	15.3%	10.0%	−5.3%	25.0%	18.0%	−6.9%	18.0%	12.6%	−5.4%
青葉区	16.2%	11.3%	−4.9%	23.1%	16.0%	−7.0%	16.6%	11.1%	−5.5%
宮城野区	15.8%	9.0%	−6.8%	28.7%	21.1%	−7.6%	25.5%	17.8%	−7.7%
若林区	18.2%	10.8%	−7.4%	29.7%	21.2%	−8.5%	22.1%	15.8%	−6.3%
太白区	16.1%	11.4%	−4.6%	27.3%	19.4%	−7.9%	14.8%	9.6%	−5.1%
泉区	10.1%	6.0%	−4.1%	18.7%	15.2%	−3.5%	10.5%	10.3%	−0.2%
福岡市	14.6%	12.2%	−2.4%	24.8%	20.4%	−4.4%	20.3%	16.7%	−3.6%
東区	13.3%	13.9%	0.7%	21.5%	17.2%	−4.3%	15.0%	11.5%	−3.4%
博多区	17.1%	10.9%	−6.2%	20.9%	18.3%	−2.6%	17.8%	15.9%	−1.9%
中央区	15.5%	14.7%	−0.9%	23.7%	18.6%	−5.1%	21.4%	16.6%	−4.8%
南区	15.2%	12.9%	−2.3%	28.0%	22.2%	−5.7%	22.3%	19.0%	−3.3%
西区	12.7%	7.9%	−4.8%	22.7%	20.7%	−2.0%	16.7%	14.4%	−2.3%
城南区	15.7%	13.4%	−2.4%	28.4%	23.8%	−4.6%	24.0%	20.5%	−3.5%
早良区	12.3%	10.8%	−1.6%	31.1%	26.0%	−5.1%	28.0%	22.8%	−5.2%
新潟市	12.3%	12.0%	−0.3%	30.8%	26.5%	−4.3%	15.2%	11.9%	−3.3%
北区	8.3%	6.3%	−1.9%	34.6%	28.7%	−5.8%	26.6%	22.1%	−4.5%
東区	9.7%	11.5%	1.7%	33.0%	27.8%	−5.2%	17.4%	12.5%	−4.9%
中央区	18.3%	16.0%	−2.3%	27.0%	22.8%	−4.2%	14.4%	13.2%	−1.2%
江南区	8.2%	7.5%	−0.6%	32.8%	31.3%	−1.5%	20.8%	20.7%	−0.1%
秋葉区	9.1%	11.7%	2.7%	37.4%	30.9%	−6.4%	17.5%	7.4%	−10.1%
南区	8.4%	10.6%	2.1%	34.8%	30.6%	−4.2%	6.7%	2.6%	−4.1%
西区	12.2%	11.4%	−0.8%	25.2%	22.1%	−3.1%	11.7%	5.3%	−6.4%
西蒲区	9.9%	11.0%	1.0%	39.6%	36.1%	−3.5%	16.0%	3.3%	−12.7%
富山市	13.2%	12.6%	−0.6%	33.5%	28.2%	−5.3%	9.0%	10.1%	1.1%
静岡市	12.9%	13.6%	0.7%	32.6%	26.7%	−5.9%	21.0%	16.2%	−4.7%
葵区	13.6%	13.2%	−0.5%	34.1%	26.1%	−8.0%	23.8%	16.2%	−7.7%
駿河区	11.4%	14.7%	3.2%	26.3%	22.7%	−3.7%	16.5%	15.8%	−0.7%
清水区	13.5%	13.2%	−0.3%	36.8%	30.8%	−6.0%	24.1%	16.9%	−7.2%
浜松市	9.3%	13.9%	4.6%	26.5%	21.8%	−4.7%	12.7%	8.1%	−4.6%
中区	11.1%	15.0%	3.9%	23.5%	18.7%	−4.8%	13.3%	8.5%	−4.9%
東区	7.2%	10.5%	3.3%	22.6%	19.8%	−2.8%	4.9%	4.7%	−0.1%
西区	6.6%	12.7%	6.1%	29.9%	23.0%	−6.9%	24.2%	10.0%	−14.2%
南区	7.1%	13.1%	6.0%	28.8%	22.9%	−5.9%	14.6%	10.3%	−4.3%
北区	11.0%	18.6%	7.6%	28.6%	22.5%	−6.1%	12.8%	13.4%	0.7%
浜北区	5.5%	8.4%	3.0%	23.1%	22.1%	−1.1%	6.4%	不明	
天竜区	19.5%	22.6%	3.1%	51.1%	51.0%	−0.1%	17.3%	不明	

出典：「住宅・土地統計調査」.

第1章で首都圏について指摘してきた都市中心部における共同住宅ストックの老朽化現象はこれらの地方都市においてそれほど顕著でない．しかし，札幌市の中央区と白石区，静岡市駿河区，浜松市東区などの人口密度が比較的高い地域では，老朽共同住宅率が高止まりしていて共同住宅ストックの更新が遅れていることが示唆されている．特に，札幌市中央区，静岡市駿河区，浜松市東区などの都市中心部では，空き家率の上昇も顕著であることから，住宅ストックの遊休化と老朽化が同時進行している．

5. おわりに：都市レベルでの政策オプション

第1章の首都圏の分析と第2章の地方中核都市の分析を踏まえると，都市政策は人口の減少・高齢化という事態にどのように対応していけばよいのであろうか．2つの章の実証分析から得られる政策インプリケーション，とりわけ広域行政に対する政策含意については，第9章で包括的に論じていくので，本節では本章の分析対象となった古い政令指定都市，新しい政令指定都市，さらには，コンパクトシティ政策を展開してきた富山市に関して分析結果の異同を踏まえながら，それぞれの都市レベルでとりうる政策オプションについて考察していきたい．

まず，古くからの政令指定都市である札幌市，仙台市，福岡市は，それらの中心部の地価形成が1980年代後半の地価高騰と1990年代の地価下落の大幅な調整を強いられたが，後者の期間に観察された地価の顕著な下落は人口動態と直接の関係がなかった．しかし，地価高騰・下落の調整をほぼ終えた2000年代に入ると，人口減少や高齢化とともに地価が下落するという標準的な関係が回復した．それと同時に第1章の首都圏の分析で指摘したように，人口密度，高齢化比率，地価水準について中心部と周辺部の間で著しい二極化現象が生じてきた．

これらの政令指定都市と隣接する地域を含めた地方都市圏においては，市外流入率の急激な鈍化から都市圏全体の人口拡大を期待することは非常に難しい．一方では，二極化の程度が著しいことから，都市機能と人口の中心部への圏内再配置を目指すコンパクトシティ政策を展開することが困難であろう．たとえ

ば，3つの政令指定都市でもっとも人口規模の大きい福岡市を見ると，2010年時点において3キロ圏内と「12キロから15キロ距離帯」の比較で人口密度は9,211人対1,673人，高齢者比率は14.3％対20.9％，地価公示は54.4万円対6.3万円であった．こうした中心部と周辺の格差を前提とすると，周辺部の機能と人口を中心部に移動するという政策は現実的といえない．第8章で詳しく議論しているように，それぞれの地域のダウンサイジングの程度や速度に応じて都市機能，とりわけ社会資本を縮小させていくことがもっとも実際的な政策となるであろう．

　一方，新しい政令指定都市である新潟市，静岡市，浜松市では，日本全体で1980年代後半の地価高騰の調整が一段落をした2000年代になっても，都市中心部の地価は継続的に低下した．また，新潟市や静岡市では，人口動態と地価形成について標準的な関係も回復することはなく，したがって人口動態や地価形成について顕著な二極化も観察されなかった．たとえば，3つの都市の中で一番人口規模が大きい新潟市を見ると，2010年時点において3キロ圏内と「12キロから15キロ距離帯」の比較で人口密度は5,325人対869人（6.1対1）と福岡市（5.5対1）よりも格差があったが，地価公示では13.0万円対3.3万円（3.9対1）で福岡市（8.6対1）よりも格差が半減している．また，新潟市では，地価形成が人口動態に左右されないという本章の推定結果に基づくと，人口減少や高齢化で地価の二極化が今後進行していくとは考えにくい．

　このように新しい政令指定都市において二極化の程度が著しくないということを考えると，都市機能と人口を周辺部から中心部に再配置させるコンパクトシティ政策は決して非現実的であるとはいえない．その意味では，2000年代に実際にコンパクトシティ政策を展開してきた富山市に関する実証結果はきわめて示唆的である．

　富山市は，2000年代を通じて「15キロから21キロ距離帯」から「3キロから9キロ距離帯」への市内移動を推し進めてきた．2000年から2010年の期間について「18キロから21キロ距離帯」の人口密度は770人から706人へ減少したのに対して，「6キロから9キロ距離帯」の人口密度は768人から808人に増加した．中心部の高齢者比率は堅調に推移しており，市内移動には若年・中年者層だけでなく高齢者層も含まれていた．

このような市内移動が可能だった背景には，2000年時点（2001年地価公示）において，周辺部の地価が底高かった事情がある．たとえば，「3キロから6キロ距離帯」で7.0万円，「6キロから9キロ距離帯」で3.6万円であったのに対して，「15キロから18キロ距離帯」で6.7万円，「18キロから21キロ距離帯」で10.2万円であった．また，2000年代を通じて距離帯に関係なく地価が一様に下落する傾向があり，人口の市内移動が地価動向にストレートに反映することはなかった．むしろ周辺部では高齢化の進行でも地価が堅調に推移する傾向さえあった．こうした実証結果は，人口の市内移動による土地需要の変化が都市政策による土地供給環境の整備によってアコモデートされてきた可能性を示唆している．

ただし，富山市の動向を細かく検証していくと，コンパクトシティ政策の問題点も浮かび上がってくる．二極化現象が軽微なことから周辺部から中心部の移転コストが相対的に低いとはいえ，移動への適応力が低い高齢者層がこの政策で生じた人口減少地域に取り残される可能性がある．図2-2-3を見ると，人口が減少した「18キロから21キロ距離帯」で高齢者比率の2000年から2010年にかけての上昇幅が大きい．また，同距離帯に限っていうと，2000年代に地価が10.2万円から5.3万円に大きく下落した．コンパクトシティ政策には，政策的に生まれた人口減少地域に取り残された高齢者や彼らの土地資産減価への対応に追加的な行政コストを伴う可能性がある．

以上をまとめると，古くからの政令指定都市は，首都圏と同様に人口動態と地価形成が中心部と周辺部で著しい二極化が生じているという意味で，コンパクトシティ政策のように都市内の機能や人口の再配置を政策的に誘導することは困難であろう．第9章で論じているように，それぞれの市区レベルでとりうる政策オプションには限りがあり，これらの都市とそこに隣接する地域を含めた都市圏の単位の広域行政によって政策を展開する必要がある．一方，新しい政令指定都市の規模では二極化現象が顕著でなく，コンパクトシティ政策を展開する余地がある．しかし，富山市の事例が示すように，コンパクトシティ政策が決して万能でないことから，その政策で生じた問題について追加的な対応策を手当てする必要が生じるかもしれない．

こうして見てきて明らかなように，どのような政策オプションがそれぞれの

都市に開かれているのかは，人口動態と地価形成がどのような関係にあるのかに大きく左右されることになる．

参考文献

国立社会保障・人口問題研究所（2013），『日本の地域別将来推計人口』（http://www.ipss.go.jp/pp-shicyoson/j/shicyoson13/t-page.asp からダウンロードが可能）．

西村清彦（2014），「不動産バブルと金融危機の解剖学3」『住宅土地経済』No. 97, pp. 10–19.

清水千弘・渡辺努（2009），「日米住宅バブルの比較」一橋大学経済研究所 *Working Paper Series*, No. 32.

Tamai, Y., C. Shimizu and K. G. Nishimura（2016），"Aging and Property Prices: Theory of a Very Long Run and Prediction on Japanese Municipalities in the 2040s," *Asian Economic Policy Review*. (forthcoming).

第２部　老朽化する共同住宅のインパクト

第3章 マンションの老朽化と人口の高齢化がもたらす
首都圏の姿*

清水千弘・中川雅之

1. はじめに：老朽マンションストックの発生

　わが国は，先進主要国の中で，どの国も経験したこともない速度で人口減少と高齢化が進展する．そして，そのような人口減少と人口構成の変化は，都市・住宅市場に対して甚大な影響をもたらすことが予想されている．この問題は，一時的には，第2次世界大戦と戦後のベビーブームによってもたらされたいびつな人口構成（ピラミッド）と近年の少子化の進展によってもたらされるものである．しかし，そのような特殊要因を除いたとしても，今後の半世紀ほどは人口減少・高齢化といった長期的な趨勢は代わることなく，この問題は長期化することが予想されている．人口およびその構成の変化は，供給弾力性が低い都市・住宅市場に対してさまざまな問題を引き起こしてきた．戦後の高度経済成長とその後の列島改造などにより都市化が一気に進む中では，1970年代から1980年代を通じて住宅不足・地価の高騰などの社会問題をもたらした．さらに，ベビーブーマーが住宅市場に参入してきたときには戦後最大の住宅需要を生み出し，1980年代半ばからの不動産バブルを発生させる要因のひとつとなった（Shimizu and Watanabe（2010））．

＊　本章は，中川・齊藤・清水（2014a, b）をもとに，最新のデータに更新し，加筆したものである．

そのような中で，区分所有型集合住宅（以降，マンションと呼ぶ）の建設が一気に進められた．マンションは1970年代以降に都市部を中心に本格的に建築されるようになり，土地資源を節約しながら大量の住宅を供給させることが可能であることから[1]，国土の狭いわが国の一般的な居住形態となっている[2]．

このように，国土に制約が強いわが国の人口増加と経済成長を支えるインフラとして機能してきたマンションであるが，道路や橋などの公的なインフラと同様に，その老朽化が進み始めており，その維持・管理問題は，大きな社会問題として発展することが予想される．

ここでマンションをひとつの資本としてとらえた場合，Diewert and Shimizu（2016a, 2016b）で指摘しているように，その老朽化，つまり減価償却には3つの原因がある．第1が，物理的な減価償却であり，その構造物そのものの機能が低下していくものである．第2が，経済的な減価償却であり，建物そのものの性能が上昇することで，建物の陳腐化によってもたらされるものである．第3が，滅失に伴う老朽化である．とりわけ日本の住宅の寿命が短いことが指摘される中で，わが国の住宅の減価償却率が高いといわれている．

しかし，マンションは区分所有法により，専有部分と共有部分を組み合わせた区分所有権によりその権原が構成されているため，a）建て替えには5分の4の居住者，持ち分の賛成が必要，b）区分所有権の解消のためには全員同意が必要[3]，などマンションストックを更新，滅失させるためにはきわめて大きな社会的コストがかかる仕組みとなっている．そのため，第3の滅失に伴う減価償却は小さく，物理的，経済的劣化にもかかわらず，建物そのものの寿命を長期化させているがために，減価償却率は他の構造物と比較して小さいといえるものの，その特性が故に，新しい社会問題を引き起こすことも予想されるの

---

1) 「住宅・土地統計調査」における所有住宅のうち「非木造共同住宅」が，いわゆるマンションといわれるものであると定義していいであろう．「2008年住宅・土地統計調査」のストックに注目すれば，1971年以降に建築されたものが97%を占め，1971-1980年に建築されたものが16%，1981-1990年が21%，1991-2000年が33%，2001-2008年9月が27%であった．

2) 「2008年住宅・土地統計調査」によると，全国で共同住宅に住む世帯は，持ち家・貸家あわせて，40%を超える水準にまで達している（42.8%）．持ち家率は79.4%，そのうちの22%に該当する4,539,300戸が，非木造共同住宅である．

3) 2014年の法律改正で，旧耐震基準のマンションについては，特別多数決で区分所有関係の解消が認められることとなった．

である.

　具体的には，建物が老朽化することで，都市全体に外部不経済をもたらす可能性が高い．建物の老朽化は景観を阻害し，さらにはスラム化が進んだときには，一層強い外部不経済を地域にもたらす.

　それでは，更新，滅失が困難な住宅ストックの増加は，どの程度の速度で発生してくるのであろうか．それは，地域や都市のあり方にどのような影響をどの程度もたらすだろうか．まず，このような住宅ストックは時間の経過に伴う質の劣化が，通常の住宅に比較して早く進む可能性があろう．このような住宅の質の劣化は，居住者が受け取る住宅サービスの低下をもたらすが，さらに，劣悪な住環境は外部不経済をもたらす可能性が危惧される．このような外部不経済は，劣悪なストックが空間的に近接している場合にはより大きなものとなる．このため，都市環境，地域環境の悪化は，老朽マンションストックの密度，集中度によって大きく異なるであろう.

　ただし，このような老朽マンションストックの増加に伴う都市・地域環境の悪化は，都市・地域の人口や人口構成によって規定されるという側面がある．また，マンションストックの増加自体が都市・地域の性格を規定してしまうという側面もある．つまり，マンションストックの増加と地域の人口構成等は相互作用を与えあう．このため，都市・地域の将来の姿を予想するためには，老朽マンションストックのマクロな量を把握するだけでは不十分であり，都市・地域の人口構成，人口動向と老朽マンションストックの相互作用を，地域単位で注意深く観察することが必要となる.

　そうすると，マンションストックの増加が都市に影響を与える経路として，次の2つのタイプのものがあることが予想される.

　第1が，高齢化の進展と老朽マンションストックの蓄積の同時進行である．現在，ニュータウンに代表される団地の老朽化問題，居住者の高齢化問題が，郊外の主要な住宅問題として取り上げられている．これは，年齢構成が偏った大量の居住者の入居によって出現した地域運営の問題としてとらえることができよう．ニュータウン（または団地）の建設は，戦後間もない住宅不足が深刻化する中で，日本住宅公団（現在の都市再生機構）による住宅の直接供給政策として実施されてきた[4].

マンションは共同住宅であり大規模なものも多く存在するため，ニュータウンや都市再生機構などが開発した団地ほどの顕著な影響はないとしても，同様に地域の高齢化を大きく規定している可能性は高い．つまり，マンションの老朽化と地域の高齢化が同時に進行している可能性がある．このことは，1950年代半ばから始まったニュータウン開発と近年において多くの困難に直面しながらも進められている団地の建て替え問題は，1970年代に民間主導で始まったマンション開発とその後の建て替えといった問題といった形で，20年のラグを持って発生してくることを示唆している．加えて，都市再生機構のニュータウンの建て替えは，賃貸住宅が多くのシェアを占めているものの，民間が供給したマンションの多くは区分所有型の建築物であることから，より一層深刻な問題に直面する．

加えて人口構成の高齢化の進行は，マンションストックの一層の劣化をもたらす可能性がある．リタイヤ後の高齢者は残存寿命である時間的地平線が短い居住者としてとらえることができるだろう．このような居住者は住宅ストックに対する維持管理，更新投資が過小になることが予想される．つまり，高齢者の増加はマンションストックの荒廃を進める方向で作用し，この場合マンションの不動産価値は下落するから，ますますストック更新は困難になることが予想される．

この傾向は，マンション居住者の所得階層によって増幅される可能性がある．前述の郊外の団地問題は，都市再生機構の団地への入居者は，政策的な観点から低中所得階層に限定されているということがこの問題を増幅している．つまり，ストック再生に伴う資金を捻出できない，少なくとも捻出できない居住者がある程度いるためそのような合意に至らないものと考えられる．マンションについては，政策的に特定の所得階層を対象としたものではないが，戸建て住宅を購入できない階層が入居している場合（地域）では，同様の問題が存在するかもしれない．

4）　日本住宅公団は，日本住宅公団法により 1955 年 7 月 25 日設立された．住宅および宅地の直接供給を行ってきたが，1981 年に住宅・都市整備公団に承継された後，1999 年に都市基盤整備公団を経て，さらに地域振興整備公団の地方都市開発整備部門と統合して 2004 年都市再生機構へ移管された．日本住宅公団の最初のニュータウン開発が，1957 年の千葉県柏市の光ヶ丘団地であり，ニュータウン開発には 50 年以上の歴史があることがわかる．

第3章 マンションの老朽化と人口の高齢化がもたらす首都圏の姿　　　93

　第2が，人口減少がもたらす老朽ストックへの負のインパクトの増大である．第1の問題とも強く関係するが，とりわけ生産年齢人口の減少は，それが支える高齢者の増加が予想される中では，一層住宅市場に対して強いインパクトがもたらされることが指摘されている（Shimizu et al.（2015），Tamai, Shimizu and Nishimura（2016）），Saita et al.（2016））．

　このような住宅需要の低下が発生すると，理論的には，数量調整と価格調整を通じて，より少ない住宅ストックと低下した住宅価格をもたらすと考えられる．しかし，住宅のように物理的な耐用年数が非常に長い財については数量調整が働きにくい．特に，区分所有関係を解消するためには全員同意が必要であるマンションについては，この傾向が顕著に出現しやすい．このような財について，人口減少に伴う需要の減少が引き起こされた場合，価格調整が極端に進むことが予想される．このような非常に低い不動産価格は，低所得者，人的資本の低い居住者の流入を招く可能性があろう．つまり，マンションストックが大量にある地域での人口減少は地域のスラム化をもたらす可能性が高い．

　本章では以上のような問題意識のもと，オリンピック後の東京圏の老朽マンションストックの増加がもたらす都市・地域の姿を予想する．まず，わが国でももっとも多くのマンションが供給されている東京圏（東京都，千葉県，埼玉県，神奈川県）を対象に，定量的な老朽マンションストックの将来の状況を把握する．前述のとおりストックの滅失，更新が困難だということを前提とすれば，どのような時期に老朽マンションが発生するかという予測は，マンションの建設時期を把握すればかなり正確に行える．このため本章では，首都圏のマンションに関するマイクロデータを収集・整備することで東京圏のマンションストックの将来動向をほぼ正確に再現している．

　続いて，このような老朽マンションの増加が，地域環境に対してどのような影響をもたらすのかを検証した．具体的には，500メートルメッシュの中に存在する建物の面積のうち，一定期間以上経過した老朽化マンションの面積が増加していく中で，当該地域の戸建て価格に対してどのようなインパクトをもたらすのかを，東京都を対象としたヘドニック関数を推計することで明らかにした．ここで，何年以上経過したマンションが外部不経済をもたらすのかということが明らかになった，

最後に，前述のように明らかになった外部不経済を持つ老朽マンションのストックが市区町村レベルでのマクロな住宅市場にどのような影響を与えるのかをパネルデータを用いて検証した．ここでは，老朽マンションストックのストックの増加が都市・地域に与える影響を見るために，人口動向と相互依存的であると考え，人口構成の高齢化の効果と人口減少の効果をそれぞれ識別することとした．

このため本章では，「日本の市区町村別将来推計人口」（平成25年）（国立社会保障・人口問題研究所）を用いて，東京圏の人口動向を把握して，前述のマンションストックの将来動向と重ね合わせることで，東京圏の将来の姿を描き，地域ごとに必要な対応策について議論を行っている．最後に，人口減少，高齢化の進展と併せて，老朽マンションの増加が地価に対してどのようなインパクトをもたらすのか，もたらすのであればどの程度のインパクトとなるのかを推計する．

まず第2節においては，マンションストックの増加を把握するためのデータの解説と老朽化の実態を，マンションデータを建築時期別・供給地域別に概観する．第3節では，東京都区部を対象とした老朽マンションを考慮したヘドニック関数を推計し，老朽マンションの定義を示した．第4節では，マンションストックの形成と地域の人口の相関関係を観察し，東京大都市圏の距離帯別の人口の将来動向を観察することで，老朽マンション発生の都市・地域環境への影響を議論する．加えて，老朽マンションの増加がどの程度の規模で発生するのかを示す．第5節は人口減少と高齢化，そして老朽化マンションの増加といった現象が同時に進行していく中で，住宅地価格に対してどのようなインパクトをもたらすのかについて，実証的に明らかにした．第6節は，結論として，一連の分析結果をまとめるとともに，政策対応の課題を整理した．

2. 老朽化マンションストック

2.1. データ

老朽マンションの分析を行うにあたり，マンションデータベースの構築を行った．

住宅に関連するストック統計は，「住宅・土地統計調査」によって把握することができる．しかし，「住宅・土地統計調査」は抽出調査であることから誤差が大きく，さらに集計表からは小地域単位（たとえば，町丁目などの「国勢調査」の調査区など）での詳細な地域単位での統計が不足していたり，個別の建物の属性情報がわからなかったりするといった問題がある．

そこで，本研究では，民間企業に蓄積されたマイクロデータの収集・整備を行った．データは，新築マンションデータベースの提供をしている「株式会社不動産経済研究所」と「株式会社リクルート」，ゼンリン「住宅地図」のデータを用いた．この3つのデータソースの性質は異なる．

不動産経済研究所のデータは，新築マンションの供給情報である．1975年以降のマンション棟に関する情報が存在しており[5]，1995年以降においては，住戸情報も含めて詳細な情報を持ちえている．データソースは新規の開発が予定された段階で作成されたパンフレット情報である．パンフレットを用いてデータベース化されているために，販売期単位でデータベース化されている[6]．このデータは，調査から外れているものが存在するといった意味で過小になる可能性はあるが[7]，他の先行調査（たとえば不動産協会（2011））によって利用されている建築着工統計よりも正確な統計であるといえよう[8]．ここからは，建築年と併せて，マンション棟当たりの総戸数と総面積を得ることができる．

リクルートの情報は，1986年以降において同社が情報誌を作成する段階で蓄積してきた棟（建物）関連のデータベースを活用した．リクルート社は，新築マンションと併せて中古マンションの広告情報を出版している．その中で，一度でも広告として掲載がなされた情報に関しては，マンションの棟に関する

---

[5]　1975年以降のデータをすべて電子媒体のデータへと変換し，35,262棟のデータを得た．

[6]　たとえば，大規模マンションでは，300戸の住宅を複数の期に分けて販売することがある．第1期，第2期，第3期と100戸ずつ販売した場合は，データベースとしては3つの棟に分かれていることとなってしまう．そのために，この3つの期を分割して集計してしまうと，棟数が過大に推計されてしまう．そこで，第1期から第3期までを併せて，1棟の情報へと変換した．

[7]　不動産経済研究所へのヒアリングによれば，首都圏の供給マンションの90%程度は捕捉できているとのことである．

[8]　建築着工統計は，建築許可申請に基づき作成されている．そのため，建築許可が下りたとしても，実際に建築まで至っていないものも含まれるため，過大推計になっていることが知られている．また，建築着工統計では，住所などの立地情報，建築物の構造や規模などの建物属性情報を持ちえていない．

データベースが作成されている．本研究では，その個票データを用いた．その
ため，不動産経済研究所が所有していない 1975 年以前のデータに関しても補
足することができる [9]．しかし，リクルートの棟情報には，総戸数は把握でき
ても，総面積が記録されていない．そこで，ゼンリンの「住宅地図」とマッチ
ングすることで，総面積を取得した [10]．

　両データベースを併せて，159,770 棟（不動産経済研究所とリクルートの共
通データは 26,421 棟）のデータを得た．老朽マンションの動向の捕捉におい
ては，棟数だけでなく，戸数・総面積とともに分析することとした [11]．

2.2. 東京圏のマンションの供給動向

　将来のストック水準を推計する方法としては，人口予測で用いられるコーホ
ート分析や新規のフローと減価償却から推計する積み上げ法など，多くの方法
がある．

　本研究では，一定の耐用年数を定めて，その期間においては，建て替えが起
こらないという状態を想定した上で，2015 年以降の老朽マンションの将来推
計を行った [12]．

　分析に先立ち，2015 年 12 月までに竣工されたマンションの建築年代別の棟

---

9)　たとえば，2005 年において出版された情報誌において 1970 年に竣工されたマンションが掲載さ
れた場合は，その棟データも含まれる．1986 年以降において，約 863,000 件（部屋）の広告が掲載
され，首都圏で 52,187 棟のデータを得た．この 2 つのデータベースを融合させる際には，不動産
経済研究所とリクルート棟データに重複して存在する棟を調整しなければならない．そこで，その
重複が発生しないように，重複データを削除した．

10)　ゼンリンの住宅地図では，建物の形状がポリゴンデータとして調査・整備されている．加えて，
建物階数についても整備されている．そこで，形状から取得できる建物面積に階数をかけることで
総建物面積を推計した．

11)　ゼンリンとのマッチングができなかったデータにおいては，総戸数または総面積のデータが欠
損しているものについては，推計することとした．たとえば，総面積がなく総戸数だけがある場合
には，平均住戸面積を総戸数にかけることで総面積を補完した．逆に，総戸数がなく総面積しかな
い場合には，総面積を平均住戸面積で割ることで求めた．

12)　この仮定は，前述のように建て替えがほとんど進んでいない状況下では強い仮定ではないと考
える．また，現在，建て替えが実施されたマンションの多くは阪神淡路大震災の特殊性を持つもの，
再開発棟を通じて余剰容積を販売しながら実施されたものであり，人口減少においてはきわめて
まれなケースであるといってもよいであろう．また，予想されるストックに対する本分析データベ
ースの網羅率が 90% 程度であると考えれば，このような仮定をおいたとしても過大に推計される
ことはないと判断した．

第3章 マンションの老朽化と人口の高齢化がもたらす首都圏の姿　　97

数, 戸数そして総面積を集計した. 累積で, 本データベースには, 159,770 棟,
9,445,656 戸, 477,838,743 平米のマンションストックがあることがわかった.
そして, 空間的な変化を見ると, 1970 年以前に建築されたストックを出発点
とすれば, その後の 5 年間でストックは 3 倍となり, 1980 年にかけて 5 年間
で 2 倍に, さらに 1985 年までの 5 年間では 1.6 倍と急速に増加していったこ
とがわかる. その後のストックの増加速度は 1.2 倍程度であるが, 人口の増加
や GDP の増加速度などが鈍化していく中では, マンションストックの増加は
それらの速度を超えて急速に拡大してきたことがわかる.

　これを地図に落としたのが図 3-1 である. これを見る限りにおいて, 東京圏
のマンションストックは 1980 年から 1990 年にかけて一気に郊外へと拡大して
いる. 1970 年には都心部の一部に限定されていたものが, 1980 年, 1990 年そ
して 2000 年と年を追うごとに広域的に拡がっている. この地域的な拡がりを
見るために, 「国勢調査」の東京圏の距離帯別に, 老朽マンション発生の動向
を重ねて観察することとする. 具体的には, 東京都市圏の距離帯構成市区町村
を用いることで, 距離帯毎に増加する老朽マンションの動きを観察した. 東京
都市圏とは, 旧東京都庁を中心とする 70 キロの範囲の同心円である [13].

　建築時期別と距離帯別のクロス集計として見ると, 1981 年から 1985 年の 5
年間に面積ベースで全体の 11% 弱が供給されており, この時期が第 1 期のマ
ンションブームであるといえよう. さらに, 次のマンションブームは, バブル
崩壊後の 1996-2000 年 (15%), 2001-2005 年 (18%) であった.

　地域的には 2015 年時点で, もっともマンションが集積しているのは 10 キロ
から 20 キロ圏であり, 全体の 27% がこの距離帯に集積している. また, 30
キロ以内に 75% のストックが集積しているものの, 30 キロ以遠でも 50 キロ
圏内までに無視できない規模でのストック (約 205 万戸, 1 億 336 万平米) が
存在している.

---

13)　0〜10 キロ圏は千代田区などの 14 特別区で, 10〜20 キロ圏は川口市, 市川市, 大田区, 武蔵野
市, 川崎市川崎区などの 27 市区で, 20〜30 キロ圏はさいたま市大宮区, 千葉市花見川区, 府中市,
横浜市鶴見区などの 48 市区で, 30〜40 キロ圏はさいたま市西区, 川越市, 千葉市中央区, 木更津
市, 立川市, 横浜市南区など 47 市区町村で, 40〜50 キロ圏は飯能市, 佐倉市, 八王子市, 横須賀
市など 48 区市町村で, 50〜60 キロ圏は行田市, 茂原市, 檜原村, 平塚市など 34 市町村で, 60〜
70 キロ圏は熊谷市, 鴨川市, 奥多摩町, 小田原市など 41 市町村で構成されている.

図3-1 年代別マンションの供給分布

(a) 1970年以前に建築されたマンション分布

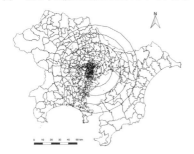

(b) 1980年以前に建築されたマンション分布

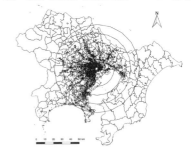

(c) 1990年以前に建築されたマンション分布

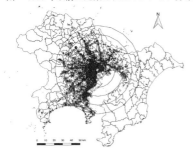

(d) 2000年以前に建築されたマンション分布

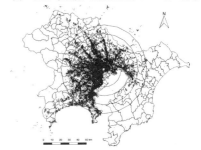

3. 老朽マンションの近隣外部性

3.1. 推計モデル

　本節では，老朽マンションの外部不経済，または近隣外部性を推定するために，中川・齊藤・清水（2014a）に提案されたモデルを用いて，マンションデータを更新した上で，ヘドニックアプローチを用いる．

　ヘドニックアプローチとは，価格と品質との対応関係を線形ベクトルとして表現し，価格関数の推計を通じて，その形成構造を分解していく手法である．その応用としては，価格指数の品質調整だけでなく，非市場財の経済価値の測定など，広く応用されている．

　ここでは，老朽マンションの集積に伴う近隣外部性を測定することである．

しかし，この問題を考えるにあたり，もっとも大きな問題は，老朽マンションの正確な定義が存在しないことにある．

そこで，推計時点としての t 年を固定して，建築後年数の経過 T 年を追時的に変化させることで，住宅価格への影響を分析することとした．

ヘドニック関数で老朽化マンションの集積に伴う外部性を推計しようとした場合には，市場参加者が暗黙のうちに老朽マンションの集積に伴う外部性を認識し，立地行動に影響を与えていることが前提となる．そこで，本研究では，「2010年時点の500メートルメッシュにおける建物総面積に占める t 年以前に建築されたマンションの面積の比率」指標を用いることとした．つまり，当該地域に存在する建物全体の中で，老朽マンションがどの程度を占めるのかといったことによって老朽化の効果を抽出する．

コーホート効果は，T 年以前にマンションが供給されていた地域の地域ダミーを入れることで，その効果をコントロールすることとした．つまり，地域ダミーによって T 年以前のマンション供給適地と判断されたエリアの効果を取り除いた上で，エリア内に存在する老朽マンションの集積の度合いに応じてどの程度の価格差が存在しているのかを見る．また，老朽化マンションの外部不経済を正確に識別するためには，マンションが存在する地域とマンションが存在しない地域（地域内マンション面積が 0）の地域を分割した方がよい．そこで，老朽化マンションの外部不経済の確認が出来た後には，マンションが存在する地域だけに限定して関数推計することとした．

まず，マンションの存在効果を抽出する（モデル 1）．

$$\log P_{(i,j)} = a_0 + a_1 O_{T=2010,i} + \sum_m a_2^m \log X_i^m + \sum_n a_3^n NE_k^n + \sum_s a_4 H_i^s + \varepsilon_{(i,j)} \quad (1)$$

ここで，j 地域 i 住宅の価格を $P_{(i,j)}$ とする．ここでは，j 地域を500メートル単位でのメッシュでとらえた地域とする．$O_{T=2010,j}$ は，2010年を起点として見たときの老朽マンションの効果を反映した要因となる．具体的には，ここで収集できた戸建て住宅価格は，2010年時点の東京都を対象としたクロスセクションデータであることから，2010年までに竣工されたマンションストックを分析対象としているために，$T=2010$ とすることで，すべてのマンション，つまり2010年時点で存在しているすべてのマンションの面積の総建物面積に

対する比率を見ることで，マンションが存在する効果を見ることとなる．小地域の中に存在する建物の中でマンションが占める比率が増加することでどの程度の価格低下効果が存在しているのかを確認する．X は駅までの所要時間や建築後年数，専有面積などの戸建て住宅が持つ属性であり，NE は k 地域内での近隣効果，H は当該物件を購入している購入者の特性を見るための代理変数である．詳細は，次節にて詳細に説明する．

　次に，建物時期別のコーホート効果を見る（モデル2）．ここでは，$O_{T=2010,j}$ を $O_{T,j}$ に変更した．つまり，2010 年から t 時間ごとさかのぼっていったときに，どの時点までさかのぼったときに戸建て住宅価格に対して影響をもたらすのかを見るものである．具体的には，$t=10$ の場合は，2010 年から見て 10 年前，つまり 2000 年までに建築されたマンションの総面積が，当該地域の建物総面積の占める割合となる．$t=20$ の場合は，20 年以上経過したマンションの総面積が当該地域の建物総面積に占める比率を意味する．このような形で t を可変的に操作していったときに，2010 年から見てどの程度さかのぼったときに，戸建て住宅価格に対して負の影響が発生するのかを調べようとしているのが，本節での仮説となる．

$$\log P_{(i,j,t)} = a_0 + \sum_l a_1^l O_{Tt,i} + \sum_m a_2^m \log X_{t,j}^m + \sum_n a_3^n NE_{t,k}^n + \sum_s a_4 H_{t,i}^s + \varepsilon_{(i,j)} \quad (2)$$

　このモデルを用いることでマンションの外部性を消費者がどのタイミングで認識するようになるかについても，一定の情報を得ることができる．つまり，消費者が中長期的な時間的視野を持っているならば，実際にそのマンションが老朽化していようといまいと，マンションが立地した段階で当該地域の地域環境はいずれ劣化する可能性が高いという判断をするかもしれない．その場合，マンションが立地した段階でその地域の不動産価値は低下するかもしれない．また，マンションが地域環境に与える影響が防災性を通じたものだけであるならば，新耐震基準が採用された 1982 年という時期が決定的な意味を持つだろう．防災性を通じたものだけではないのであれば，他の時期も地域の不動産資産価値に影響を与えることになるだろう．

　マンションの建築時期別に応じて，総面積に占める特定の時期別のマンションストックの比率の存在効果を見る．たとえば，メッシュ単位での建物総面積

に占める1990年以前に建築されたマンションの比率，1991年から2000年に建築された面積の比率，2000年から2010年に建築されたマンションの比率のように，建築年代別の効果を識別する．このことが，老朽化の度合いに応じた住宅価格の価格低下効果を見ることになる．

モデル2によって特定時期以前に建築されたマンションの外部効果の有無が確認された後には，再度，T年以前に建築されたマンションの面積に応じた価格低下効果を推計するとともに（モデル3），その頑健性をチェックする．実効容積率（地域内の総建物面積÷土地面積），総建物面積，共同住宅総面積，共同住宅非木造総面積，共同住宅木造総面積の変数を追加しながら，老朽化マンションの外部不経済の大きさを確認する．

3.2. データ

モデルの推計にあたり，次のようなデータを収集した．

マンションデータ（O_i）

マンションデータとしては，前節で構築した首都圏マンションデータベースを用いることとした．500メートルメッシュ単位でマンションの集積を建築年別，つまり，分析時における老朽化度合（建築後年数）別に集計した．

住宅価格データ（$P_{(i,j,t)}$），建物属性（$X_{(i,j)}^m$）および市場特性（MK）

住宅価格データは，東京都区部23区および多摩地域の2009年1月から2011年12月までの3年間において取引が成約したデータを収集した（$P_{(i,j,t)}$）．主な情報源として，リクルート社の情報誌『週刊住宅情報』に掲載された戸建て住宅の価格情報を用いた．同情報誌では，品質情報・募集価格（asking price）に関する情報が週単位で提供されている．本研究では，『週刊住宅情報』に掲載された情報のうち，成約によって情報誌から抹消された時点の価格情報を用いることにした．

周辺環境変数（$NE_{t,k}^n$, $H_{t,i}^s$）

広域的な地域を対象としてヘドニック関数を推計する際には，土地・建物の

特性だけでなく，空間的な格差についても考慮しなければならない．空間的な格差に関する周辺環境要因としてもっとも代表的なものが，住宅の各立地点における交通利便性である．具体的には，高度に鉄道網が発達している東京圏においては，最寄駅までの利便性によって住宅価格は大きく変化するため「最寄り駅までの時間（TS）」と「都心までの時間（TT）」が該当する．

　周辺環境特性としては，住宅が立地する 500 メートルメッシュ単位での周辺環境指標を作成した．具体的には，公法上の規制としての都市計画用途制限，土地建物利用状況に基づく市街地環境，「国勢調査」に基づく世帯特性の 3 つの要素に基づき変数を作成した．

　まず，都市計画用途制限としては，都市計画用途地域ダミー[14]，法定容積率と建ぺい率を用いた．

　土地建物利用状況としては，「東京都土地利用現況調査」の個別建物データを用いた．東京都区部については 2006 年，多摩地域に関しては 2007 年の状況が調査されており，合計で 2,762,226 棟の建物データが GIS データとして整備されている．同データには，建物利用状況，建物面積，構造等が調査されている．そこで，500 メートルメッシュ内における建物数，建物の一階平均面積，その標準偏差，平均高さ（階数），その標準偏差，工業用途面積合計，木造面積比率（総面積に占める木造面積の比率）を計算した．

　平均面積は，建て込み度，密集度合いと同じ性質を持つ変数となり，建物面積の標準偏差は，街並みの代理変数として想定した．高さについても同様である．つまり，面積や高さの標準偏差が小さい地域は，町並みが整然としているものと考えられる．また，木造面積比率は，震災等が発生した際における倒壊確率や火災発生確率とも密接な関係を持つと考えた[15]．

14）　都市計画用地域については，住居系，商業系，工業系の 3 つのダミー変数を作成した．住居系用途については，第一種低層住居専用地域ダミー，第二種低層住居専用地域ダミー，第一種中高層住居専用地域ダミー，第二種中高層住居専用地域ダミー，第一種住居地域ダミー，第二種住居地域ダミー，準住居地域ダミーをまとめた．商業系用途について，近隣商業地域，商業地域をまとめて，商業系ダミーとした．工業系用途については，準工業地域，工業地域，工業専用地域をまとめて，工業系ダミーとして作成した．

15）　東京都地震危険度マップは，本データを主情報源として計算されている．倒壊確率や火災発生確率は，構造と建込度から求められている．指標化されているため，分析上の解釈が困難であるが，ここで計算した指標は，連続量として計算されているために，その解釈が容易であるという利点を

第3章　マンションの老朽化と人口の高齢化がもたらす首都圏の姿　　　103

「国勢調査」データにおいては，75歳以上の世帯がいる世帯数，オフィスワーカー数（「専門的・技術的職業従事者＋管理的職業従事者＋事務従事者」）を用いた．オフィスワーカー数は，地域単位での学歴や所得の代理変数としての要素が強い．それは，一般的に「専門的・技術的職業従事者＋管理的職業従事者＋事務従事者」は，その他の職業分類世帯よりも高学歴でかつ平均的に所得水準が高いことが知られているためである．

3.3. ヘドニック関数の推計結果

　ヘドニック関数の推計に先立ち，データの性質を見ておこう．

　まず「戸建て価格」は，平均で4,540万円であり，最小値で380万円，最大値で29,990万円，標準偏差が2,162万円とかなり大きなばらつきがある．いわゆる少額物件からいわゆる億を超える住宅までも含んでいる．「専有面積 (S)」は，最小値が30.56平米，最大値で819.15平米，平均で95.88平米である．つまり，10坪住宅といわれるミニ戸建て住宅から大規模住宅まで幅広く含む．

　「建築後年数 (A)」については，新築物件を多数含むことから平均では3.73年であるが，最大では36年を超えるものもあり，右に裾を引いた分布である．

　分析データの500メートルメッシュ単位での総面積に占める建築時期別のマンション面積比率に関する分布を見ると，62,480サンプルのうち，1970年以前に建築されたマンションが存在する地域にあるデータはわずか15%の9,252サンプルしかない．1980年以前では28,311サンプル，1990年以前では40,382サンプル，2000年以前では47,581サンプルと拡大していく．

　また，マンション面積比率指標のそれぞれの年代別の分布は，1970年代以前では平均で2.4%，95%パーセンタイル点でも6%となっている．平均値の変化を見ると，1980年以前のマンション面積比率で4.3%，1990年以前のマンション比率で5.8%，2000年以前で7%と変化していく．面積比率が10%以上の地域に分布するサンプルの分布は，1970年以前では1%程度しかないものの，1980年以前または1990年以前で10%程度，2000年以前まで拡

　持つ．

大すれば 25% 程度のサンプルがあることがわかる.

ヘドニック関数の推計結果を表 3-1, 表 3-2 に示す.

推計されたヘドニック関数の推計結果を評価してみよう. 専有面積 (S), 土地面積 (L), 前面道路幅員 (W) が増加していくと住宅価格は増加し, 建築後年数 (A) が増加し, 最寄り駅からの時間 (TS) または都心から離れる (TT) ほどに価格が低下していく. また, バス圏であれば価格は低く, 木造や敷地内に私道が存在する場合も価格が相対的に低くなっている. また, 市場滞留時間 (MT) が長い物件は相対的に取引価格が高くなっている. このことは, 経験則または先行研究と一致した結果を得ることができている.

続いて, 周辺環境特性 (NE) における都市計画用途地域ダミーに関しては, 住宅系用途は相対的に高く, 商業地域, 工業地域では価格の低下効果が出ている. 商業系用途や工業系用途では, 住環境が必ずしも高くないため, 価格を押し下げていると考えられる. また, 容積率が高くなると, 地域環境が悪化すると予想されるために負で有意に推計されているが, 建ぺい率の効果に関しては有意な結果を得ることができなかった.

500 メートルメッシュ単位で見た平均建物面積においては, 平均面積が大きくなるほどに価格の上昇効果があるが, ばらつき (標準偏差) が大きくなると価格を引き下げる効果があることがわかった. その理由として, 面積がばらつくことで地域的な整然さを欠き, 景観が損なわれている可能性が高いと予想される. また, 木造比率が高いところでは価格水準が低い. つまり, 平均面積が小さく, 木造比率が高いところでは, 震災等による倒壊確率や火災確率が高い, または住環境が低いと想定されるために, 価格の押し下げ効果が発生しているものと解釈できる. さらには, 工場面積が多い地域は, 都市計画用途の効果を超えて高い価格の押し下げ効果が発生していることがわかる.

購入者の属性を見れば, 75 歳以上の高齢者が多いところでは相対的に価格が低く, その一方で, 「専門的・技術的職業従事者」等が多い地域での価格は相対的に高くなっていた. 「専門的・技術的職業従事者」等は, 「国勢調査」のための業種分類で検討すると, 相対的に所得水準が高いことが知られている. 同変数は, エリアの所得水準の代理変数と考えられる.

さらに, これらの変数では吸収できない属地的な効果を考慮するために, 緯

表3-1 ヘドニック関数推定結果1

	東京都全地域				マンション地域	
	モデル1		モデル2		モデル3	
	存在効果		時間効果		時間効果	
	回帰係数	t値	回帰係数	t値	回帰係数	t値
定数項	−57572.91	−28.71	−57302.06	−28.53	−61060.46	−24.04
O：マンション効果						
マンション存在効果：2010年	−0.015	−1.79	—		—	
$Or(-90)$：1990年以前建築マンション比率			−0.046	−3.33	−0.032	−2.31
$Or(91-00)$：1991-2000年建築マンション比率			−0.007	−0.32	−0.008	−0.42
地域コントロールダミー	0.042	21.45	0.042	21.59	—	
X：建物属性						
S：専有面積	0.584	142.25	0.584	142.29	0.580	134.40
L：土地面積	0.295	101.97	0.295	101.96	0.294	95.43
A：建築後年数	−0.065	−112.72	−0.065	−112.75	−0.060	−92.00
W：前面道路幅員	0.033	14.03	0.033	14.02	0.028	10.69
TS：最寄駅までの時間	−0.075	−49.51	−0.075	−49.58	−0.080	−47.71
Bus：バス圏ダミー	−0.074	−19.04	−0.074	−19.02	−0.099	−17.42
NR：部屋数	−0.005	−7.34	−0.005	−7.35	−0.003	−3.90
WD：木造ダミー	−0.073	−21.57	−0.073	−21.61	−0.069	−19.54
CD：車庫ありダミー	0.015	4.15	0.015	4.13	0.012	3.26
PR：私道ダミー	−0.002	−1.07	−0.002	−1.06	−0.002	−1.10
MK：市場特性						
MT：市場滞留時間（×1000）	0.199	27.69	0.199	27.69	0.190	24.21
NE：周辺環境特性						
TT：東京駅までの時間	−0.100	−17.460	−0.099	−17.40	−0.121	−19.36
都市計画用途ダミー：住居系用途	0.006	1.900	0.006	1.88	0.001	0.16
都市計画用途ダミー：商業系用途	−0.011	−2.580	−0.011	−2.58	−0.005	−1.13
都市計画用途ダミー：工業系用途	−0.012	−3.470	−0.012	−3.45	−0.016	−4.18
FAR：容積率	−0.021	−12.420	−0.021	−12.36	−0.017	−9.71
$EFAR$：実効容積率	0.029	11.830	0.028	11.78	0.016	6.18
LAR：建ぺい率	0.003	0.270	0.003	0.26	−0.061	−4.50
500mメッシュ：平均建物階数	−0.006	−1.670	−0.006	−1.65	0.001	0.28
500mメッシュ：建付け面積・平均	0.117	6.400	0.117	6.38	0.238	8.41
500mメッシュ：建付け面積・標準偏差	−0.018	−4.180	−0.018	−4.14	−0.022	−3.57
500mメッシュ：木造面積比率	−0.087	−4.300	−0.089	−4.38	−0.080	−2.75
500mメッシュ：工業建物面積合計	−0.005	−12.420	−0.005	−12.44	−0.006	−13.19
HH：地域（購入者）特性						
500mメッシュ：75歳以上人口	−0.015	−13.85	−0.014	−13.75	−0.016	−14.27
500mメッシュ：専門的・技術的職業従事者	0.050	38.37	0.050	38.43	0.044	31.69
空間座標						
経度	761.540	28.31	757.392	28.11	749.098	21.96
緯度	246.009	9.73	247.054	9.77	489.188	15.72
経度二乗	−2.725	−28.27	−2.710	−28.07	−2.680	−21.93
緯度二乗	−3.463	−9.78	−3.477	−9.82	−6.863	−15.74
D：時間ダミー*	Yes		Yes		Yes	
その他，ダミー変数						
行政市区ダミー**	Yes		Yes		Yes	
沿線ダミー***	Yes		Yes		Yes	
サンプル数	62,478		62,478		49,870	
自由度調整済み決定係数	0.852		0.852		0.843	

注：*2010年，2011年の年次ダミー．**47市町村に関するダミー変数を含む．***27沿線に関するダミー変数を含む．

表3-2 ヘドニック関数推定結果2

	モデル4-1 ベースモデル (BM)	モデル4-2 BM+実効容積	モデル4-3 BM+総建物面積	モデル4-4 BM+共同住宅	モデル4-5 BM+非木造共同住宅	モデル4-6 BM+木造共同住宅
定数項	-60382.230 ***	-61033.490 ***	-61033.490 ***	-60301.850 ***	-60295.850 ***	-60682.930 ***
$Or(-90)$:1990年以前建築マンション比率	-0.043 ***	-0.032 ***	-0.032 ***	-0.043 ***	-0.043 ***	-0.042 ***
容積率	-0.017 ***	-0.017 ***	-0.017 ***	-0.017 ***	-0.017 ***	-0.016 ***
建ぺい率	-0.062 ***	-0.061 ***	-0.061 ***	-0.062 ***	-0.062 ***	-0.063 ***
実効容積率	—	0.016 ***	—	—	—	—
建物総面積 (×1000)	—	—	0.633 ***	—	—	—
共同住宅総面積 (×1000)	—	—	—	-0.105 ***	—	—
共同住宅非木造 (×1000)	—	—	—	—	-0.114	—
共同住宅木造 (×1000)	—	—	—	—	—	0.038 ***
サンプル数	49,870	49,870	49,870	49,870	49,870	49,870
自由度調整済み決定係数	0.843	0.843	0.843	0.843	0.843	0.843

注1:2010年、2011年の年次ダミー。

注2:47市町村に関するダミー変数を含む。

注3:27沿線に関するダミー変数を表す。

注4:***は1%有意水準、**は5%有意水準、*は10%有意水準で帰無仮説が棄却されることを表す。

度・経度座標とその二乗項を投入しているが，いずれも有意な結果として推計されている[16]．

3.4. 老朽マンションの外部不経済の効果

まず，マンションの存在効果の外部性を分析したものがモデル1（**表3-1**，モデル1）である．つまり，500メートルメッシュ内における建物面積合計に占める2010年までに供給されたマンションの面積合計の比率の効果を見た．いわゆるマンションの「存在効果」となる．推計結果を見ると，建物全体に占めるマンションの面積比率が1%増加すると，−1.5%相当の戸建て住宅価格に対する価格抑制効果が働いている．

ここで，年齢別，つまり開発時期別の効果の推計結果を見た（**表3-1**，モデル2）ところ，1990年以前に供給されたマンションの価格低下効果がもっとも大きく（−4.6%），統計的にも有意な水準で推計されている．1991-2000年に供給されたマンション面積の効果は，有意な結果が得られていない．この結果は，Shimizu et al.（2014）においては，経年によるマンション価格曲線の勾配が10年から23年にかけて急になっていることが指摘されている．マンション自身の利便性低下の後に周囲に影響を与えるというタイムラグを勘案すれば，1990年以前のマンションストックが大きく負の影響を与えていることは整合的だろう．

この1990年以前に供給されたマンションのみが地域の不動産価値を引き下げる方向の影響を与えていることは，消費者はマンションが一定程度老朽化した時点で初めて地域にネガティブな影響を与えるものとしてそれを認識しているということを意味しているように考えられる．また，地域環境に悪影響を与えるのは，旧耐震基準に限定されない一定程度の築年数が経過したマンションであることもこの実証分析から明らかになった．

さらに，マンションが供給された地域だけに限定し，マンションストックの

---

16) 座標値（緯度，経度）を利用した高次元の多項式によって，当てはまりの柔軟性を高めることを目的とした推定方法は，Jackoson（1979）によって提案されたParametric Polynomial Expansion modelと呼ばれる推計法である．説明変数に座標値の二乗，三乗や多次元の交差項を投入するものである．老朽マンションの効果といった強い属地性を持つ効果を識別するためには，過少定式化バイアスの問題をできる限り回避する必要があるために，座標値を加味することとした．

年代別効果を見たものが，モデル3である．モデル2と同様の結果が得られているものの，1990年以前に建築されたマンション面積比率の降下は，−3.2%へと縮小する．これは，老朽マンションの効果を測定するためのベースが，マンションが存在する地域の中で2000年以降にマンションが初めて供給された地域へと変化しているためである．

　表3-2では，推計されたモデル3の頑健性をチェックするために，マンションが供給された地域だけに限定し，老朽マンション比率に影響を与えると想定される変数を追加し，再度モデル推計を行った．具体的には，モデル3において老朽マンションの効果を1990年以前に建築されたマンション比率だけに限定したモデルから出発し（モデル4-1），実効容積を加味したモデル（モデル4-2），地域内の建物総面積を加味したモデル（モデル4-3），地域内の共同住宅総面積を加味したモデル（モデル4-4），地域内の非木造共同住宅総面積を加味したモデル（モデル4-5），地域内の木造共同住宅総面積を加味したモデル（モデル4-6）を，それぞれ推計した．

　1990年以前に建築された老朽マンションの効果は，ベースモデルでは，−4.2%だったが，実効容積，または建物総面積はそれぞれ有意に推計され，老朽マンション効果は−3.2%まで縮小する．共同住宅，非木造共同住宅，木造共同住宅の効果は有意に推計されておらず，老朽マンションの効果はベースモデルと等しくなる．

　以上の結果を総括すれば，老朽マンションの戸建て住宅に対する外部不経済は，マンションが混在する地域で発生し，その価格下落圧力は，地域内の建物総面積に占める1990年以前に建築されたマンションの面積が1%増加するたびに，−3.2%程度戸建て価格を押し下げるように作用しているといえよう．つまり，マンションの老朽化が近隣に対して外部性を発生させ始めるのは，1990年以前，または建築後20年が経過したのちといえよう．

4. 2040年のマンションストックと人口構成の変化

　老朽化マンションが首都圏に与える影響を分析をするにあたり，老朽化マンションの定義から明らかにしておきたい．前節の分析では，2010年から振り

返って1990年以前つまり，20年以上が経過したマンションの量が増加することで地域に対して負の外部性をもたらすことが明らかになった．本節では，2015年までのマンションデータおよび人口データを用いて検討することが可能である．前節の成果を踏まえれば，20年以上経過することで地域に対して負の外部性をもたらすということとなるが，ここではより設定を厳しくし，25年以上経過したマンションを老朽化マンションとして定義する．そうすることで，1990年以前に建設されたマンションを老朽化マンションとして設定する[17]．

　それでは，老朽マンションの将来動向が地域社会に対してどのような変化をもたらすのかを予測するにあたり，人口動態との関係を分析する．まず，マンションの供給動向と人口との関係を見た．ここでは，前節の分析にのっとり老朽マンションを建築後20年以上経過したマンションとして定義する．

　2015年の東京圏の住宅市場の姿を**図3-2**で確認しよう．（a）は市区町村別の建物面積の総量を，（b）は共同住宅の総量を見たものである[18]．この共同住宅には，マンションだけでなく，賃貸用の住宅も含まれる．これらと，（f）の人口と重ねると，人口集積が多いところで建物の総量が多いことは容易に予想されるところであるが，建物のタイプによって集中している地域が異なることも理解できる．

　そこで，（c）では総建物面積に占める共同住宅の比率を，（d）では総建物面積に占めるマンションの比率をそれぞれ見た．（a）住宅総建物面積と（b）共同住宅総建物面積は，その集積の度合いは，微妙に異なっていることがわかる．共同住宅は都市部に集積する傾向が強く，郊外部においては戸建て住宅が一般的なためである．住宅総面積に占める共同住宅の比率，その中でも区分所有建物の比率，区分所有建物以外の共同住宅，つまり賃貸用の共同住宅の集積の程度も自治体によって異なる様子が（c），（d），（e）からわかる．総体的にいっ

17）　1990年以前に建設されたマンションを老朽化マンションとして設定することで，前節の建設後年数20年以上および1990年以前に建設されたマンションという2つの条件を満たすこととなる．前節の分析がクロスセクション分析であったことから，建築後20年以上たったマンションの効果と1990年以前に建設された効果が識別できない．本節以降の分析において，建築後25年以上かつ1990年以前とすることで，2つの条件を満たすこととなる．

18）　住宅総建物面積，共同住宅総建物面積はゼンリンの住宅地図から計算した．

110   第2部 老朽化する共同住宅のインパクト

図3-2 2015年の首都圏の姿

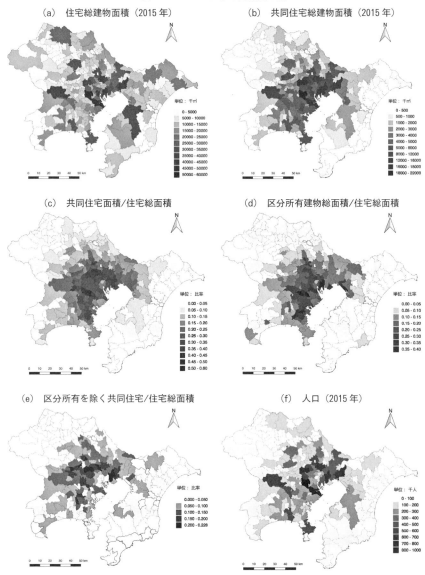

(a) 住宅総建物面積（2015年）
(b) 共同住宅総建物面積（2015年）
(c) 共同住宅面積／住宅総面積
(d) 区分所有建物総面積／住宅総面積
(e) 区分所有を除く共同住宅／住宅総面積
(f) 人口（2015年）

表 3-3　老朽マンションと人口動態（2005-2040 年）

		2005	2015	2020	2025	2030	2035	2040
老朽マンション	棟数（棟）	29,147	70,365	91,137	119,117	141,102	153,772	159,693
	2015＝1.00	0.41	1.00	1.30	1.69	2.01	2.19	2.27
	戸数（10,000 戸）	176	371	469	622	781	890	943
	2015＝1.00	0.47	1.00	1.26	1.67	2.10	2.40	2.54
	面積（10,000 ㎡）	7,869	17,783	22,567	29,529	38,205	45,409	47,730
	2015＝1.00	0.44	1.00	1.27	1.66	2.15	2.55	2.68
人口	（10,000 人）	3,562	3,590	3,569	3,517	3,439	3,342	3,231
	2015＝1.00	0.99	1.00	0.99	0.98	0.96	0.93	0.90
高齢者（65 歳以上）	（10,000 人）	732	869	933	955	989	1,045	1,119
	2015＝1.00	0.84	1.00	1.07	1.10	1.14	1.20	1.29
後期高齢者（75 歳以上）	（10,000 人）	318	397	483	572	596	588	602
	2015＝1.00	0.80	1.00	1.22	1.44	1.50	1.48	1.52

て，区分所有建物は，都心，23区の西南地域に多く存在し，それ以外の共同住宅は都心以外の北東地域に多く存在している．

　表 3-3 では，老朽マンションの推移と人口の推移を整理した[19]．老朽マンションと人口の高齢化が同時進行すると，地域に対して強い負の外部性をもたらすことが予想される．Chen and Rosenthal（2008）では，人口の集積は産業や高賃金といった経済的な集積と独立にも発生することを示している．また，Yasumoto, Jones and Shimizu（2012）が明らかにしているように，低所得者が住むエリアには負の外部性をもたらすアメニティが積極的に集積し，高所得者が住む地域には正の外部性を持つアメニティが集積するといった環境不平等の状況がわが国でも生み出されていることが報告されている．老朽マンションと人口の高齢化が同時進行すると，その外部不経済により，その周辺に低所得者層の世帯も集中してくる可能性がある．老朽マンションの増加と低所得者の増加が同時に進行すれば，建て替えが困難になるだけでなく，地域的な環境劣化，いわゆるスラム化が進む恐れすらある．

---

19)　将来の人口動態については，「日本の市区町村別将来推計人口」（平成 20 年）（国立社会保障・人口問題研究所）を，東京大都市圏の距離帯別に再整理することで，その動向を観察した．

表 3-3 を見ると，2005 年には 176 万戸，7,869 万平米しかない老朽マンションは，2040 年には 943 万戸，4 億 7,730 万平米にまで増加していく．2015 年を基準として考えると，2005 年から 2015 年までの 10 年間で，老朽マンションは面積ベースで 2.3 倍程度に増加し，さらに，23 年をかけて 2.68 倍まで拡大していく．一方，総人口は，2005 年から 2025 年までは大きな変化はないが，2030 年から 2040 年にかけて大きく低下していく様子がわかる．とりわけ顕著であるのが，高齢者の増加である．65 上人口は 2005 年から 2015 年にかけて 0.84 から 1.00，75 歳以上人口は 0.80 から 1.00 へと増加した．2040 年までには，65 歳以上人口は 1.3 倍に，75 歳以上人口は 1.5 倍へと増加していく．

　図 3-3 では，各マンションの東京駅からの距離帯別に再集計した結果である．ここでは，東京駅を中心として 10 キロ単位で老朽マンションがどのようなエリアでどのような速度で積み上がっていくのかを確認した．

　空間的な分布に目を向けると，2005 年から 2040 年にかけての距離帯別老朽マンションの構成比は，もっとも大きなシェアを占める 10〜20 キロ圏は，すべての期においておおよそ 3 分の 1 を占め，続いて 20〜30 キロ圏ではおおよそ 4 分の 1 を占め，期を通じてその比率には大きな変化はない．しかし，0〜10 キロ圏の老朽マンションは，2005 年時点では 25% と 10〜20 キロ圏とほぼ同じく 4 分の 1 のシェアを占めていたが，2015 年以降は 20% 程度へと減少していく．また，30〜40 キロ圏は全体の 10% と大きな変化はないものの，0〜10 キロ圏の比率の減少分は，40〜50 キロ圏の増加によって吸収されていることがわかる．

　図 3-4 では，老朽マンションの空間的な集積の状況を見た．2015 年時点では都心部に集中しているものの，2020，2025，2030，2040 年と追時的に周辺部へと拡大していく様子がわかる．とりわけ八王子等の特定のエリアで，郊外部であったとしても，その集積が 2030 年以降一気に進むエリアが存在することがわかる．

　図 3-5，図 3-6 は，人口の変化を見たものである．図 3-5 では，Shimizu et al. (2015)，Tamai, Shimizu and Nishimura (2016)，Saita et al. (2016) が注目する老齢人口依存比率（65 歳以上人口/20–64 歳人口）を見ている．また，図 3-6 では，2015 年を 1 としたときに，どのような速度で人口が減少してい

第3章 マンションの老朽化と人口の高齢化がもたらす首都圏の姿 113

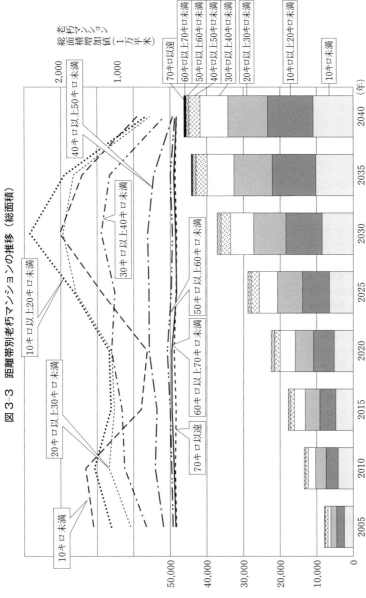

図3-3 距離帯別老朽マンションの推移（総面積）

図 3-4 市町村別老朽区分所有建物面積

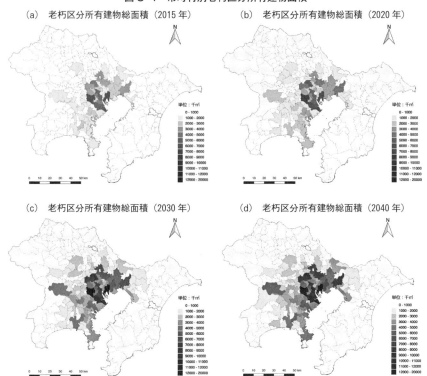

くのかを見たものである．郊外部ほどに高齢化と人口減少が同時に進行していく様子がわかる．

5. 人口の高齢化・老朽マンションの増加が地域に与える影響

5.1. 推計モデル

　人口動態の変化が住宅価格の変動に与える影響度を測定するためのモデルを，次のように設定した．

　住宅地価の変化率を，20–64歳人口1人当たり所得，老齢人口依存比率，総人口の3つの要因で説明するモデルである．

第3章 マンションの老朽化と人口の高齢化がもたらす首都圏の姿

図 3-5 市町村別老齢人口依存比率

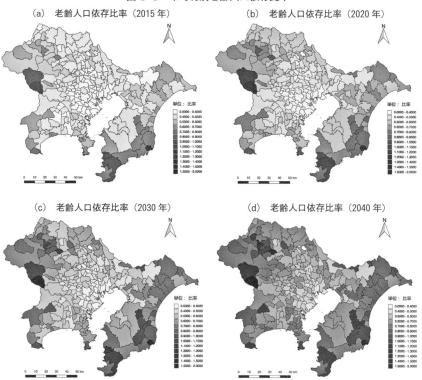

(a) 老齢人口依存比率（2015 年）
(b) 老齢人口依存比率（2020 年）
(c) 老齢人口依存比率（2030 年）
(d) 老齢人口依存比率（2040 年）

モデル：

$$\Delta \ln P_{it} = \alpha + \beta_1 \Delta \ln Y_{it} + \beta_2 \Delta \ln OLDDEP_{it} + \beta_3 \Delta \ln TPOP_{it} + \beta_4 \Delta \ln OldCondo_{it} + \delta_t + v_{1it}$$
$$i = 1, ..., I \quad t = 1, ..., T$$

P_{it}：住宅地価（実質値）
Y_{it}：20-64 歳人口 1 人当たり所得（実質値）
$OLDDEP_{it}$：老齢人口依存比率（≡65 歳以上人口/20-64 歳人口）
$TPOP_{it}$：総人口
$OldCondo_{it}$：老朽マンション面積（戸数）

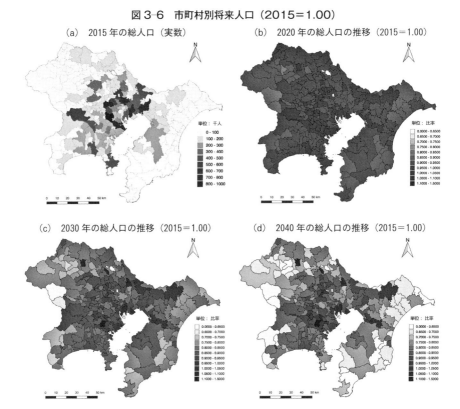

図 3-6 市町村別将来人口（2015＝1.00）
(a) 2015 年の総人口（実数）
(b) 2020 年の総人口の推移（2015＝1.00）
(c) 2030 年の総人口の推移（2015＝1.00）
(d) 2040 年の総人口の推移（2015＝1.00）

$\alpha, \beta_1, \beta_2, \beta_3, \delta_t$：推定すべきパラメータ
v_{1it}：誤差項

　本研究では，前述の重複世代モデルの枠組みを用いて，人口動態の変化が住宅価格の変動に与える影響度を測定するために，市区町村別パネルデータ（バランスしたパネルデータ）を作成した．具体的には，前節で設定されたモデルを推計するために，次のようにデータを収集・整備した（表3-4）．

　推計に利用するデータは，時系列方向が 1980-2015 年の 5 年毎（8 時点），クロスセクション方向が，それらの時点において共通してデータが得られた 143 市区町村を対象としている．

第3章　マンションの老朽化と人口の高齢化がもたらす首都圏の姿　　　117

表3-4　分析データの概要

データの概要

データ形式	市区町村別パネルデータ（バランスしたパネルデータ） （注）東京都特別区部は区別，政令指定都市は市別
データ時点	以下の8時点（5年毎） 1980年，1985年，1990年，1995年，2000年，2005年，2010年，2015年
パラメータ推計に利用するデータの地域区分	首都圏（東京都，埼玉県，千葉県，神奈川県）の203市区町村のうち，上記8時点について共通してデータが得られた143市区町村（市町村合併が行われた地域については，合併後の地域に統合し集計） （注）1980-2015年の間で，公示地価の継続調査対象地点が0地点であった地域が存在する場合は分析対象外とし，バランスしたパネルデータを作成した

データの出所

住宅地価指数	国土交通省「公示地価（各年）」より，「住宅地」を対象として，市区町村ごとに各継続調査地点の地価（円/㎡）に関して連鎖型 Jevons 指数を算出
年齢別・男女別人口	総務省統計局「国勢調査（各年）」より，「0-19歳」，「20-64歳」，「65歳以上」，「総数」の数
所得	総務省自治税務局「市町村税課税状況等の調（各年）」より「課税対象所得」
消費者物価指数	総務省統計局「消費者物価指数（各年）」より，都道府県庁所在市別の消費者物価指数（総合） （注）各市区町村が所在する都道府県の県庁所在市の物価指数を，その市区町村の物価指数として代理した
建築時期別マンション総戸数・面積	第2章で作成したマンションデータ

　本研究で利用するデータの出所を整理したものが**表3-4**である．

　これらのデータを用いて，本研究の分析で利用する変数を以下のように作成した．

　住宅の資産価格については，国土交通省が毎年1月1日時点の価格として公表している公示地価（住宅地）を利用している．また，**表3-4**の方法で作成された価格は名目値であるため，消費者物価指数を用いて実質化を行っている．

　所得要因については，市区町村別の課税対象所得額を，住宅価格と同様に消費者物価指数を用いて実質化を行い，それを地域の20-64歳人口で除すことにより，生産年齢人口1人当たりの所得額として代理することとした．また，分母を20-64歳人口総数ではなく，地域の男女別の就業率を加味した20-64歳就

業者数に置き換え，就業者 1 人当たり所得額を作成した．

人口要因としては，老齢人口依存比率および総人口の 2 変数を用いる．

老齢人口依存比率とは，地域の 65 歳以上人口を 20–64 歳人口で除した比率であり，高齢者 1 人を生産年齢人口何人で支えているかを表す指標である．また，分母を 20–64 歳人口ではなく，地域の男女別の就業率を加味した 20–64 歳就業者数に置き換えた比率指標を，実質老齢人口依存比率とする．これは高齢者 1 人を生産年齢人口のうちの就業者何人で支えているかを表す指標である．

5.2. 推計結果

推計に先立ち，パネル推計における個別効果および時間効果の定式化について検証した．個別効果・時点効果について，固定効果あるいは変量効果による推定のどちらが支持されるかを調べるために，個別（地域）主体要因が説明変数と無相関であるとの帰無仮説の検定をハウスマン検定により行った結果，モデル 1, 2, 3 ともに帰無仮説は棄却され，固定効果による推定が支持される結果となった．

その上で，個別固定効果・時点固定効果の組み合わせについて，各固定効果の同時有意性を調べるため，**表 3-5** に示す 5 通りの F 検定を行った結果，個別固定効果は含めずに，時間固定効果のみによる推定を行うことが支持される結果となった．**表 3-5** には，モデル 2 についてその結果を示した．

その結果を受けて，すべてのモデルともに，個別効果を含まず時間固定効果のみを考慮したモデルとして推計した．

得られた結果を見ると，1 人当たり所得が 1% 増加すると住宅価格は 1.23% 上昇（モデル 2 の場合 1.21% 上昇）することが読み取れる．同様に，老齢人口依存比率が 1%[20] 増加すると住宅価格は 0.62% 下落（モデル 2 の場合 0.68% 下落）し，総人口が 1% 増加すると住宅価格は 0.41% 上昇（モデル 2 の場合 0.37% 上昇）することが読み取れる．この結果は，同種の分析を行った先行研究である Takáts（2012），Saita et al.（2013），川村・清水（2013）と整合的な結果である．

---

20) 比率データの対数差分であり，比率の変化幅（% ポイント）ではない．

第 3 章　マンションの老朽化と人口の高齢化がもたらす首都圏の姿　　　119

表 3-5　ハウスマン検定結果

		個別効果	時点効果	モデル 2	
				検定統計量	p 値
ハウスマン検定	推計式 1 推計式 2	固定効果 変量効果	固定効果 変量効果	195.560	0.000
F 検定	推計式 1 推計式 2	固定効果 なし	固定効果 なし	11.325	0.000
F 検定	推計式 1 推計式 2	固定効果 なし	固定効果 固定効果	1.124	0.169
F 検定	推計式 1 推計式 2	固定効果 固定効果	固定効果 なし	229.210	0.000
F 検定	推計式 1 推計式 2	なし なし	固定効果 なし	248.310	0.000
F 検定	推計式 1 推計式 2	固定効果 なし	なし なし	0.814	0.938

表 3-6　モデル推計結果

	モデル 1		モデル 2		モデル 3	
	推定値	標準誤差	推定値	標準誤差	推定値	標準誤差
$\Delta \ln Y_{it}$	1.098	0.070***	1.096	0.070***	1.098	0.070***
$\Delta \ln TPOP_{it}$	0.311	0.070***	0.303	0.070***	0.303	0.070***
$\Delta \ln OLDDEP_{it}$	−0.216	0.053***	−0.197	0.053***	−0.200	0.053***
$\Delta \ln OldCondo_{it}$			−0.104	0.040***	−0.100	0.040**
定数項	−0.019	0.018	−0.021	0.018	0.402	0.010***
時間固定効果　1990	0.396	0.016***	0.397	0.016***	0.397	0.016***
時間固定効果　1995	−0.317	0.017***	−0.315	0.017***	−0.315	0.017***
時間固定効果　2000	−0.166	0.021***	−0.162	0.021***	−0.162	0.021***
時間固定効果　2005	−0.215	0.018***	−0.209	0.018***	−0.209	0.018***
時間固定効果　2010	0.009	0.018	0.017	0.018	0.017	0.018
時間固定効果　2015	−0.084	0.017***	−0.073	0.018***	−0.073	0.018***
個別固定効果	なし		なし		なし	
観測数	1,001		1,001		1,001	
自由度調整済決定係数	0.873		0.872		0.873	

注：***，**，*は係数推定値が 1%，5%，10% 水準でそれぞれ有意であることを表す．

120　　　　　　　　　　第 2 部　老朽化する共同住宅のインパクト

表 3-7　要因分解

	1980–1985	1985–1990	1990–1995	1995–2000	2000–2005	2005–2010	2010–2015
住宅地価の変化率	2.8%	14.1%	−6.2%	−5.6%	−5.2%	−0.6%	−1.4%
所得要因	3.3%	5.9%	0.8%	−1.1%	0.3%	0.5%	1.4%
人口要因	−0.0%	−0.1%	−0.4%	−0.8%	−0.8%	−0.8%	−0.7%
老朽化マンション要因	−0.0%	−0.0%	−0.1%	−0.1%	−0.2%	−0.2%	−0.2%
時間固定効果	−0.4%	7.8%	−6.5%	−3.6%	−4.5%	−0.1%	−1.9%
残差	−0.0%	0.5%	0.1%	0.1%	0.1%	0.0%	−0.0%
	n＝143	n＝143	n＝143	n＝143	n＝143	n＝143	n＝143

　ここで推計結果を用いて，そのそれぞれのインパクトを計算したものが，**表 3-7 および図 3-7** である．1990 年代までの地価の変動要素は，所得，つまり経済要因で変化するウェイトが大きかったものの，それ以降においては，人口要因での変化が大きいことがわかる．つまり，今後，人口減少と高齢化が進むことで，首都圏の住宅価格は大きく低下していくことが予想される．それらを予測した Saita et al.（2016）に始まる一連の分析では，2040 年には首都圏といえども半分以下になることが示されている．推計された人口要因のパラメーターの大きさは，先行研究と大きく変わることはないため，同様のインパクトで地価を押し下げる可能性がある．

　さらに，本研究では，マンションの老朽化のマクロ変動もまた地価を押し下げるように作用することを示唆している．そのマグニチュードは，人口要因の 3 分の 1 以下ではあるものの，老朽化の速度が人口の高齢化の速度よりも早く，かつ将来においてその老朽化の解消が予定されていないために，一層深刻な問題になることが予想されるのである．

6. おわりに

　近年において，地方都市を中心として，「空き地」「空き家」の大量発生が社会的な問題へと発展してきている．これは，住宅市場という空間市場の資源配分の歪みの結果としてもたらされたものである．このような歪みを解消するために市場メカニズムを通じた解決が期待されるところであるが，市場の機能に

第3章　マンションの老朽化と人口の高齢化がもたらす首都圏の姿　　　121

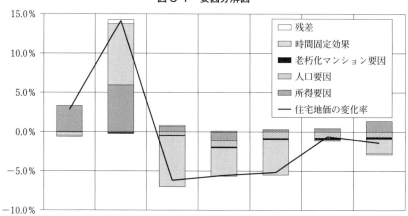

図 3-7　要因分解図

は限界があり，政策的な介入が必要となってきている．

　このような空き家などの管理されていない住宅の存在は，都市に対して外部不経済を与える．空き家の周辺が悪化するだけでなく，その周辺へと波及することで都市全体を衰弱させてしまうのである．

　しかし，地方都市を中心に深刻化している住宅市場における資源配分の歪み，または空き家問題は，時間の経過の中で大都市にも影響をもたらすことが容易に予想される．一層深刻な問題を抱えるのが，2030年以降の首都圏といってもいいであろう．

　東京をはじめとする大都市においては，1970年以降においてマンションが大量に供給されてきた．そして，そのマンションは，その建て替えや利用転換は通常の戸建て住宅と比較して困難であることから，その資源配分の調整問題は，一層難しい政策問題となる．つまり，地方都市で発生している空き家問題は，大都市ではマンションを含む形で発生し，一層深刻な問題になる可能性が高いのである．

　老朽マンションに関する問題は，時間が経過するほどに加速的な拡大していくことが本章からも明らかである．政策的な対応が急務なのである．

参考文献

Chen, Y. and S. S. Rosenthal (2008), "Local amenities and life-cycle migration: Do people move for jobs or fun?," *Journal of Urban Economics*, Vol. 64, pp. 519–537.

Diewert, W. E. and C. Shimizu (2016a), "Hedonic Regression Models for Tokyo Condominium Sales," *Regional Science and Urban Economics*, 60, pp. 300–315.

Diewert, W. E. and C. Shimizu (2016b), "Alternative Approaches to Commercial Property Price Indexes for Tokyo," *Review of Income and Wealth*, published online.

不動産協会 (2011),『マンション建替え促進方策に関する研究報告書』社団法人不動産協会.

Jackson, J. (1979), "Intraurban Variation in the Price of Housing", *Journal of Urban Economics*, 6 (4), pp. 464–479.

Mankiw, N. G. and D. N. Weil (1989), "The baby boom, the baby bust, and the housing market," *Regional Science and Urban Economics*, Vol.19, pp. 235–258.

中川雅之・齊藤誠・清水千弘 (2014a),「老朽マンションの近隣外部性—老朽マンション集積が住宅価格に与える影響—」『住宅土地経済』No. 93, pp. 20–27 (社団法人日本住宅総合センター).

中川雅之・齊藤誠・清水千弘 (2014b),「老朽マンションの空間的波及と人口構成の変化—2035 年の首都圏の都市像を予測する—」『都市住宅学』No. 86, pp. 6–13 (社団法人都市住宅学会).

Saita, Y., C. Shimizu and T. Watanabe (2016), "Aging and Real Estate Prices: Evidence from Japanese and US Regional Data," *International Journal of Housing Markets and Analysis*, 9, pp. 69–87.

Shimizu, C. and T. Watanabe (2010), "Housing Bubble in Japan and the United States," *Public Policy Review*, Vol. 6, No. 2, pp. 431–472.

Shimizu, C., Y. Deng, Y. Kawamura and K. Nishimura (2015), "Analysis of policy options to address Japan's declining population, shrinking birthrate, and aging society," *IRES Working Paper* (National University of Singapore), 2015–015.

第3章 マンションの老朽化と人口の高齢化がもたらす首都圏の姿　　123

Tamai, Y., C. Shimizu and K. G. Nishimura (2016), "Aging and Property Prices: Theory of a Very Long Run and Prediction on Japanese Municipalities in the 2040s," *Asian Economic Policy Review*, 16 (3), (forthcoming).

Yasumoto, S., A. Jones and C. Shimizu (2014), "Longitudinal trends in equity of park accessibility in Yokohama, Japan: An investigation of the role of causal mechanisms," *Environment and Planning A*, Vol.46, pp. 682–699.

第4章 共同住宅の遊休化・老朽化と家賃形成：
　　　 首都圏と地方中核都市を事例として

宗　健

1. はじめに

　日本の住宅ストックは，戦後の混乱期には戦後の海外からの引き揚げ者や空襲で住まいを失った多数の人々の住宅を確保するために応急的で品質の低い住宅の供給が優先された．その後，高度成長期に地方から都市への大規模な人口の社会移動が起きるのと並行して著しい人口増加に見舞われた日本は，都市域を拡大することでそれに対応してきた．その後，経済成長に伴う1人当たり所得の向上に合わせて，住宅品質を向上させるために，いわゆるスクラップ＆ビルドが行われることになった．スクラップ＆ビルドや都市のスプロール化には今でも強い批判があるが，往時の状況を考えれば安易に非難することもできない．実際，全体として見れば戦前から戦後にかけて存在したスラムはほぼなくなり，ホームレス数も先進国ではきわめて少ない状況を見れば，経済的にも人口的にも急成長したプロセスにおいて日本の都市計画は成功した，といってもよいだろう．

　そのような状況を支えたのは，日本の人口・世帯数の増加である．しかし，2008年からは人口の減少が始まり[1]，世帯数も2019年をピークに減少に転じ

---

1)　総務省統計局『統計 Today』No.9, http://www.stat.go.jp/info/today/009.htm

第4章 共同住宅の遊休化・老朽化と家賃形成：首都圏と地方中核都市を事例として　125

ると予想されている．つまり，これまでは，人口・世帯の増加を背景に，住宅ストックの遊休化（空き家化）や老朽化はあまり大きな問題ではなかったのである．

　しかし，今後の世帯減少を考えれば[2]，これから住宅ストックの遊休化・老朽化が大きな問題として顕在化することが考えられる．

　そのような背景から，本章では賃貸共同住宅の遊休化・老朽化と家賃形成について首都圏と地方中核都市を事例として論じていく．賃貸共同住宅は，居住者がいる限りは家賃収入をもたらし，入居率が非常に低い状態であっても住宅ローン返済が終了していれば事業として成り立つため，個人住宅としての戸建て住宅よりも滅失されにくいという特徴があるからである．

　また，もっとも滅失されにくいのは区分所有（分譲）マンションである．住民が高齢化し空き家率が高まったとしても，所有者間の一定以上の合意がなければ，建て替えも滅失も行えないためである．これについては第3章で清水・中川が論じている．

　本章では，以下の3つの課題を取り扱う．

　　1）賃貸共同住宅の空き家率の現状評価[3]

　　2）賃貸共同住宅の空き家率が家賃に与える影響[4]

　　3）賃貸共同住宅の老朽化の現状

　これらの課題について一定の結論を得ることは，土地・住宅ストックの効率的再構築に重要な示唆をもたらすと考えられるのである．

2. 賃貸共同住宅の空き家率の現状評価

2.1. 先行研究

　空き家率には「住宅・土地統計調査」（以下，住調とも呼ぶ）データが用いられることがほとんどである．

　たとえば，長嶋（2014）は「賃貸住宅の空き家率は凄まじいものがある．総

2）住宅は基本的には世帯単位で使用されるものであるため，人口よりも世帯数に大きな影響を受けることは強調しておきたい．

3）宗（2017a）の研究成果をもとにしている．

4）宗（2017b）の研究成果をもとにしている．

務省の「住宅・土地統計調査」(2008 年) によれば，日本全国では約 2,200 万戸の賃貸住宅ストックのうち約 410 万戸が空き家で，空室率は 18.9%．賃貸アパートに限れば，千代田区がダントツに高く（36%），中央区（28%），目黒区（27%），荒川区（19%），台東区（18%）と続く．本書刊行直後に公表される，5 年ぶりとなる最新同データは，「全国で 100 万戸単位の空き家数増加を示しているはずです．」と述べている．嶋田（2015）は「豊島区には現在，空き家が 3 万戸ある．空き家率は 15.8% で，23 区内トップだ．今のところはまだ人口が増えていて，ピーク時にはあと 2 万人の増加が予測されている．とすれば人口が増えるまでの間に新しいものを建てなくても，理論上は空き家で解決できることになる．」と述べている．島原（2010）は「賃貸住宅ストックは余っている．日本全国での空室率は 19%，東京圏に限っても 16% の高さである．これがどれくらい深刻な状態かは，海外と比べるとよくわかる．欧米では国レベルでの借家の空室率は 10% 前後，ニューヨーク，ロンドン，パリのような都市では借家の空室率は 5% 程度である．」と述べている．これらの主張は，例外なく住調の空き家数・空き家率を引用した上で需要を超えた新築着工によって空き家問題が発生しているとしている．

しかし，東京都内において約 7 軒に 1 軒の空き家が存在するとはにわかには信じがたい．実際に，不動産情報サイト SUUMO [5]（以下，SUUMO という）で賃貸マンションが多数立地している豊島区池袋 2 丁目を現地調査してみると，郵便受けに氏名を表示していないマンションが多数あるなど外観からの空き家の判別はきわめて困難であった．同様に多数の部屋が SUUMO で募集されている葛飾区西水元 4 丁目では，雨戸が閉め切られた部屋など比較的容易に空き家を発見することができたが，正確な判断はやはり困難であると思われた．地方中核都市である福岡県北九州市小倉南区の物件でも外観からは空き家かどうか判断することは困難で，**写真 4-1** のアパートは所有者へのヒアリングによると満室である．

空き家に関する研究は，首都大学東京饗場研究室（2015）に詳しくまとめられている．概観すると 2000 年代までは空き家は議論の対象ではなく，2004 年

---

5) SUUMO は株式会社リクルート住まいカンパニーが運営する不動産情報サイトである．その起源は 1976 年に創刊された『週刊住宅情報』であり，現在の掲載物件数は数百万件に及ぶ．

写真 4-1 北九州市の満室のアパート

ころから空き家研究の流れが生まれてきたことがわかる．しかし，住調空き家数・空き家率に疑問を呈する研究はほとんどなく，わずかに小林（2015）の「空き家が経年的に増加していることは間違いないが，空き家率 13.5％ は，空き家を広く定義した多めの数値であることは留意しておきたい．」という指摘，公開シンポジウム（2015）での「江津市全体として 13.1％ と，私たちがある意味自身を持って出した数字．これは住調の島根県全体の数とそんなに違いませんが，私たちの実感からそうではない．従って，やっぱり住調で出ている数字はかなり実数より多いように思えます．」という作野広和（島根大学教育学部教授）の指摘がある程度である．

　米山（2012）は，住調の空き家数・空き家率の分析に加えて「国土交通省の空き家実態調査」「TVI（TAS Vacancy Index: タス空室インデックス）」「自治体調査」にも言及しているが，住調の空き家数・空き家率が過大に算出されているという立場はとっていない．室田（2014）も「各自治体で実施される実態調査は，住宅土地統計調査よりもかなり少ない数字が報告されており」「空き家の実態把握は難しいと言えよう」と指摘しているにとどまっている．海外の空き家率については，（公財）不動産流通近代化センター（2013）があり，アメリカの空き家率を賃貸で 10％ 程度，持ち家で 2％ 程度としている．また，海外の空き家率は住宅総数と世帯総数の差を住宅総数で除している数値を使用しており，空き家調査の結果ではないことに注意が必要である．

2.2. 研究の枠組み

　賃貸共同住宅の空き家率の現状評価は，まず住調の調査手法の確認を行う．次に国土交通省の「空家実態調査」6) の結果を参照し住調との比較を行う．その上で，自治体の空き家調査の手法と空き家率をまとめ，住調との比較を行う．ここまでがこれまでほとんど行われていない調査手法と各種調査の比較である．

　続いて，実際の空き家率がどの程度なのかを推定する．まず，欧米の空き家率算出でも用いられている「国勢調査」世帯数を用いて空き家率を算出する．さらに SUUMO の賃貸募集データとゼンリンの建物ポイントデータを組み合わせた首都圏の賃貸募集率の算出を行う．この算出では戸別の面積や築年等が把握できるため，それぞれの条件毎の空き家率の算出も行い1都3県の分布を示す．

　さらに，民間企業が発表している空き家指数，賃貸住宅管理業界の入居率調査結果についても触れる．最後に，これらの研究成果から得られる結論を述べ，適正空き家率や空き家把握手法についての考察を示し，今後の研究課題を提示する．

2.3. 賃貸共同住宅の空き家率の現状評価

2.3.1. 住調の空き家率調査方法

　住調の調査対象抽出方法・拡大推計手法などの統計処理の手順は適切で，回答が得られた設問については正しいと思われる．一方，「回答が得られない」空き家については「空き家などの居住のない住宅については，住宅土地統計調査員が外観で判断することにより，調査項目の一部について調査した」としており，実際には居住・利用があるものが空き家としてカウントされている可能性がある．

　また，事務所使用や物置，たまに利用するだけといった住宅は，住調の定義では「一時現在者のみ」「空き家：二次的住宅：その他」に含まれていると思われるが，2013 年住調ではそれぞれ全国で 242,800 戸，157,600 戸の合計 40 万

---

6)　通常の日本語表記では「空き家」が使われるが，国土交通省の「空家実態調査」では「空家」という用語が使われているため，引用部分では「空家」を使用する．

第4章　共同住宅の遊休化・老朽化と家賃形成：首都圏と地方中核都市を事例として　129

戸程度しかなく，回答が得られなかった等の理由により空き家にカウントされている可能性がある．

2.3.2. 国土交通省空家実態調査

　国土交通省「2009年空家実態調査」では，「現地調査開始後に空家を発見出来ない調査区があるとの報告を調査員から受け」「予備まで含めて抽出された調査地区（抽出調査区）は全部で1,026調査区，3月までに調査員が出向いた調査区（調査対象）は887調査区であった．このうち，空家を発見できたのは562調査区，空家を発見できなかったのは325調査区である．」「計画では，発見が予定され外観調査が可能な空家は約2,700件，所有者調査である空家実態調査票の予定回収数は約1,200件であった．しかし，実際には，外観調査票の回収数（調査員が空家と確認した数）は880件，所有者に対する空家実態調査は510件という結果に終わり，発見数は計画より著しく小さい値となった．」という記載があり，住調の空き家数が過大に算出されている可能性を示唆している．

　また，「その原因としては以下のようなことが考えられる．」「調査マニュアルで示された方法による，外観上明らかに空家と判断できる住宅が少なかった．二次的住宅などは外観から判断できなかった．集合住宅の空家は外観からは確認できなかった．集合住宅はオートロックが多く中に入れなかった．」といった記述もあり，空き家を外観から判断することの難しさがわかる．

　なお，この調査で事前に算出された想定空き家率は，東京都（市区）6.7%，大阪府（市）8.9%，東京40キロ以遠（茨城県・埼玉県・千葉県・神奈川県の市町）8.0%となっており，住調空き家率よりも相当低くなっている．

2.3.3. 自治体の空き家調査と住調の比較

　空き家調査は，自治体でも多数行われており，**表4-1**は自治体空き家調査の結果をまとめたものである[7]．

　2010年の国土交通省アンケート調査によれば，空き家の実態を把握してい

---

7)　表中の2008年住調の種類別空き家率は，住調の市区町村別建て方別の空き家数・住宅総数をもとに算出した．

表 4-1　自治体空き家調査結果のまとめ

調査名	調査結果概要	2008 年住調の空き家率
豊島区空き家実態調査（東京都豊島区，2012 年 3 月）	調査対象とした 16 町丁目において「空き家の可能性の高い住宅」は 551 戸，推計住宅戸数は 34,673 戸，<u>「空き家の可能性の高い住宅の比率」は 1.6%</u>．空き家のうち「建物が明らかに傾いている」1.1%．<u>空き家のうち「使用している」81.5%</u>．	<u>**全体（12.9%）**</u>，種類別比率：二次的住宅（2.8%），賃貸用の住宅（76.9%），売却用の住宅（3.1%），その他の住宅（17.2%）．
空家実態調査（東京都北区，2011 年 3 月）	調査対象地域内の住宅総数約 4 万 5,000 戸について，<u>悉皆調査</u>を行った結果，空き家と推定した戸数は 2,573 戸（<u>調査対象地域内の住宅総数の 5.6%</u>）であった．空き家の種類は戸建て住宅が 480 戸（空家全体の 18.7%），分譲マンションが 112 戸（空家全体の 4.4%），賃貸住宅が 1,981 戸（空き家全体の 77.0%）であった．全体では腐朽・破損は「なし」が 77.2%．所有者調査回収数 450 のうち<u>「空き家ではない」が 290 件（64.9%）</u>．	<u>**全体（11.2%）**</u>，内訳は一時現在者のみ（0.6%），空家（10.3%），建築中（0.2%），種類別比率：二次的住宅（0.2%），賃貸用の住宅（64.3%），売却用の住宅（3.7%），その他の住宅（31.8%）．
杉並区空き家実態調査（東京都杉並区，2013 年 11 月）	杉並区全域で 408 件の空き家と推定．杉並区の現地調査により判明した空き家数は，戸建て（アパート等では全戸空き室の場合は含める）のみとなっている．出現状況を杉並区の町ごとに集計し，<u>空き家率を算出した．杉並区全体では 0.37%</u> となっている．所有者に対するアンケート調査（N=88）では，<u>「使用している」が 42 件（47.7%）</u>．	区内の住宅総数 315,910 戸に対し，空き家となっている住宅は 32,690 戸，<u>住宅総数に対し 10.3%</u>．
三鷹市空き家等調査（東京都三鷹市，2013 年 3 月）	目視確認で現地調査した結果，675 棟の住宅が空き家の可能性が高い建物であった．（<u>マンション・集合住宅は除外</u>する．ただし全室空き家の場合は，調査対象とした）．空き家の可能性が高い戸建てのみを抽出し，三鷹市全域の地区毎に空き家率を算出した．空き家比率が，もっとも高いのは下連雀地区（3.12%）であり，もっとも低いのは野崎地区（1.16%）となっている（<u>合計では 2.15%</u>）．市による所有者等が判明できた 287 件についてアンケートを実施，回答があったのは 127 件，このうち<u>「空き家ではない」</u>が 37.0%．	三鷹市内の住宅総数 96,100 戸のうち空き家数は 11,920 戸で，<u>住宅総数に対し約 12.4%</u> が空き家．空き家数のうち腐朽・破損のある空き家は 900 戸と推計されており，このうち戸建てが 320 戸．
空き家調査（青梅市，2013 年 9 月）	<u>市内全域で概観目視調査</u>を行った．アパート，マンション等の共同住宅については，分析の対象となる全戸空き室の建物は 0 棟で，分析対象は戸建て住宅のみとなり，抽出数は 1,195 棟であった．このうち構造部の破損が著しく，居住するには危険と判断される建物，またはすでに崩壊している建物が 67 棟，<u>市内全域の空き家率は 3.4%</u>．住民票確認調査の結果，合計 826 件の所有者の所在が確認され，有効回答数 406 件，<u>実際に空き家と判定された住宅は 141 件（棟）（37%）</u>であった．	青梅市内の住宅総数 58,570 戸のうち空き家数は 6,160 戸で，<u>住宅総数に対し 10.5% が空き家</u>．
福生市空き家実態調査（東京都福生市，2013 年 2 月）	本調査で，確認できた空き家の総数は 2,232 戸である．空き家の種類別の戸数は，戸建て住宅が 222 戸，賃貸住宅が 1,858 戸，公営・公的住宅が 29 戸，分譲住宅が 123 戸である．福生市の総住宅戸数は約 3 万戸であることから，<u>空き家と判定した戸数割合は約 7.4%</u> である．所有者アンケートの回収数は 210 票で，<u>「空き家でない」が 32.4%</u> である．	福生市の住宅総数 30,540 戸のうち空き家数は 4,450 戸で，<u>住宅総数に対し 14.6% が空き家</u>．（報告書での記述がなかったため筆者追記）
射水市空き家実態調査（富山県射水市，2013 年 1 月）	各地区の自治振興会に依頼し，各地区毎の空き家の実態の態様について関係者ヒアリング等に基づき調査を行ったもらった．集合住宅形式のものは除外している．ただし，「住宅」以外の空き家についても，調査対象に含めるものとした．空き家総数 1,352 戸，地区別世帯数に対する<u>空き家の割合は 4.1%</u>．	市全体の住宅総数 33,960 戸のうち，空き家数は 3,510 戸であり，<u>空き家率は 10.3%</u> となっている．

第4章　共同住宅の遊休化・老朽化と家賃形成：首都圏と地方中核都市を事例として　131

るのは全国約6分の1の市区町村にとどまるが，空き家の実態を把握していると回答した288の市区町村のうち，約6割が「行政区域内を悉皆調査」している．

　表4-1に記載した自治体の空き家率は，住調の空き家率とは大幅に異なる調査結果となっている[8]．

　東京都豊島区調査（2012年）では，「老朽化住宅の多い地区」「高齢化率の高い地域」「JRや地下鉄等の駅から遠い地域」といった「空き家が多いと想定される地区をあらかじめ抽出し」，「調査員によって空き家か否かの判断が異なることのないよう」「モデル調査によって」「判断のぶれが生じることを防止」して実施されている．また，調査対象は戸建てを中心としているが共同住宅も含まれている．調査は「2,000戸以上の空き家を把握することを目標」としたが，「空き家の可能性の高い住宅」はわずか551戸しか発見されず，「『空き家の可能性の高い住宅の比率』は1.6％」とされている．なお，2008年住調では豊島区の空き家率は12.9％とされている．

　東京都北区調査（2011年）では，「密集地域（4地区）」「高齢地域（高齢化率が高い地域5地区）」「一般地域（7地区）」「景観地域（1地区）」の計17地区の抽出調査であり，調査対象は共同住宅を含む悉皆調査である．調査結果は空き家率5.6％というものであり，2008年住調の11.2％の半分程度となっている．また，空き家と判定された住宅の所有者調査では64.9％が空き家ではない，と回答していることも注目される．

　東京都杉並区調査（2013年）では，「平成24年度に実施した土地利用現況調査や関係課で把握した空き家574戸及び阿佐谷南1・2丁目，高円寺3丁目の店舗を除く4,235戸を対象」として調査が行われ，集合住宅も調査対象となっているが，「集合住宅は一住戸でも居住が認められる場合は，空き家としません」とされている．また「出現状況を，杉並区の町ごとに集計し，国勢調査による一戸建の世帯数と比較して空き家率を算出」した結果，「杉並区全体では

---

8) 自治体調査は，戸建てを対象としていることが多いが，その理由は共同住宅にはオートロックが多く，中に入れず空き家判別が外観からは困難であるためである．住調では戸建て住宅よりも共同住宅の方が空き家率は高く，戸建てのみを対象とした自治体調査の空き家率は住調の戸建て・共同住宅を合わせた空き家率よりも低くなる．

0.37%」という空き家率とされている.

東京都三鷹市調査（2013 年）では，豊島区と同様に「調査員によって空き家かどうかの判断が異なることのないよう」「上連雀一丁目をモデル地区として」「判断基準の統一」を図っている．調査対象からは「マンション・集合住宅は除外する」とされているが「全室空き家の場合は調査対象」とされている．この結果空き家率は 2.15% とされている．共同住宅も含めた 2008 年住調空き家率は 12.4% である.

東京都青梅市調査（2013 年）では，市内全域の戸建て住宅・共同住宅の悉皆調査が行われており，「見落としや情報の漏れがないよう，同一地域を 3 回調査することとし，異なる調査員が再調査できるよう配置」され，「調査員による判断のバラつきを防ぐため，調査員に対して事前の説明を行い，判断基準の統一を図った」とされている．ただし，「アパート，マンション等の共同住宅については，分析の対象となる全戸空き室の建物は 0 棟であった」とされている．この結果，空き家率は 3.4% とされている．2008 年住調の空き家率は 14.6%（共同住宅を含む）である.

東京都福生市調査（2013 年）では，戸建てについて「各町内会からのヒアリング及び現地調査」，賃貸物件について「福生市内の 73 社（全日本不動産協会・東京都宅建協会加盟）を対象とし，訪問の上空き家の調査依頼を行った」，「賃貸住宅情報サイトより 9 月末の市内の賃貸物件の情報を取得した.」「全国不動産協会・東京都宅建協会の会員でない大手不動産管理会社では，福生市内に多数物件を所有していることから，ヒアリングおよび賃貸物件情報サイトから情報収集を行った」とされ，さらに「不動産管理業者やホームページ等から確認できなかった賃貸物件については，空き家総数の把握のため追加調査として，全棟，現地にて調査を行い」とされ，特色のある調査手法となっている.

また，公営・公的住宅，分譲住宅の空き家も調査対象に含まれている．この結果，空き家総数は 2,232 戸，空き家率は約 7.4% とされている．2008 年住調の空き家数は 4,450 戸，空き家率は 14.6% である.

富山県射水市調査（2013 年）では，市内全域について「各地区の自治振興会に依頼し，各地区毎の空き家の実態の概要について関係者ヒアリング等に基づき調査」を行っているが，集合住宅形式のものは除外されている．ただし，

「『住宅』以外の空き家についても防災上の観点等によりできるだけ把握するように」されている．この結果，空き家率は 4.1% とされている．

このように自治体による調査では，調査対象や調査手法が異なるものの，住調よりも大幅に低い空き家率が報告されている．

2.3.4.「国勢調査」世帯数を用いた空き家率

図 4-1 は，住調空き家率（2008 年）と「国勢調査」（2010 年）の世帯数を用いて算出した空き家率（以下，国勢調査空き家率という）を比較したものである．「国勢調査」は 5 年毎に行われるため 2008 年住調にもっとも近い 2010 年の「国勢調査」の世帯数と住調住宅総数の差を 2008 年住調の住宅総数で除することで空き家率を算出した．全国の空き家率は住調の 13.9% に対して「国勢調査」空き家率は 10.0% となっている．

都道府県別に見ると，東京都（12.4%→5.9%，−6.5%），神奈川県（11.2%→5.8%，−5.4%），埼玉県（11.3%→6.3%，−4.9%），千葉県（13.7%→7.6%，−6.2%），愛知県（11.8%→6.5%，−5.3%）と大きな差が出ている．

住調では居住世帯数は 4,960 万だが 2 年後の「国勢調査」の世帯数は 5,184 万世帯と 224 万世帯（住調居住世帯比 4.5%）多くなっている．この差の原因として住調の調査票未回収の影響が考えられる．実際には居住があったとしても，外観からの判断によって空き家と判別されたという可能性である．住調では全国の空き家数は 799 万戸であるが，住調の住宅総数から「国勢調査」世帯数を

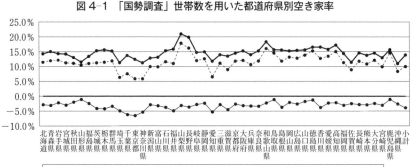

図 4-1 「国勢調査」世帯数を用いた都道府県別空き家率

引いて算出した空き家数は 574 万戸となり，空き家率は 9.97% となる．さらに，居住以外の用途，たとえばセカンドハウスや事務所・物置等で使用される住宅が相当数存在することを考慮すれば，全国の空き家数はさらに少なく，空き家率もさらに低い可能性がある．

2.3.5. SUUMO データを用いた賃貸募集率

不動産広告サイト SUUMO のデータとゼンリンの建物ポイントデータを用いて東京 23 区の賃貸募集率の算出を行った．

賃貸不動産はすべての物件が SUUMO 等の不動産情報サイトを経由して入居者が決まるわけではないため，ここでは空き家率ではなく，募集率という用語を用いる．

募集率は，分母となる賃貸住宅戸数には株式会社ゼンリン建物ポイントデータ 2013 から，アパート・マンションを抽出したものをベースとしている．その抽出したデータに対して，SUUMO 掲載情報の 2006 年以降のデータをマッチングし，SUUMO での募集実績があるものを分母とした．分子には SUUMO の 2014 年 6 月 10 日掲載データを住所・物件名・部屋番号で名寄せしたもの使用して募集率を算出した．募集率の集計を賃貸住宅に限ったのは，住調の賃貸住宅空き家率との比較のためである．

表 4-2 は，ゼンリンデータのうち集計対象・対象外となった棟数・戸数を集計したものである．

募集率算出に使用した 2014 年 6 月 10 日の SUUMO 掲載データは 405,161 件，掲載社数は 1,902 社（213 件/社），掲載店舗数 2,974 店舗（136 件/店舗）である．集計対象には，棟数で 70% 弱，戸数で 80% 弱が含まれている．集計対象の棟当たり戸数は 14.4 戸，集計対象外は同 8.3 戸と，集計対象外には小規模物件が多い．

表 4-2 SUUMO データの網羅率

	棟数	比率	戸数	比率	戸/棟
対象	184,811	69.4%	2,657,073	79.8%	14.4
対象外	81,483	30.6%	674,478	20.2%	8.3
合計	266,294		3,331,551		12.5

第 4 章 共同住宅の遊休化・老朽化と家賃形成：首都圏と地方中核都市を事例として　135

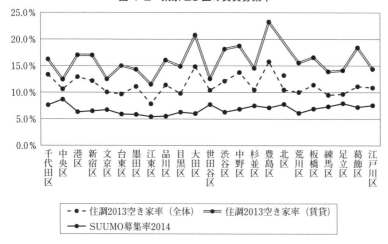

図 4-2　東京 23 区の賃貸募集率

なお，空き家率と募集率は異なる数値であることには注意が必要である．募集率の集計は，一定程度以上の市場網羅率があると考えられるデータを用いているが統計的なサンプリングがなされたものではない．また，集計対象外の物件には，老朽化等によって入居者募集されていないいわゆる市場外空き家も含まれると考えられるが，住調の東京 23 区の賃貸住宅空き家率 15.7% になるためには，単純計算で今回集計対象外となった 8 万棟 67 万室の賃貸住宅の空き家数が 34 万戸，空き家率 50.4% になる必要がある．しかし，市場外空き家のうち一定数は建て替えのために入居者募集を停止しているケースも多く，その募集停止期間も数年に及ぶ場合もある．このため実質的な数値としては，空き家率と募集率には大きな乖離はないと考えている[9]．

図 4-2 は東京 23 区の住調（2013 年）の空き家率と SUUMO 募集率（2014 年）を比較したものである．

東京 23 区の区別の SUUMO 募集率には大きな差はなく，23 区全体では 6.9% の募集率となる．これは住調（2014 年）の空き家率 12.3%，賃貸借家空

---

9)　たとえば民間賃貸住宅よりも老朽化が進んでおり積極的な建て替えを推進している（独）都市再生機構（UR）の資料（「UR 賃貸住宅の現状と今後の方向性について」，平成 25 年 10 月 18 日，p. 3）では募集・斡旋中の空き家が 5.5%，募集停止中の空き家が 5.6% とされている．

き家率 15.7％ よりも相当低く，単純には比較できないが「国勢調査」世帯数
を用いた東京 23 区の空き家率 5.7％[10] に近い．このことから，東京 23 区の空
き家率は，7-8％ 程度である可能性がある．

　住調の賃貸空き家率との差を区別に見ていくと，豊島区（住調 23.3％→SU-
UNMO 7.1％，－16.1％），大田区（同 20.8％→6.0％，－14.7％）といった大
きな差が見られる．首都圏の不動産会社へのヒアリング[11] でも区全体で 20％
を超える賃貸空き家率には否定的見解が多く，逆に SUUMO 募集率の 7-8％
程度の賃貸空き家率には肯定的な意見が多い．

　このような差が生まれる理由としては，都心の高層賃貸マンション等ではオ
ートロックが多く，外国人居住やセカンドハウス利用も一定程度以上ある等の
理由から，調査票の回収が困難で，外観等での判断も非常に困難であるため，
調査票を回収できなかった住戸や表札がない住戸等について空き家と判断して
しまったことが考えられる．

　なお，賃貸広告データを用いた空き家率は，株式会社タスが空室率 TVI
（タス空室 Index）として定期的に発表している．2014 年 6 月期の東京 23 区
の空室率 TVI は 11.97 となっているが（データ提供：アットホーム株式会社，分
析：株式会社タス），この空き室率算出の分母は募集建物の推定総戸数となって
おり，満室の建物が分母から除外されるため，高めの数値となっている可能性
がある．それでも住調の 15.7％ よりも低い数値となっている．

　また，賃貸住宅管理業者の業界団体である（公財）日本賃貸住宅管理協会が
発表している第 12 回賃貸住宅市場景況感調査「日管協短観」（2014 年 4 月〜9
月）では，首都圏の委託管理物件の入居率は 90.1％（空き室率 9.9％），サブリ
ース物件の入居率は 92.2％（空き室率 7.8％）と報告されている．

---

10)　2008 年住調の東京 23 区の住宅総数を分母に「2010 年国勢調査」の東京 23 区の世帯数を分子に
　　して算出．これには戸建て住宅も含まれるが，住調の建て方別住宅総数をもとに算出した東京 23
　　区の共同住宅比率は 75.8％ と高く，杉並区空き家実態調査での戸建て空き家率（0.37％）の低さも
　　考慮すれば，賃貸共同住宅の空き家率はこれよりもやや高くなると考えられる．

11)　（公財）日本賃貸住宅管理協会，首都圏賃貸管理会社の勉強会等を目的とした任意団体である
　　「21C 住環境研究会」および「賃貸を考える会」の会員のうち，大手賃貸管理会社を含むおよそ 10
　　社に対してヒアリングを行った．一部の会社からは自社の具体的な入居率や築年による空き家率の
　　差の原因をヒアリングできたが，全体としては住調賃貸住宅空き家率および SUUMO 募集率の妥
　　当性についてそれぞれ賛否を聞いた．

第4章　共同住宅の遊休化・老朽化と家賃形成：首都圏と地方中核都市を事例として　137

表4-3　1都3県の面積・築年別賃貸募集率

物件区分	埼玉県	千葉県	東京都	神奈川県	小計
25 m²未満	12.9%	14.6%	10.8%	11.6%	12.2%
25 m²以上50 m²未満	10.2%	11.2%	8.6%	8.8%	9.6%
50 m²以上	7.5%	7.6%	5.1%	5.3%	6.3%
1981 年以前築	6.5%	6.7%	5.5%	5.8%	5.9%
1982–1995 年築	8.4%	9.3%	8.0%	7.5%	8.2%
1996 年以降築	11.0%	11.5%	9.2%	9.2%	10.1%
25 m²未満かつ 1981 年以前築	6.5%	6.7%	5.5%	5.8%	5.9%
25 m²未満かつ 1982–1995 年築	8.4%	9.3%	8.0%	7.5%	8.2%
25 m²未満かつ 1996 年以降築	11.0%	11.5%	9.2%	9.2%	10.1%
全体	9.6%	9.9%	7.9%	7.8%	8.8%

　さらに，リーマンショックの影響も考えたが，リーマンショックは2008年9月15日のリーマン・ブラザースの破綻を起点としており，2008年住調の調査票配布は2008年9月23日〜30日，調査票回収は10月上旬であることから，リーマンショックの影響はないものと考えられる．

　表4-3 は，1都3県の物件区分毎のSUUMO平均募集率である．

　面積が小さいほど，築年が浅いほど募集率が高い．最低居住面積水準を満たさない25平米未満の募集率が高いが，築年別に見ると全体の傾向と同様に築年が浅いほど募集率が高い．この傾向について不動産会社にヒアリングしたところ「古い物件は家賃が安いためすぐに埋まるが，築年の浅い物件はローン返済の資金を確保するためか，家賃を下げ渋る傾向がありすぐには埋まらないこともある」という意見もあった．

2.3.6. 1都3県の SUUMO 募集率の空間的分布

　図4-3 は，SUUMO賃貸募集率と住調賃貸住宅空き家率の空間的分布を比較したものである．図4-3 を見ると，SUUMO募集率と住調賃貸住宅空き家率には大きな差があることがわかる．住調では，東京23区内も全域が空き家率10%を超えているが，SUUMO募集率では10%を下回っている．

　図4-4 はSUUMO賃貸募集率全体の空間的分布である．図4-4 からは首都圏中心部では募集率が低く，郊外に募集率の高い地域が多くなっている傾向が

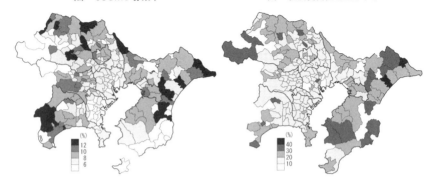

図4-3 1都3県のSUUMO募集率と住調賃貸住宅空き家率の空間的分布
 (a) SUUMO募集率　　　　　　(b) 住調賃貸住宅空き家率

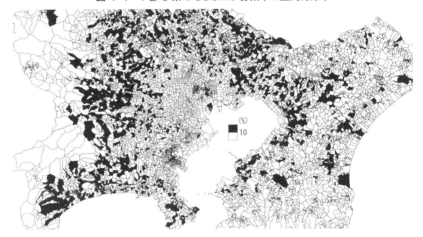

図4-4 1都3県のSUUMO募集率の空間的分布

読み取れる．

2.4. ここまでのまとめおよび考察と今後の課題

　空き家率の比較では，「国勢調査」世帯数を用いた空き家率，自治体調査の空き家率，SUUMO・ゼンリンデータを用いた募集率，賃貸広告データを用いたTVI，業界団体である日管協の入居率調査など，比較対象としたすべての調査の空き家率は，住調空き家率を大幅に下回っている．その原因としては，

住調の調査方法が外観調査であることがあげられる.

　国土交通省空家実態調査では，空き家発見数が計画を下回った原因として，特に共同住宅の外観調査による空き家判別の困難さをあげており，自治体調査でも，外観調査に加えて，所有者への調査を併用しており，外観では空き家に見えても，実際には居住がある・利用があるケースが多数あることが報告されている.

　このようなことから，住調の空き家率13.5%・空き家数820万戸は，過大に算出されている可能性が高いと考えられる.

　正確な空き家率を推定することは困難ではあるが，自治体調査では，豊島区（住調空き家率12.9%に対して1.6%），北区（同11.2%に対して5.6%），福生市（同14.6%に対して7.4%）と住調空き家率の半分程度の空き家率が報告されていること，国土交通省空家実態調査で事前に算出された想定空き家率が，東京都（市区）6.7%，大阪府（市）8.9%，東京40キロ以遠（茨城県・埼玉県・千葉県・神奈川県の市町）8.0%と，自治体調査と同様に住調空き家率の半分程度となっていることから，全国の実際の空き家数は400万〜500万戸程度，空き家率は10%弱だと考えられる.

　周藤（2010）は「適正空き家率」という概念を提示している．不動産会社によれば賃貸住宅は原状回復工事や入居者募集期間等を考慮すれば，入居率は最高でも98%程度であるという．市場全体では2-3%程度の空き家率が，ほぼ満室状態ということになる．適正空き家率は地域毎に異なり，移動の多い地域では高めに，移動の少ない地域では低めになることが想定される．また，地域の単身者比率や持ち家比率といった住民属性の違いによって，住宅面積・種別毎の適正空き家率は，地域内でも異なると想定される．地域毎の適正空き家率がどの程度であるべきかは，今後の研究課題である.

　東京23区の全体の空き家率は5.8%程度[12]と算出されるが，戸建ての空き家率は，三鷹市が2.15%，杉並区が0.37%と報告されていることから，個別の問題として外部不経済性の大きな老朽化住宅[13]の撤去等の対策は必要だと

---

[12]　東京23区の住調の戸建て総数107万戸に三鷹市の戸建て空き家率2.15%を適用し，共同住宅総数472万戸にSUUMO募集率6.9%を適用すると空き家数の合計は27.4万戸となり，住宅総数472万戸に対する空き家率は5.82%となる.

しても，戸建て住宅はむしろ不足気味であり大規模な空き家対策は，短期的には不要である可能性がある．賃貸住宅に関しても，首都圏の25平米未満の賃貸住宅は比較的空き家が多く適正空き家率を上回っている場所もあると考えられるが，家族向けの50平米以上の賃貸住宅は不足していることから，相続税対策だと非難されることの多い賃貸住宅着工も，実需に応じたものであるケースも多いと考えられる．ただし，地方の人口減少地域では，一定の空き家対策は必要である．

　もっとも正確で効率的な空き家把握の手法は，電力会社の持つ戸別の電力使用データだと考えられるが，賃貸共同住宅の空き家は所有者または不動産管理会社が正確に把握しているため，所有者等への調査表配布等も併用すべきだと考えられる．空き家の把握は，政策検討のための重要な情報であることから，その効率的かつ正確な把握手法の検討も今後の研究課題である．

3. 賃貸共同住宅の空き家率が家賃に与える影響

3.1. 先行研究

　近年空き家問題が注目されており，空き家率が家賃の下落をもたらす可能性が指摘されている．たとえば，日本銀行（2016）は，「相続税ニーズによる貸家建設の増加が，もともと高い貸家の空き家率の一段の上昇につながり，これが民営家賃の下押し圧力になっている」と指摘している．

　しかし，空き家率が家賃に与える影響は先行研究も少なく，空き家率が「家賃の下押し圧力」にとどまっているのか，実際に家賃下落をもたらしているのかは明らかではない．

　空き家率には，個別物件毎の空き家率と地域の空き家率の2種類がある．金森・有賀・松橋（2015）は，「地域の安全・安心という視点を考慮するならば，都道府県，さらには市町村別といった自治体レベルの問題」と指摘しており，「余剰着工率」という概念を導入して，都道府県別の空き家率の将来推計を行っている．地域の空き家率が30％を超えると都市の破綻につながるという野

---

13) 外部不経済性のある住宅は空き家とは限らず，居住のある住宅でも発生しうることに注意が必要である．

第4章　共同住宅の遊休化・老朽化と家賃形成：首都圏と地方中核都市を事例として　141

呂瀬（2014）の指摘もあり，空き家問題では，個別の空き家が近隣に迷惑をかける外部不経済性という議論とは別に，地域の空き家率が与える影響も重要な視点である．

　このような背景から，住宅政策や金融政策を考える上で重要な知見となる地域の空き家率が家賃に与える影響を明らかにすることが本研究の目的である．また，家賃モデル推定では説明変数が足りない場合の過小定式化バイアスの影響を小さくするために，地域の空き家率に加え，面積や駅からの徒歩分数，築年，構造・管理形態，付帯設備等を説明変数に含めて分析を行う．

　地域の空き率と家賃の関係に関する研究はきわめて少ないが，倉橋（2012）は「住宅・土地統計調査」の空き家率・一畳当たりの家賃・間代（共益費を含む），消費者物価指数の「持ち家の帰属家賃を除く家賃」を用いた分析結果として「借家の空き家率はそもそも高く，またデータにより家賃上昇率に関係がある可能性は否定できないが，その場合でも家賃上昇率に対し非感応的である（影響を受けづらい）」と報告している．

　家賃の推計については，清水・渡辺（2011）がリクルートや大手管理会社のデータセットを用いた研究を行っているが，空き家率は説明変数に含まれていない．

　地域の空き家率に関しては，一般的には「住宅・土地統計調査」の空き家率が参照・引用されることが多いが，「住宅・土地統計調査」で公開されているデータでは，市区町村単位での比較的大まかなエリアでの空き家率しかわからず，字丁目別の詳細な空き家率データはわからない．

　「住宅・土地統計調査」ではない独自の空き家率指標は，民間企業等が算出しているケースがある．株式会社タスのTVIは，不動産情報サイトを運営しているアットホーム社のデータを用いて算出されているが，空き家率算出の分母には建物毎の部屋数の実数ではなく推定値が用いられている[14]．

14）　TAS賃貸住宅市場レポートには，「空き家率TVI（TAS Vacancy Index: タス空室インデックス）」の用語説明として「募集建物の総戸数は，①募集建物を階層別に分類，②国勢調査，住宅土地統計調査を用いて階層別の都道府県毎の平均戸数を算出し，両者を乗じることにより算出しています」と記載されている．また，「TVI＝空室のサンプリング÷ストックのサンプリング＝Σ募集戸数÷募集建物の総戸数」と記載されており，満室の建物は算出対象に含まれていない．このため市場の賃貸住宅の空き室が均等に存在する場合には，算出されるTVIは市場全体の空き家率

142 　　　　第 2 部　老朽化する共同住宅のインパクト

　賃貸住宅管理業者の業界団体である日本賃貸住宅管理協会も会員アンケートをもとにした空き家率を日管協短観として発表しているが，回答社数が少なく，細かい地域別の空き家率データは公表されていない [15]．

　このほか宗（2017a）が，不動産情報サイト SUUMO の広告募集データとゼンリンデータを用いて地域の空き家率を算出している [16]．

　地域の空き家率と家賃の関係に関する研究がきわめて少ないのは，詳細な空き家率を測定するためのデータと家賃モデル推定に必要な賃貸契約データの両方を同時に得ることがきわめて困難であることが大きな要因であると考えられる．

3.2. 研究の枠組み

　まず民間賃貸共同住宅の空き家数を計測し字丁目毎の空き家率を算出する．算出された字丁目毎の空き家率を，家賃モデル推定データに紐付け，地域の空き家率を説明変数に含めた重回帰分析によってその影響を評価する．

　分析対象のエリアは，東京 23 区・大阪市・名古屋市・札幌市・仙台市・福岡市の 6 エリアであり，地域の空き家率の影響，家賃の決まり方に地域差があるかどうかの検証も行う．

　地域の空き家率の算出は，宗（2017a）と同様に不動産ポータルサイト SUUMO のデータとゼンリン建物ポイントデータ [17] を使って以下の手順で行う．

　まず，2006-2014 年の SUUMO 掲載データ約 6 億件を住所・建物名で名寄せを行いゼンリン建物ポイントデータと紐付ける．その後 2014 年 6 月 10 日に掲載された SUUMO データを住所・建物名・部屋番号で名寄せし，ゼンリン建

　に近似すると思われるが，満室の物件が多数存在する一方で市場競争力の低い物件に空き室が偏在している場合には算出される TVI は市場平均よりも高くなる可能性がある．
15)　日管協短観の回答社数は「1,175 社（管理会社）中 190 社（回収率 16.2%）内訳：首都圏 62 社，関西圏 24 社，首都圏・関西圏を除くエリア 104 社」と比較的少ないが，2016 年下期の入居率は，全国 94.6%，首都圏 96.3%，関西圏 94.1%，その他 93.0% となっている．
16)　「国勢調査」世帯数を分子に，「住宅・土地統計調査」の建物数を分母にした全国の空き家率は 10.0%，SUUMO データとゼンリン建物ポイントデータを用いた東京 23 区の賃貸住宅募集率は 6.9% と報告している．
17)　ゼンリン建物ポイントデータは，研究目的で購入したものを使用している．

第4章 共同住宅の遊休化・老朽化と家賃形成：首都圏と地方中核都市を事例として　143

表 4-4　空き家率データの網羅率

地域	対象			非対象			合計		
	棟	戸数	戸数/棟	棟	戸数	戸数/棟	棟	戸数	戸数/棟
東京23区	184,811	2,629,882	14.2	81,483	701,669	8.6	266,294	3,331,551	12.5
大阪市	26,249	744,810	28.4	16,317	209,998	12.9	42,566	954,808	22.4
名古屋市	30,772	466,828	15.2	14,618	183,031	12.5	45,390	649,859	14.3
札幌市	33,756	467,327	13.8	14,700	120,864	8.2	48,456	588,191	12.1
仙台市	18,311	243,769	13.3	7,794	65,152	8.4	26,105	308,921	11.8
福岡市	24,407	455,838	18.7	8,398	102,342	12.2	32,805	558,180	17.0
合計	318,306	5,008,454	15.7	143,310	1,383,056	9.7	461,616	6,391,510	13.8

地域	対象			非対象			合計	
	棟	戸数	対非対象	棟	戸数	対合計	棟	戸数
東京23区	69.4%	78.9%	1.65	30.6%	21.1%	0.69	100.0%	100.0%
大阪市	61.7%	78.0%	2.20	38.3%	22.0%	0.57	100.0%	100.0%
名古屋市	67.8%	71.8%	1.21	32.2%	28.2%	0.87	100.0%	100.0%
札幌市	69.7%	79.5%	1.68	30.3%	20.5%	0.68	100.0%	100.0%
仙台市	70.1%	78.9%	1.59	29.9%	21.1%	0.71	100.0%	100.0%
福岡市	74.4%	81.7%	1.53	25.6%	18.3%	0.72	100.0%	100.0%
合計	69.0%	78.4%	1.63	31.0%	21.6%	0.70	100.0%	100.0%

物ポイントデータに紐付け，募集中の部屋は空室であるとして空き家率算出の分子とし，分母には 2006-2014 年に掲載履歴があるゼンリン建物ポイントデータの総戸数 18) を用いて空き家率 19) を算出する．

　なお，これらのデータは 2.3.5 で用いたデータと同じものである．第2節では，「募集率」という用語を使用したが，本節では住調等の空き家率を使用しないことから 2.5.5 で使用した「募集率」と同じ意味で「空き家率」という用語を用いる．

　表 4-4 は，空き家率データの網羅率である．2006-2014 年の SUUMO 掲載データは棟数で 61.7-74.4%，戸数で 71.8-81.7% と高い網羅率となっている．

---

18)　ゼンリン建物ポイントデータには各建物の総戸数データが含まれるが，SUUMO データに総戸数がある場合には SUUMO データを優先している．

19)　SUUMO データとゼンリン建物ポイントデータを用いた空き家率は正確には賃貸募集率ともいうべきものだが本章では空き家率という用語を用いる．

図 4-5 東京 23 区の字丁目別の募集率

棟当たりの戸数では，非対象物件では 9.7 戸，対象物件では 15.7 戸となっており比較的小規模な物件が SUUMO に掲載されていない傾向を示している[20]．

図 4-5 は，東京 23 区の字丁目別の空き家率である．区分値の 7.41％ は分析対象としたデータの平均値であり，11.37％ は平均値に標準偏差の 2 倍を足したもの，13.35％ は平均値に標準偏差の 3 倍を足したものである．東京 23 区の場合には，北東部に空き家率が比較的高い地域が分布していることがわかる．一般に東京都の場合には，家賃は西高東低の傾向があるといわれている．港区・千代田区・中央区といった都心の家賃水準は非常に高く，渋谷区・文京区がそれに続き，いわゆる城南といわれる世田谷区や目黒区でも家賃は比較的高い．一方，いわゆる城東・城北といわれる地域では家賃水準は比較的低い．こ

---

20) SUUMO データの網羅率は比較的高いものの小規模な物件が分析対象に含まれていないことが，分析結果に影響している可能性があることには留意が必要である．

第4章　共同住宅の遊休化・老朽化と家賃形成：首都圏と地方中核都市を事例として　145

図4-6　札幌市の字丁目別の募集率

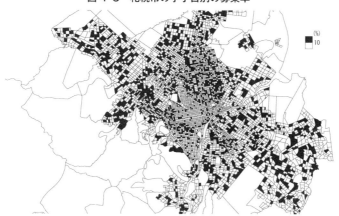

図4-7　仙台市の字丁目別の募集率

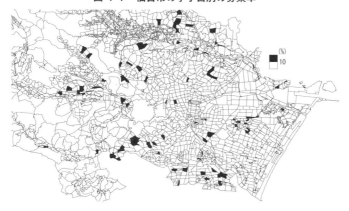

の傾向と図4-5で示した空き家率の傾向はある程度の相関があるようにも見える．

　図4-6～図4-10は，それぞれ札幌市，仙台市，名古屋市，大阪市，福岡市の丁町目別の空き家率の分布である．いずれの都市も，住調の空き家率よりも大幅に低くなっているが，それぞれに特徴がある．

　札幌市では郊外部に空き家率の高い地域が散在しているが，比較的まんべんなく空き家が存在している傾向がうかがえる．

図4-8 名古屋市の字丁目別の募集率

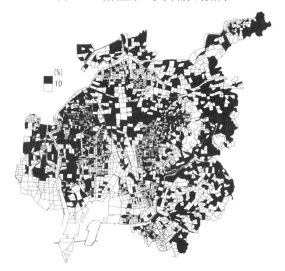

図4-9 大阪市の字丁目別の募集率

図 4-10 福岡市の字丁目別の募集率

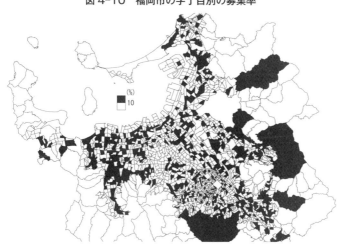

　仙台市では，2011 年の東日本大震災以降，圧倒的な住宅不足が指摘されており，震災直後から賃貸住宅を借りることが困難になっている．仙台市全域の平均の空き家率は約 4.2％ と算出されている．一般的に空き家率 2％ 程度は募集や部屋のリフォームで常に必要とされており，実質的に 2％ 強の空き家率では，場所や面積等の条件を加味したマッチングは非常に困難であると考えられることからきわめて部屋を借りることが困難であるという実感値とも一致する．

　名古屋市では全域で比較的空き家率が高くなっており，供給過剰の傾向がうかがえる．

　大阪市では，中心部の淀川沿いに空き家率の高い地域が見られるが，いわゆる北摂地域の空き家率は比較的低くなっている．

　福岡市では，中心部の空き家率が低く，南西部の大学が多く存在する地域の空き家率が高くなっている．これは近年，学生の自宅通学率が上昇していることが影響している可能性もあるが，福岡市には九州全域から活発な人口流入が続いており，比較的堅調な市場だと考えられる．

　各地域の不動産管理・仲介会社等の特徴については以下のとおりである[21]．

---

21) これらは筆者の実務経験によるものであり，現時点では学術的根拠を伴うものではない．

札幌市は，市場の半数以上を寡占している大手の会社が1社あり，それに続いて数社の仲介・管理会社が存在している寡占性の高い市場となっている．また，市場に対する影響力は管理会社よりも仲介会社の方が強い市場となっており，仲介手数料以外の広告費の支払いやフリーレント・敷金ゼロ礼金ゼロといった契約条件を緩和しているケースも多くなっている．

仙台市は，中小の管理会社が多く存在する市場で，寡占性は低い．また仲介会社の市場への影響力は比較的小さく，管理会社の影響力が大きい．

名古屋市は，地場資本の大手2社とハウスメーカー系2社および農協系による寡占性の高い市場であり，仲介会社よりも管理会社の影響力が強い．

大阪市は，仲介と管理が業態として分離していることが特徴で，仲介会社の影響力がきわめて強い．また商慣習としても2005年頃までは，敷金・保証金が6ヶ月程度，そのうち償却金が3ヶ月程度ときわめて初期費用負担の大きな市場であった．しかし，2006年ころからの多数のREIT物件供給によって首都圏からの事業者の参入が相次いだ結果，今では敷金ゼロ礼金ゼロもかなりあり，他の市場との商習慣の相違は小さくなっている．それでも，仲介会社の影響力が強いため，仲介手数料以外の広告費等の支払い負担は大きい．

東京23区はもっとも巨大な市場であり，寡占はまったく進んでおらず，多数の仲介・管理会社が存在し，市場がもっとも機能している地域だといってよい．また，全国で唯一大きく人口が増加している地域でもあり賃貸住宅需要も旺盛である．

家賃モデル推定には，2015年1月13日にSUUMOに掲載されていた物件情報を用いる．2014年6月10日時点で字丁目別に計算された空き家率を各物件データに付加し，家賃（賃料に管理費や共益費を加えた月額の支払総額）の対数を目的変数とした重回帰分析を行うことで，地域の空き家率の影響を評価する．空き家率データを家賃モデル推定データよりも7ヶ月前のものとしたのは，地域の空き家率が家賃に影響を与えるのと同時に，家賃が地域の空き家率に影響を及ぼすという内生性を回避するためである[22]．

推定する家賃モデルは以下のとおりである．

---

22) たとえば，家賃が高すぎることが空き家率を高めるといったケースも考えられる．また物件データに1月のデータを用いたのは，1-3月には引っ越しが集中する時期であるためである．

第 4 章　共同住宅の遊休化・老朽化と家賃形成：首都圏と地方中核都市を事例として　149

$$\ln y_{it} = \beta_0 + \beta_1 \cdot V_{ls} + \beta_2 \cdot Age_{it} + \beta_3 \cdot S_{it} + \beta_4 \cdot TS_{it} + \sum_{j=1}^{5} \beta_{5j} \cdot Str_{jit} + \sum_{h=1}^{4} \beta_{6h} \cdot M_{hit}$$
$$+ \sum_{k=1}^{15} \beta_{7k} \cdot E_{kit} + \sum_{m=1}^{M} \beta_{8m} \cdot W_{mit} + \varepsilon_{it}$$

(1)

(1) 式 [23] において，$\ln y_{it}$ は t 時点（2015 年 1 月 13 日）の i 物件の家賃の対数，V_{ls} は s 時点（2014 年 6 月 10 日）の物件が所在する l 地域の空き家率を表している．同様に Age_{it} は築後年，S_{it} は面積，TS_{it} は最寄り駅までの徒歩分数，Str_{jit} は構造ダミー（$j=1, ..., 5$），M_{hit} は管理形態区分ダミー（$h=1, ..., 4$），E_{kit} は設備等ダミー（$k=1, ..., 15$），W_{mit} は区ダミー（$m=1, ..., M$：M は都市毎に異なる）を表しており，β_0 は定数項，ε_{it} は誤差項である．

3.3. 分析結果

3.3.1. 記述統計量

表 4-5 は，分析対象データの地域別の家賃および空き家率に関する記述統計量である．

　家賃モデル推定に用いるデータは，以下のようなデータのクレンジングを行っている．面積，家賃，空き家率について，平均と標準偏差を算出し，平均に標準偏差の 2 倍を加えた値を超えるものを削除し，その上で面積 10 平米未満，

表 4-5　地域別分析対象データの記述統計量（家賃および空き家率）

		東京23区	大阪市	名古屋市	札幌市	仙台市	福岡市
サンプル数		192,271	57,713	49,571	30,930	7,415	17,582
家賃 （単位：円）	平均	102,249	73,617	67,687	51,377	60,836	56,302
	標準偏差	41,452	24,725	20,736	16,685	17,182	19,645
	最小	21,000	20,000	20,000	20,000	20,000	20,000
	最大	284,200	163,000	134,600	100,500	109,500	123,000
空き家率 （単位：%）	平均	7.41	9.69	11.42	9.91	4.61	9.61
	標準偏差	1.98	3.83	4.13	4.47	1.71	2.65
	最小	0.00	0.00	0.00	0.00	0.00	0.00
	最大	12.25	19.00	23.61	26.31	10.92	16.66

---

23)　目的変数のみ対数のいわゆる片対数関数としたのは，説明変数の地域の空き家率はもともと比率であり，築後年・面積・駅徒歩分も実数を用いた方が，解釈が容易であると考えたためである．

家賃 2 万円未満，階建て 58 階以上，築後 46 年以上のデータを削除し，交通は鉄道・地下鉄のみ（徒歩 20 分以内）としている．この結果，家賃は東京 23 区の最大値が 28 万 4,200 円，大阪市が 16 万 3,000 円，名古屋市が 13 万 4,600 円，札幌市が 10 万 500 円，仙台市が 10 万 9,500 円，福岡市が 12 万 3,000 円となっている．

地域別の平均値を見ていくと家賃は，東京 23 区は 10 万 2,249 円と非常に高く，もっとも安い札幌市の 5 万 1,337 円の 2 倍近い．標準偏差も東京 23 区は 4 万 1,452 円と他の地域よりも大きくなっている．

空き家率では東京 23 区は平均 7.41％ と低く，もっとも高い名古屋市の 11.42％ の 2/3 程度となっている．名古屋以外は大阪市 9.69％，札幌市 9.91％，仙台市 4.61％，福岡市 9.61％ といずれも 10％ 以下であり，「住宅・土地統計調査」の空き家率と比べて低い．仙台市の空き家率が低いのは東日本大震災の影響である．

家賃と空き家率以外は表 4-5 には示していないが，築後年は，平均で 13.9 年から 19.4 年となっており，分布を見ると築 31 年以上の比率が東京 23 区では 13.5％ と他の地域よりも高く，古い木造の賃貸住宅が相当数残っていることが示唆されている．

一方，築 10 年以内の比率は，大阪市が 48.1％，福岡市が 39.2％ と高くなっており，新築比率は東京 23 区 13.1％，大阪市 18.8％，名古屋市 9.6％，札幌市 10.1％，仙台市 5.3％，福岡市 11.3％ であり新築着工の影響が示唆される．

面積は，名古屋市が平均 39.4 平米とやや広くなっている．構造でも地域差が見られ，札幌市，仙台市では木造が多くなっている．管理形態は不明が地域によって比率が異なり，仙台市 88.9％，名古屋市 86.7％ と高い地域もあるが，福岡市 58.0％，札幌市 61.7％ という地域もある．

設備等を見ると，タワー物件の比率は東京 23 区がもっとも高く 1.5％ あり，最低は名古屋市・仙台市の 0.2％ である．宅配ボックスありの比率にも地域差が見られ，最高は大阪市の 33.3％ で東京 23 区が 25.6％ と続き，最低は仙台市の 8.5％ である．エアコンありの比率は札幌市が 12.7％ と極端に低くなっており気候風土の影響が見られる．

敷金ゼロ・礼金ゼロの物件比率は，東日本大震災の影響で需給が締まってい

第4章　共同住宅の遊休化・老朽化と家賃形成：首都圏と地方中核都市を事例として　151

ると考えられる仙台市が 7.4% と非常に低い．東京 23 区も 9.0% と低く大阪市 18.2%，名古屋市 22.8%，札幌市 23.3% でありもっとも高い福岡市では 33.9% となっているが，空き家率との強い相関関係があるわけではない．

3.3.2. 家賃モデルの推定結果

表4-6 が（1）式の推定結果である．

回帰分析の結果得られた自由度修正済決定係数は，東京 23 区 0.8960，大阪市 0.8724，名古屋市 0.8517，札幌市 0.8453，仙台市 0.7740，福岡市 0.8539 と良好な値が得られている．

空き家率の家賃へ与える影響は，東京 23 区 −0.13%（1% 水準有意），大阪市 0.21%（1% 水準有意），名古屋市 −0.08%（1% 水準有意），札幌市 −0.05%（1% 水準有意），仙台市 −1.25%（1% 水準有意），福岡市 −0.06%（10% 水準有意）となっている．

空き家率が 1% 上昇した場合に，大阪市のみプラスの影響があり，その他地域ではマイナスの影響があるという結果である．ただし，仙台市以外ではその影響は小さく，たとえば東京 23 区では空き家率が 10% 変化したとしても家賃は 1.3% しか下落しない．

なお，分析対象データでは，空き家率平均に標準偏差の 2 倍を超えるものはデータから削除しているが，削除しない場合でもほぼ同様の傾向となっている．また，東京 23 区については空き家率を説明変数から除外したケースについても家賃モデル推定を行っているが，各説明変数の影響は空き家率を含めた場合と同じ傾向となっている．

築後年は全地域で有意にマイナスの影響があり，築年が 1 年古くなる毎に −0.56〜−1.06% の家賃下落をもたらす．これは地域の空き家率の影響よりも大きく，近年の家賃下落傾向の多くを説明できる可能性がある．

面積は 1 平米増加するごとに 1.27-1.81% 家賃を押し上げ，駅までの徒歩分数は 1 分増加するごとに基本的にはマイナスの影響があるが仙台市ではプラスの影響となっている [24)]．

---

24)　駅から遠くなると家賃が上がるというのは不自然に感じられるが，仙台市の自由度修正済決定係数は 0.7740 と他の都市と比べて低く，東日本大震災の影響によって家賃決定メカニズムが異な

第2部　老朽化する共同住宅のインパクト

表4-6　地域別家賃モデルの推定結果

目的変数＝家賃（対数）	東京23区	大阪市	名古屋市	札幌市	仙台市	福岡市
サンプル数	230,962	74,578	66,542	50,944	14,118	25,828
修正済決定係数	0.8960	0.8724	0.8517	0.8453	0.7740	0.8539
地域の空き家率（単位：％）	−0.13%***	0.21%***	−0.08%***	−0.05%***	−1.25%***	−0.06%*
築後年（単位：年）	−0.56%***	−0.76%***	−0.84%***	−0.91%***	−0.79%***	−1.06%***
面積（単位：㎡）	1.81%***	1.75%***	1.45%***	1.51%***	1.27%***	1.47%***
駅徒歩（単位：分）	−0.66%***	−0.42%***	−0.46%***	−0.19%***	0.08%***	−0.28%***
構造　　RC	9.08%***	4.65%***	5.24%***	4.54%***	11.53%***	7.19%***
SRC	9.20%***	4.78%***	6.85%***	8.64%***	18.69%***	10.60%***
軽量鉄骨	4.79%***	1.15%***	1.76%***	1.20%***	4.07%***	4.70%***
木造	baseline	baseline	baseline	baseline	baseline	baseline
その他	2.58%***	0.15%	−1.61%***	3.98%***	7.74%***	−1.13%
管理形態　常駐	4.69%***	0.36%	5.81%***	3.78%***	0.44%	3.62%***
日勤	3.75%***	0.22%	4.06%***	3.11%***	6.47%***	4.93%***
巡回	baseline	baseline	baseline	baseline	baseline	baseline
不明	2.00%***	2.99%***	−0.24%*	2.88%***	0.52%	1.58%***
設備等　　新築	0.66%***	−0.42%***	−2.32%***	−3.16%***	0.05%	−1.92%***
タワー（16階以上）	10.22%***	14.03%***	11.59%***	9.29%***	12.60%***	−0.07%
1階住戸	−3.28%***	−2.74%***	−2.17%***	−4.62%***	−3.12%***	−3.64%***
宅配ボックスあり	4.16%***	3.90%***	3.80%***	4.08%***	4.06%***	2.40%***
エレベーターあり	2.25%***	2.41%***	4.53%***	8.97%***	6.25%***	4.97%***
オートロックあり	2.77%***	1.59%***	5.52%***	2.15%***	4.30%***	2.80%***
TVインターホンあり	1.34%***	2.41%***	2.72%***	2.22%***	1.85%***	4.03%***
エアコンあり	4.11%***	2.65%***	2.37%***	1.16%***	0.46%	1.69%***
オール電化	−0.62%***	0.21%	−1.70%***	3.12%***	1.64%***	−5.45%***
バストイレ別	6.04%***	14.26%***	10.48%***	9.90%***	6.08%***	6.36%***
洗面所独立	0.27%***	0.99%***	1.58%***	7.34%***	2.77%***	4.11%***
洗濯機置き場あり	0.81%***	3.18%***	2.12%***	−1.60%***	3.74%***	5.57%***
ロフトあり	5.08%***	8.06%***	8.29%***	−8.46%***	0.86%**	2.74%***
ペット可・相談	4.30%***	1.21%***	2.94%***	−0.25%*	1.58%***	2.10%***
敷ゼロ・礼ゼロ	−1.38%***	−2.83%***	−3.17%***	−3.97%***	−9.37%***	−5.84%***
区ダミー	全区有意	有意(注4)	有意(注5)	全区有意	全区有意	全区有意
区ダミーの最大と最小の差	46.04%	27.16%	19.30%	9.18%	7.84%	17.04%

注1：地域の空き家率・築後年・面積・駅徒歩は係数を100倍して1単位当たりの変化率（％）表示としている．
注2：構造・管理形態・設備等・区ダミーは推定された係数の値をcoefとすると，100〔exp(coef)−1〕により計算された値である．
注3：*** は1％水準で，** は5％水準で，* は10％水準で有意であることを示す．
注4：大阪市は，西区のみ有意ではなく，その他区は1％水準で有意．
注5：名古屋市は，東区のみ有意ではなく，その他区は1％水準で有意．

第 4 章　共同住宅の遊休化・老朽化と家賃形成：首都圏と地方中核都市を事例として　153

　全地域で，高層住宅に多い SRC 構造の場合に家賃がもっとも高くなっており，RC・軽量鉄骨構造が続き，木造の場合がもっとも安くなっている．

　管理形態では，仙台市で有意でないのを除けば常駐管理がもっとも高くなっている．ただし，管理形態不明の比率が地域によって異なることには注意が必要である．

　16 階以上のタワーは，福岡市以外で大きなプラスの影響があり[25]，1 階住戸は全地域でマイナスの影響がある．宅配ボックスは，全地域で家賃を比較的大きく上昇させ，エレベータありも全地域でプラスの影響がある．オートロックあり，TV インターホンありはプラスの影響があり，エアコンありについては，仙台市のみ有意ではない．バストイレ別・洗面所独立・洗濯機置き場・ロフトありの項目は主に単身者用住宅に関連する項目で，バストイレ別・洗面所独立は全地域でプラスの影響があるが，洗濯機置き場あり，ロフトありについては，札幌市のみマイナスの影響となっている．契約条件としては，ペット可は札幌市以外でプラスの影響があり，敷金ゼロ・礼金ゼロは全地域で家賃にマイナスの影響がある．

　なお，新築の家賃への影響は，東京 23 区と仙台市ではプラスの影響があるが，大阪市・名古屋市・札幌市・福岡市ではマイナスの影響があるという結果となった[26]．

　各地域の区ダミーの影響を見ると，東京 23 区では最大と最小の差が 46.04%ときわめて大きい．大阪市 27.16%，名古屋市 19.30%，札幌市 9.18%，仙台市 7.84%，福岡市 17.04% と地方に行くにしたがって差は小さくなるが，福岡市の差の大きさが注目される．

る可能性がある．

25)　福岡市は，福岡空港が市内にあることで高さ規制が厳しくその影響でタワーマンションの立地が限定されていることが要因として考えられる．

26)　筆者が参加している賃貸業界の勉強会（賃貸を考える会・21C 住環境研究会など）でも，近年は多少古くても家賃の安い物件を希望する入居者が増えているという指摘がある．また，近年はサブリース物件が増加しており，サブリース物件ではサブリース業者が将来のリスク回避と満室までの期間を短くするために，新築だからといって必ずしも相場よりも高い家賃が設定するわけではない，という声が聞かれる．

3.4. ここまでのまとめおよび考察と今後の課題

　地域の空き家率が家賃に与える影響は，大阪市のみプラスの影響があり，東京23区・名古屋市・札幌市・仙台市・福岡市では家賃を下落させるが，仙台市を除きその影響は比較的小さいという結果となった．この結果は倉橋（2012）の結果と違い家賃は地域の空き家率に対して感応的である．

　しかし，どのようなメカニズムでこのような影響が生じているのか，本研究の結果からは明確な要因を見出すことはできない．

　地域の空き家率が家賃に与える影響が比較的小さい原因としては，今回の分析で用いた空き家率が個別物件のものではなく地域のものである，ということが考えられる．個別物件の空き家率が高まれば家主は空き家による家賃収入減少を回避するため家賃を下げて入居者を確保する，という行動をとることが合理的であると考えられるが，自分の物件が満室であれば（もしくは許容できる範囲の空き家率であれば），たとえ周辺地域の空き家率が高かったとしても，自分の物件の家賃を下げる動機は小さいと考えられるからである．

　また，清水・渡辺（2011）が指摘する家賃の粘着性が，地域の空き家率が家賃に与える影響を比較的小さくしている可能性がある．これは日本銀行（2017）が「家賃を引き下げると既存の入居者からの不満につながりかねない」，すなわち既存入居者の家賃も下落してしまい，全体の収入減につながる恐れがある，ということにも関係している可能性がある．

　ただし，地域の空き家率が急激な変化に直面した場合には，家賃を大きく変動させることがある．たとえば，大分県杵築市ではキヤノンの突然の工場閉鎖により単身者用住宅の家賃が4万円台から1万円以下に暴落した[27]．逆の事例として，東日本大震災後の仙台市では震災後，家賃が上昇した一方，空き家率は大きく減少したことが報告されている[28]．このように安定していた市場になんらかの要因で大きな変化が起きると家賃は少なからず変動するが，大きな変化が起きなければ家賃の粘着性が維持されるということが考えられる．

　全体としては，地域の空き家率が家賃に与える影響は比較的小さいと評価できるが，大阪市のみ地域の空き家率が家賃にプラスの影響を与えることについ

---

27) 全国賃貸住宅新聞（2013）を参照．
28) 宮城県不動産鑑定士協会（2011）を参照．

第4章　共同住宅の遊休化・老朽化と家賃形成：首都圏と地方中核都市を事例として　155

ては，今回の分析では明確な要因を見出すことはできない[29]．

　このほかの仮説としては以下のようなものも考えられる．

　空き家率が上昇したとき，家主は入居者を確保するために家賃値下げの前に家賃以外の契約条件等を最初に調整する，という可能性がある．たとえば，敷金や礼金をゼロにする，入居後の一定期間の家賃を免除する（フリーレント），仲介不動産会社へ広告費名目で手数料を支払ったりする，という行動である．このような場合には，見た目の家賃の下落が起きない，ということが考えられるが，実質的な賃料は低下していることになる．

　家賃が下落傾向にある状況で，家賃を値下げすると，家主間での家賃値下げ競争になり市場全体の規模を縮小させてしまう可能性がある．市場全体の需要が一定（世帯数が一定）の場合，家賃を値下げしないことが市場全体の規模を維持することになり，家主や不動産会社にとってもっとも収益の減少を回避できる状況になる．このような市場プレイヤーの合意が暗黙的であったとしても存在する場合には，家賃の値下げよりも敷金・礼金の値下げといった家賃以外の契約条件変更を協調して行っていたり，場合によっては契約条件すら変更しない強固な協調を行っている可能性がある．

　市場機能を阻害する要因が存在する可能性もある．たとえば，不動産仲介会社が，仲介手数料や広告費等の高い物件を優先的に案内するといった行動をとることがある．さらに不動産仲介会社が非常に強力な市場コントロール力を持っている場合[30]には，消費者は空き家率に応じた適正な家賃の物件を結果的に契約しづらい状況が生まれている可能性もある．このような市場機能を阻害している要因が存在する可能性があるということである．

　今後の課題としては，以下のようなものが考えられる．

　今回の分析対象データはパネルデータではないためパネルデータを使った空

---

29)　定性情報だが，大阪市を含む関西圏は他の地域と違って，自社で仲介をまったく行わない管理専業業者が多い，ということが影響している可能性が仮説として考えられる．管理専業業者は入居者募集を仲介業者に完全に依存しているため，自社の空き室を埋めるために仲介手数料以外に広告費名目で別途手数料を支払うことが多い．このことが市場機能を歪めている可能性がある．

30)　特定エリアの賃貸不動産仲介市場に数社による寡占状況が起きている場合には，その特定の不動産仲介会社に対する家主側の交渉力が非常に弱くなってしまうことがある．寡占状況においては家主は不動産仲介会社から紹介を受けられなくなるリスクを感じると，契約条件は不動産仲介会社に有利になる．

き家率の家賃に与える影響の検証が必要である．すなわち同一地域の空き家率が変化した場合に家賃がどのように変化するか，という検証である．また同時に，地域の空き家率ではなく，個別物件の空き家率が家賃にどのような影響を与えるのかも検証する必要がある．

その上で，地域毎の市場の状況の違いを明確にし，空き家率が家賃に与える影響が需給バランスの不均衡によって起きるものなのか，市場機能の不全によるものなのか，といったメカニズムも明らかにする必要がある．

4. 賃貸共同住宅の老朽化の現状

4.1. 先行研究

日本の住宅の寿命は短いというのが通説であるが，近年の研究では日本の住宅寿命が相当長期化しているという結果も示されている．しかし，賃貸共同住宅についての築年の分布や老朽化した建物がどのような空間的分布であるか，についてはいまだ明確ではない．

日本の住宅寿命は短く26年程度であるという初出は，『平成8年（1996年）建設白書』である．第1第2章第2節には，「（住み替えが少ない理由）日本の住宅の寿命は，建築時期別のストック統計から試算してみると，過去5年間に除却されたものの平均で約26年，現存住宅の『平均年齢』は約16年と推測されるが，アメリカの住宅については，『平均寿命』が約44年，『平均年齢』が約23年，イギリスの住宅については，『平均寿命』が約75年，『平均年齢』が約48年と推測され，日本の住宅のライフサイクルは非常に短いものとなっている．この理由は，日本は戦後急速に住宅ストックを充実させてきている中途の段階にあることや，そもそも住宅ストックの質の低さ，リフォームのしにくさ，或いは使い捨てのライフスタイルに合わせて住宅も建て替えにより対応していることなどが考えられる．このように日本の既存住宅流通量は新築に比べて少なく，大量建設・大量廃棄の構造になっている．これはGDPを押し上げるかもしれないが，良質なストック形成が行われないまま，住み替え需要に的確に応じられず，住生活の充実にコストと手間暇がかかる構造になっていると考えられる（図1-43）．住み替えについては，社会の流動性が低いように言わ

第 4 章　共同住宅の遊休化・老朽化と家賃形成：首都圏と地方中核都市を事例として　157

れるイギリスにおいても，世帯の移動率はかなり高く，これは，住み替えを前提にしたライフスタイル・意識や，住み替えを円滑化するための制度が整備されていることにも支えられていると考えられる（表1-1）.」とある.

　また，関連する情報として，2000 年（平成 12 年）の住宅金融公庫利用者調査があり「『取り壊した既存建物の築年数の平均を算出した』数値です．グラフに作成していない数値データもご紹介すると，一番築浅で築 4 年以内，もっとも古い家で築 90 年以上となっていますが，ボリュームゾーンは，平均に近い築 30～築 34 年の 23.0%，それに築 25～築 29 年の 22.9% が続きます．そして，なんと，54.8% の人が，40 年未満の家を取り壊しています．（注 23）」とある.

　同時に，住宅の寿命を推計する方法として，サイクル年数というものがあり，建築ストックの総数を年間の新築建築数で割った値という．1996 年（平成 8 年）の直前の値としては，1993 年（平成 5 年）のサイクル年数が算出でき，新築着工戸数 151 万/住宅総数 4,588 万＝30 年である[31].　住宅寿命の研究では，小松（2000，2010）や堤（2003）等があり，その中では，『平成 8 年建設白書』で用いられている滅失建物の平均年齢を住宅の平均寿命とみなすことの問題点，サイクル年数の問題点等が指摘されている.

　それに対して，市区町村の持つ固定資産台帳のデータをもとに残存率が 50% に達する時点を平均寿命として求める，ということがなされている．その結果では，1997 年（平成 9 年）時点の木造専用住宅の平均寿命は 41 年，RC 共同住宅の平均寿命は 43 年，となっている．また，同様の手法を用いた場合のアメリカとの比較もなされており，アメリカの平均寿命は約 100 年となっている.

　なお，2010 年の研究ではさらに平均寿命は延びており，木造専用住宅は 1997 年の 41 年から 54 年と大きく伸び，RC 共同住宅も 1997 年の 43 年から 45 年に伸びている．また，構造材料による寿命の差はなく（木造は短く，RC は長いとはいえない），面積の大小による差が非常に大きい（小規模と大規模で 20 年以上異なる）ことが指摘され，さらに欧米との比較ではまだ短命では

31）「国土交通省建築着工統計調査」および「1993 年住宅・土地統計調査」から算出.

あるものの，寿命は延び続けていることが指摘されている．

　同時に短命な要因として，土地神話，相続の問題，生活環境（生活様式）の激変，経済性や法律等が指摘され，建物そのものの性能や耐久性は寿命とあまり関係がない，と指摘されていることは，注目に値する．

　本節では，上記のような住宅寿命の研究が主に戸建て住宅が中心であって，賃貸共同住宅に特化したものがないこと，住宅寿命の長期化に伴って賃貸共同住宅が空間的にどのように分布しているかを明らかにするために，ゼンリン建物ポイントデータに不動産情報サイト SUUMO の広告掲載情報を突合して，築年情報を付加したものを使って空間的分布を明らかにする．

4.2. 研究の枠組み

　住宅の老朽化状況は，住調の築年の分布を用いて分析されることがあるが，住調では「築年不明」が多数含まれており，必ずしも正確な築年分布を把握できるとは限らない．住調は所有者への調査ではなくあくまで居住者への調査であるため，居住者が正確な築年を把握できていないケースが多数あると考えられるからである．

　このため，本節では基礎的なデータとしてゼンリン建物ポイントデータを使用する．しかしゼンリンデータには建物種類や階数等は含まれるものの，築年情報が含まれない．そのため，SUUMO データをゼンリンデータと突合することで築年情報を付加したデータを作成し，そのデータをもとに築年分布を分析する[32]．

　なお，本節では老朽化物件の定義をいわゆる旧耐震物件である 1981 年以前に建築されたものとする．したがって 2017 年現在から見ればおよそ築 36 年以上となる．

4.3. 分析結果

4.3.1. 記述統計量

　表 4-7 は首都圏および主要都市の賃貸共同住宅の老朽化に関する記述統計量

---

32) このゼンリン建物ポイントデータと SUUMO データの突合は，第 2 節および第 3 節で用いたデータと同様のものである．

である.

　首都圏では，東京23区の老朽化率が高く，神奈川県・埼玉県・千葉県の老朽化率は比較的低い．地方都市でも，比較的老朽化率は低くなっている．

　東京23区と都下を比べると東京23区の老朽化率が高い．部屋数ベースの老朽化率の平均が20%を超えるのは，千代田区24.8%，港区34.4%，新宿区27.7%，文京区21.6%，江東区20.5%，品川区24.3%，目黒区28.0%，渋谷区30.5%，中野区23.5%，杉並区21.2%，豊島区22.9%，北区21.8%となっており，比較的都心部で老朽化率が高くなっている.

4.3.2. 老朽化率の空間的分布

　記述統計量では，比較的広い単位での老朽化率の評価しかできないため，老朽化率を町名毎に集計し，各都市の空間的分布を示したのが，**図4-11〜図4-16**である.

　首都圏の分布を見ると，いわゆる木賃ベルト地帯と呼ばれていた環状7号線の内側で老朽化率が20%を超えている場所が多く，目黒区や大田区では40%を超えている場所も多い.

　札幌市では，比較的老朽化は進んでおらず老朽化率が20%を超える地点も少ない．仙台市では，中心部に老朽化率が20%を超える地点がやや集積しているように見られる．名古屋市では，郊外部で老朽化率が20%を超える地域が広がっているが都心部での老朽化率は比較的低い．大阪市では，老朽化率が20%を超えている地域が広く見られるが，特定の地域に集中しているわけではない．福岡市では，南部で老朽化率が20%を超える地域の集積が見られ，その中でも老朽化率が40%を超える地点が観察される.

　このように各都市の老朽化状況の分布を見ると首都圏の特徴が浮かび上がってくる．首都圏では戦前からの住宅の集積に加え，高度成長期の膨大な人口流入を経てもなお都心部に老朽化住宅が集積しているという特徴がある.

　また，首都圏では早くから木賃アパートのような集合住宅の建設が大量に行われ，1970年代からは地方に先行して分譲マンションの供給も大量に行われた．そのような経緯が首都圏の老朽化の特徴に影響していることが考えられる.

160　　　　　　　　　第2部　老朽化する共同住宅のインパクト

表 4-7　首都圏および主要都市の賃貸共同住宅の老朽化に関する記述統計量

地域		全体				1981 年以前築				老朽化率	
		棟数	部屋数	部屋数の平均	部屋数の標準偏差	棟数	部屋数	部屋数の平均	部屋数の標準偏差	棟数	部屋数
東京都	千代田区	470	19,675	42	36	108	4,887	45	46	23.0%	24.8%
東京都	中央区	1,136	53,488	47	51	188	9,383	50	67	16.5%	17.5%
東京都	港区	3,086	87,893	28	37	1,068	30,255	28	36	34.6%	34.4%
東京都	新宿区	7,641	134,648	18	23	2,220	37,281	17	24	29.1%	27.7%
東京都	文京区	4,255	77,905	18	21	1,041	16,838	16	21	24.5%	21.6%
東京都	台東区	2,975	61,766	21	20	732	12,147	17	17	24.6%	19.7%
東京都	墨田区	3,543	70,777	20	24	756	12,660	17	26	21.3%	17.9%
東京都	江東区	4,853	121,429	25	55	1,135	24,899	22	47	23.4%	20.5%
東京都	品川区	7,642	121,205	16	24	1,711	29,403	17	30	22.4%	24.3%
東京都	目黒区	6,971	87,654	13	15	1,680	24,535	15	20	24.1%	28.0%
東京都	大田区	13,471	190,204	14	19	2,426	34,681	14	21	18.0%	18.2%
東京都	世田谷区	23,405	267,468	11	14	4,358	52,435	12	16	18.6%	19.6%
東京都	渋谷区	5,622	98,302	17	26	1,547	30,020	19	34	27.5%	30.5%
東京都	中野区	11,195	121,347	11	12	2,551	28,505	11	14	22.8%	23.5%
東京都	杉並区	16,956	180,799	11	14	3,635	38,349	11	13	21.4%	21.2%
東京都	豊島区	8,111	108,789	13	19	2,059	24,859	12	15	25.4%	22.9%
東京都	北区	7,177	84,518	12	17	1,847	18,439	10	16	25.7%	21.8%
東京都	荒川区	3,177	48,023	15	25	689	8,885	13	24	21.7%	18.5%
東京都	板橋区	11,484	160,717	14	19	2,253	30,570	14	19	19.6%	19.0%
東京都	練馬区	14,417	169,126	12	14	2,138	26,102	12	15	14.8%	15.4%
東京都	足立区	9,577	129,806	14	22	1,569	19,333	12	24	16.4%	14.9%
東京都	葛飾区	6,741	85,339	13	19	1,008	12,134	12	20	15.0%	14.2%
東京都	江戸川区	10,906	149,004	14	20	1,170	18,094	15	37	10.7%	12.1%
東京都	都下	59,621	732,676	12	20	7,705	88,592	11	18	12.9%	12.1%
神奈川県	横浜市	39,811	584,046	15	24	5,355	78,080	15	24	13.5%	13.4%
神奈川県	川崎市	24,990	359,043	14	23	2,818	35,070	12	21	11.3%	9.8%
神奈川県	その他	43,446	477,245	11	17	3,123	37,738	12	23	7.2%	7.9%
埼玉県	さいたま市	15,958	207,089	13	21	1,229	16,195	13	25	7.7%	7.8%
埼玉県	その他	59,049	721,471	12	20	4,241	63,632	15	26	7.2%	8.8%
千葉県	千葉市	10,381	149,454	14	25	679	13,394	20	29	6.5%	9.0%
千葉県	その他	50,284	644,986	13	22	3,866	66,009	17	31	7.7%	10.2%
北海道	札幌市	33,756	467,327	14	18	2,779	40,861	15	23	8.2%	8.7%
宮城県	仙台市	18,311	243,769	13	19	1,843	26,755	15	21	10.1%	11.0%
愛知県	名古屋市	30,772	466,828	15	18	4,424	74,048	17	19	14.4%	15.9%
大阪府	全域	65,530	1,504,962	23	31	8,832	229,963	26	39	13.5%	15.3%
兵庫県	全域	40,625	705,784	17	25	5,371	101,294	19	24	13.2%	14.4%
福岡県	福岡市	24,407	455,838	19	23	2,726	47,871	18	20	11.2%	10.5%

第4章 共同住宅の遊休化・老朽化と家賃形成：首都圏と地方中核都市を事例として　161

図4-11　首都圏共同住宅の老朽化分布（戸数ベース）

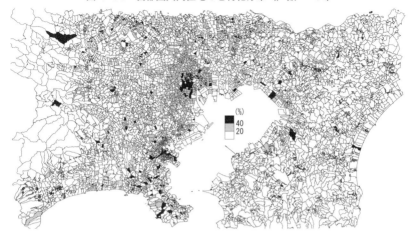

図4-12　札幌市共同住宅の老朽化分布（戸数ベース）

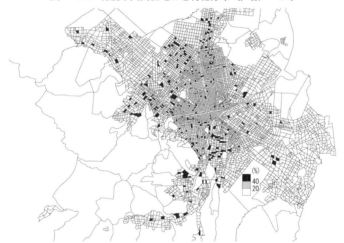

162　第2部　老朽化する共同住宅のインパクト

図4-13　仙台市共同住宅の老朽化分布（戸数ベース）

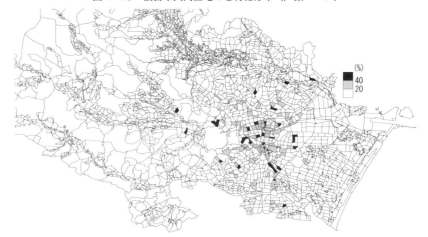

図4-14　名古屋市共同住宅の老朽化分布（戸数ベース）

図4-15 大阪府・兵庫県共同住宅の老朽化分布（戸数ベース）

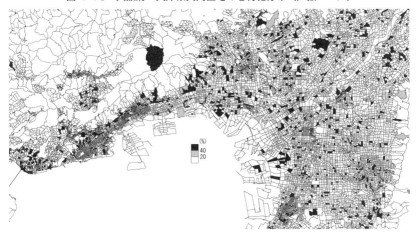

図4-16 福岡市周辺共同住宅の老朽化分布

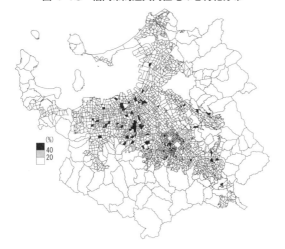

4.4. ここまでのまとめおよび考察と今後の課題

賃貸共同住宅の老朽化状況を空間的分布で見ると，首都圏とそれ以外の都市では大きな違いが見られる．首都圏では早くから都市化が進んだ影響で，都心部にもともと共同住宅が多く，それが建て替えられないまま多数存在している．

今回の分析対象は木造アパートだけではなく RC 構造のマンションも含まれているが，首都圏中心部では 1960 年代から人口集中による共同住宅の建設が進み，その更新が進んでいないことが示唆されている．さらに，首都圏では建築基準法等の改正により既存不適格となった物件の更新が抑制された可能性もある．

一方，首都圏郊外部では 1970 年代以降に都市圏の拡大が進み，1980 年代以降もアパート・マンションの新規建設が多かったことから結果的に老朽化率が低く抑えられた可能性がある．

また，地方都市では，首都圏のような都心部に老朽化共同住宅が多く存在するという傾向は弱い．これは首都圏に比べて人口の集中とそれに伴う都市開発が首都圏よりも遅かったことが理由として考えられる．ただし，早くから都市化の進んだ大阪中心部の老朽化率が比較的低い理由は今回の分析からは明らかではない．

今後の課題としては，今回の分析では取り扱っていない，戸建て住宅の老朽化状況の分析がある．共同住宅は入居者すべてが退去しなければ建て替えが行えないが，戸建て住宅の場合には比較的容易に建て替えが可能であり，老朽化の分布が共同住宅とは大きく異なることが想定されるからである．

戸建て住宅の場合には，首都圏中心部では比較的建て替えが進み，老朽化が進んでいない可能性がある一方，1970 年代から開発された郊外の住宅地では建築当初のまま住民の高齢化が進むと同時に，戸建て住宅の老朽化が進んでいる可能性がある．

5. おわりに

本章のまとめは以下のようなものである．

1) 賃貸共同住宅の空き家率は都市部では10%以下であり，「住宅・土地統計調査」による空き家率は過大に算出されている可能性が高い．その大きな原因は，「住宅・土地統計調査」が目視によって空き家かどうかを判別しているためだと考えられる．しかし，首都圏でも郊外の単身者用住宅には10%以上の空き家率である地域が多い．一方，50平米以上や1981年以前の空き家率は低い．

2) 賃貸共同住宅の地域の空き家率は，家賃に与える影響は軽微である．空き家率は短期間には大きく変動しないため，事実上空き家率は家賃に短期的には影響を与えない．家賃が多くの地域で下落している原因は，築年効果であり1年毎に1%弱の家賃低下が見られる．

3) 賃貸共同住宅の老朽化は，首都圏とそれ以外の地域でその空間的分布が大きく異なる．首都圏では，都心部に老朽化した住宅が多く存在し，郊外部ではその比率は比較的低い．これは首都圏では都心部で古くから共同住宅が建設され，その更新が進んでいないことが要因として考えられる．

　以上のようなまとめからは，老朽化や土地・住宅ストックの効率的再構築は，都市圏別に状況が異なることから，異なる対応策が必要であること，老朽化した賃貸住宅にも一定の需要が存在し，都市部の老朽化・遊休化（空き家化）は必ずしも市場の失敗ではない可能性があることを示唆しているのである．

参考文献

石川県小松市（2012），「小松市空家調査結果報告」．

金森有子・有賀敏典・松橋啓介（2015），「空き家率の要因分析と将来推計」『都市計画論文集』Vol. 50, No.3, pp. 1017–1024.

倉橋透（2012），「借家の空き家率と家賃上昇率との関係についての一考察」民間都市開発機構都市研究センター『URBAN STUDY』2012年12月号，Vol. 55, pp. 23–33.

公開シンポジウム（2015），「空き家問題の本質と適正管理・事業化・地域活性」『都市住宅学』88号，pp. 80–92.

国土交通省（1996），『平成8年建設白書』．

国土交通省（2010），「空家実態調査報告書」，2010年10月26日.

小林秀樹（2015），「空き家をめぐる現状と課題」『法律のひろば』2015年7月.

小松幸夫（2010），「財務省『PRE戦略検討会』（第2回）における有識者ヒアリング（2010年10月21日）資料」.

嶋田洋平（2015），『ほしい暮らしは自分でつくる　ぼくらのリノベーションまちづくり』日経BP社.

島原万丈（2010），「まとめと提言，（NYC, London, Paris & TOKYO　賃貸住宅実態調査『愛ある賃貸住宅を求めて』）」株式会社リクルート，pp. 159–173.

清水千弘・渡辺努（2010），「家賃の名目硬直性」『フィナンシャル・レビュー』財務総合政策研究所，2011年3月.

首都大学東京饗場研究室（2015），「空き家研究の現在」『建築雑誌』Vol. 130, No.1672.

住宅金融支援機構（2000），「平成12年住宅金融公庫利用者調査」.

周藤利一（2010），「空き家対策の視点」『PRI Review』第38号〜2010年秋季〜.

全国賃貸住宅新聞（2013），「需要喪失　大工場縮小の果てに」，2013年1月7日掲載記事.

宗健（2017a），「住宅・土地統計調査空き家率の検証」『日本建築学会計画系論文集』Vol. 82, No. 737, pp. 1775–1781.

宗健（2017b），「地域の空き家率が家賃に与える影響」，日本不動産学会2017年度秋季全国大会（学術講演会）.

総務省統計局（2011），「平成20年住宅土地統計調査」，2011年2月.

総務省統計局（2011），「平成22年国勢調査」，2011年2月.

総務省統計局（2016），「平成25年住宅土地統計調査」，2016年2月.

株式会社タス（2014），「賃貸住宅市場レポート首都圏版」，2014年6月.

株式会社タス（2017），「賃貸住宅市場レポート　首都圏版・関西圏・中京圏・福岡県版2017年5月」.

東京都青梅市（2013），「空き家調査」，2013年9月.

東京都北区（2011），「空家実態調査」，2011年3月.

東京都杉並区（2013），「杉並区空き家実態調査」，2013年11月.

東京都豊島区（2012），「豊島区空き家実態調査」，2012年3月.

東京都福生市（2013），「福生市空き家実態調査」，2013年2月.

東京都三鷹市（2013），「空き家等調査」，2013年3月.

富山県射水市（2013），「射水市空き家実態調査」，2013年1月.

長嶋修（2014），『「空き家」が蝕む日本』ポプラ新書，pp. 9–10.

日本銀行（2016），「経済・物価情勢の展望（2016 年 7 月）」，p. 38.

日本銀行（2017），「地域経済報告―さくらレポート」，2017 年 1 月，p. 11.

公益財団法人日本賃貸住宅管理協会（2014），「第 12 回賃貸住宅市場景況感調査『日管協短観』（2014 年 4 月〜9 月）」．

公益社団法人日本賃貸住宅管理協会日管協総合研究所（2017），「第 17 回賃貸住宅市場景況感調査『日管協短観』2016 年 10 月〜2017 年 3 月」．

野呂瀬秀樹（2014），「わが国の空き家問題（＝地域の空洞化）を克服するために―ドイツの実例に学ぶ」，『EVALUATION』52 号，2014 年 3 月．

公益財団法人不動産流通近代化センター（2013），「不動産コンサルティングに関わる海外調査報告書」，2013 年 3 月．

社団法人宮城県不動産鑑定士協会（2011），「第 1 回東日本大震災後の宮城県不動産市場動向に関するアンケート調査結果」，2011 年 7 月．

室田昌子（2014），「大都市及び郊外地域における空き家問題と活用方策の提案」『日本不動産学会誌』28（3），pp. 44–50.

米山秀隆（2012），『空き家急増の真実』日本経済新聞出版社．

第5章　人口・世帯と住宅ストックの関係：
　　　　空き家滅失のメカニズム

宗　健

---

1. はじめに

　空き家が多数存在する一方で，いまだ多数の新築着工が行われていることに強い批判がある．さらに，人口・世帯が減少に向かう状況の中，新築の総量規制や新築を規制する地域線引きを行うべきだという主張も見られる．

　しかし，住宅ストックが世帯数に対してどのように変化しているのかを明らかにした実証研究はほとんどない．

　本研究の目的は，自治体別および全国での世帯数の変化と住宅ストックの変化がどのような関係にあり，住宅ストックが増え続けているのか，減少に転じている地域があるのか，その状態遷移はどのようなものかを明らかにすることである．

　これらの状況を明らかにすることで，将来の住宅ストック数の変化を予測することができ，その予測を考慮してどのような対策が考えられるかを検討できるからである．

　研究自体はいまだ萌芽的段階にとどまるものであるが，住宅ストックの減少が特定地域であったとしても進んでいるとすれば，そのこと自体が重要な政策的インプリケーションをもたらす可能性があるのである．

第5章　人口・世帯と住宅ストックの関係：空き家滅失のメカニズム　　　169

2. 人口・世帯と住宅ストックの関係

2.1. 先行研究

　人口・世帯と住宅ストックの関係を分析したものには，宇南山（2015）や，斎藤・池尻（2014）といったものがあるが，関係の分析や予測にとどまっており，実際の住宅ストックがどのように増減しているのかを自治体別に分析したものではない．

　神品・飯田（1991）では，47都道府県および77都市について住調と住民台帳のデータを使って住宅ストックの減少を推計している．

　自治体別の住宅ストック増減の分析が難しいのは，住調ではすべての自治体が調査対象となっているわけでないこと，特に住宅ストックが減少している可能性がある小規模自治体が調査対象から除外されているケースがあること，たび重なる市区町村合併等により比較や条件の変化等を行いにくいこと，住調がサンプル調査であることから，一定の測定誤差を含み厳密な実数の経年変化を追いにくいこと等が考えられる．

2.2. 研究の枠組み

　本章では，世帯数については「住民基本台帳」のデータを用い，住宅ストック数については「住宅・土地統計調査」（以下，住調という）データと，現地悉皆調査に基づいているゼンリン建物ポイントデータ（以下，ゼンリンデータという）のデータを用いる．

　住調データは，2008年と2015年の比較を行い，ゼンリンデータでは2013年と2016年の比較を行う．世帯数については，それぞれ該当年の「住民基本台帳」データを用いる．

　住調とゼンリンデータでは自治体数が異なるため，単純な比較はできない．住調はサンプル調査であることから調査対象となっていない自治体があり，市区町村合併等による影響もある．ゼンリンデータにも市区町村合併の影響はあるが，可能な範囲で補正を行っている．

3. 分析結果

3.1. 2008 年から 2013 年にかけての変化（住調ベース）

データとしては，住調 2008 年および 2013 年，「住民基本台帳」2008 年および 2013 年を使用した．表 5-1 が住宅戸数・世帯数の記述統計量である．

住調はサンプル調査であるため，すべての自治体が調査対象となっているわけではないため，世帯数と紐付けられた 1,247 自治体を分析対象としている．住調で調査対象外となっている自治体は基本的には人口の少ない小規模自治体である．自治体数は 2008 年 10 月 6 日時点で 1,786 あり，539 自治体が住調の調査対象から除外されていることになる．なお，ここでいう自治体数には政令指定都市の区および東京特別区を自治体としてカウントしている．

住戸数の平均は 2008 年の 43,514 戸から 2013 年には 46,118 戸と 6％ 増加しており，標準偏差も 50,772 戸から 55,005 戸，最大戸数も 45 万 5,220 戸から 50 万 5,840 戸に増加している．これは市区町村合併の影響だと考えられる．一方，戸数の最小は 2,900 戸から 2,660 戸に減少しており，合併の影響のない小規模な人口減少の進んでいる自治体では住宅戸数自体が減少している可能性を示唆している．世帯数の平均も同様の傾向を示している．

表 5-2 は 2008 年と 2013 年の住戸数・世帯数の変化の記述統計量である．

2008 年と 2013 年の自治体毎の変化としては，平均で戸数は 2,604 戸，世帯数は 2,754 世帯の増加となっている．平均では世帯数の増加を住宅戸数の増加が下回っており，需要を無視した新規着工が広く行われているというわけではないことを示唆している．

表 5-3 は 2008 年と 2013 年を比較して，住宅戸数の増減と世帯数の増減の 4

表 5-1　2008 年および 2013 年の住戸数・世帯数の記述統計量

		自治体数	平均	標準偏差	最小	最大
全体	2008 年住戸数	1,247	43,514	50,772	2,900	455,220
	2013 年住戸数	1,247	46,118	55,005	2,660	505,840
	2008 世帯数	1,247	39,496	46,091	2,572	431,116
	2013 年世帯数	1,247	42,250	49,502	2,254	449,771

第 5 章　人口・世帯と住宅ストックの関係：空き家滅失のメカニズム　　　171

表 5-2　2008 年と 2013 年の住戸数・世帯数の変化の記述統計量

	件数	平均	標準偏差	最小	最大
戸数差	1,247	2,604	5,698	−16,630	58,810
年率変化率	1,247	0.93%	1.69%	−4.92%	23.55%
世帯数差	1,247	2,754	4,310	−2,243	49,537
年率変化率	1,247	1.19%	1.65%	−3.06%	25.24%

区分について集計した結果である.

　住宅戸数が減少している自治体は 300, 24.1% を占め, 住宅戸数は 2013 年時点で 823 万戸 14.3% である. 世帯数が減少している自治体は 111, 5.9% あり, 世帯数は 2013 年時点で 783 万世帯 14.9% である. 世帯数が減少している自治体よりも住宅戸数が減少している自治体の方が多いことが注目される.

　住宅戸数と世帯数の増減の組み合わせでは, 全体の 72.2% の 900 自治体で住宅戸数も世帯数も増加しており, 2013 年時点で住宅戸数は 4,865 万戸 84.6%, 世帯数は 4,429 万世帯 84.1% となっている. 住宅戸数・世帯数ともに 2008 年よりも比率は上昇しており, 住宅・世帯ともに集中傾向が見られる.

　一方, 住宅戸数も世帯数も両方減少している自治体は全体の 5.1%, 64 自治体にすぎないが, 住宅戸数が減少し世帯数が増加している自治体が 18.9% の 236 自治体あることが注目される.

3.2. 2013 年から 2016 年にかけての変化（ゼンリンベース）

　データとしては, ゼンリン 2013 年および 2016 年,「住民基本台帳」2013 年および 2016 年を使用した. 表 5-4 が住宅戸数・世帯数の記述統計量である.

　ゼンリンデータは住調とは異なりサンプル調査ではなく, 調査員による悉皆調査であるため対象外となっている自治体はなく, 1889 自治体を分析対象としている. なお, ここでいう自治体数には, 2008–2013 年分析と同様に, 政令指定都市の区および東京特別区を自治体としてカウントしている.

　住戸数の平均は 2013 年の 31,802 戸から 2016 年の 32,807 戸に 3.2% 増加しており, 標準偏差も 48,534 戸から 50,314 戸, 最大戸数も 507,574 戸から 522,312 戸に増加している. 表 5-1 の住調データの変化と比較して, その変化は小さくなっているが, ゼンリンデータは小規模自治体がすべて含まれている

表 5-3　2008 年と 2013 年の住宅戸数・世帯戸数増減を基準とした自治体数・戸数・世帯数

	戸数↑	戸数↓	世帯数↑	世帯数↓	戸数↓世帯数↓	戸数↑世帯数↓	戸数↓世帯数↑	戸数↑世帯数↑	合計
自治体数	947 75.9%	300 24.1%	1,136 91.1%	111 5.9%	64 5.1%	47 3.8%	236 18.9%	900 72.2%	1,247
戸数 2008 年	45,773,968 84.4%	8,488,010 15.6%	52,708,380 97.1%	1,553,600 2.9%	946,690 1.7%	606,910 1.1%	7,541,320 13.9%	45,167,060 83.2%	54,261,980
戸数 2013 年	49,276,740 85.7%	8,232,870 14.3%	55,972,620 97.3%	1,536,990 2.7%	907,210 1.6%	629,780 1.1%	7,325,660 12.7%	48,646,960 84.6%	57,509,608
2008-2013 年	3,502,772 1.3%	−255,140 −1.3%	3,264,240 0.2%	−16,610 −0.2%	−39,480 −0.2%	22,870 0.0%	−215,660 −1.2%	3,479,900 1.4%	3,247,628 0
世帯数 2008 年	41,722,204 84.7%	7,529,404 15.3%	47,818,516 97.1%	1,433,094 2.9%	867,971 1.8%	565,123 1.1%	6,661,433 13.5%	41,157,080 83.6%	49,251,608
世帯数 2013 年	44,848,020 85.1%	7,837,465 14.9%	51,280,852 97.3%	1,404,634 2.7%	849,844 1.6%	554,790 1.1%	6,987,621 13.3%	44,293,232 84.1%	52,685,484
2008-2013 年	3,125,816 0.4%	308,061 −0.4%	3,462,336 0.2%	−28,460 −0.2%	−18,127 −0.1%	−10,333 −0.1%	326,188 −0.3%	3,136,152 0.5%	3,433,876 0

注：減少には増蔵なしを含む。

第 5 章　人口・世帯と住宅ストックの関係：空き家滅失のメカニズム　　　173

表 5-4　2013 年および 2016 年の住戸数・世帯数の記述統計量

		自治体数	平均	標準偏差	最小	最大
全体	2013 年住戸数	1,889	31,802	48,534	164	507,574
	2016 年住戸数	1,889	32,807	50,314	141	522,312
	2013 年世帯数	1,889	29,419	44,533	138	449,771
	2016 年世帯数	1,889	30,150	45,891	159	461,518

ことから平均を押し下げている可能性が高いこと，2013 年以降は市区町村合併が少なくその影響が小さいことが理由として考えられる．

　一方，最少戸数は 164 戸となっているがこれは新潟県岩船郡粟島浦村であり，このような小規模自治体には，鹿児島県鹿児島郡三島村（2016 年 190 戸），福島県南会津郡檜枝岐村（2016 年 217 戸），沖縄県島尻郡北大東村（2016 年 232 戸）といったものがある．このような小規模自治体が含まれることが住調データとゼンリンデータの大きな違いである．

　表 5-5 は 2013 年と 2016 年の住戸数・世帯数の変化の記述統計量である．

　住宅戸数が減少している自治体は 398，21.1% を占め，住宅戸数は 2016 年時点で 240 万戸 3.9% である．世帯数が減少している自治体は 577，30.5% あり，世帯数は 2016 年時点で 411 万世帯 7.2% である．世帯数が減少している自治体よりも住宅戸数が減少している自治体の方が少なくなっており，住調の 2008-2013 年とは逆の傾向になっている．同時に，住調の 2008-2013 年に比べて自治体数は 300→398 と増えていることが注目されるが，これは小規模自治体が住調の 2008-2013 年では含まれず，ゼンリンの 2013-2016 年では含まれることが大きな要因である．ただし，該当する住宅戸数・世帯数は住調の 2008-2013 年よりも大幅に減少しており（住戸数 823 万戸→242 万戸，世帯数 783 万世帯→416 万世帯）大きく異なる数値となっている．この原因は本研究では明らかではないが，住調がサンプル調査であるのに対して，ゼンリンは悉皆調査であるため，住調の調査誤差やゼンリンと住調の建物分類定義の違いなどが考えられる．この点は今後の研究課題である．

　世帯数が減少している自治体も住調の 2008-2013 年に比べて 111→577 と大幅に増加しているが，これもゼンリンの 2013-2016 年データに小規模自治体が含まれていることが原因である．

表 5-5 2013 年と 2016 年の住宅戸数・世帯戸数・世帯戸数増減を基準とした自治体数・戸数・世帯数

	戸数↑	戸数↓	世帯数↑	世帯数↓	戸数↓世帯数↓	戸数↑世帯数↓	戸数↓世帯数↑	戸数↑世帯数↑	合計
自治体数	1,491	398	1,312	577	275	302	123	1,189	1,889
	78.9%	21.1%	69.5%	30.5%	14.6%	16.0%	6.5%	62.9%	
戸数 2013 年	57,651,864	2,422,567	55,597,624	4,476,805	1,454,989	3,021,816	967,578	54,630,048	60,074,432
	96.0%	4.0%	92.5%	7.5%	2.4%	5.0%	1.6%	90.9%	
戸数 2016 年	59,571,840	2,400,697	57,470,188	4,502,347	1,441,864	3,060,483	958,833	56,511,356	61,972,536
	96.1%	3.9%	92.7%	7.3%	2.3%	4.9%	1.5%	91.2%	
2013-2016 年	1,919,976	−21,870	1,872,564	25,542	−13,125	38,667	−8,745	1,881,308	1,898,104
	0.2%	−0.2%	0.2%	−0.2%	−0.1%	−0.1%	−0.1%	0.3%	0
世帯数 2013 年	53,331,312	2,212,642	51,379,120	4,164,837	1,341,342	2,823,495	871,300	50,507,816	55,543,956
	96.0%	4.0%	92.5%	7.5%	2.4%	5.1%	1.6%	90.9%	
世帯数 2016 年	54,719,928	2,202,764	52,804,728	4,117,962	1,320,120	2,797,842	882,644	51,922,084	56,922,688
	96.1%	3.9%	92.8%	7.2%	2.3%	4.9%	1.6%	91.2%	
2013-2016 年	1,388,616	−9,878	1,425,608	−46,875	−21,222	−25,653	11,344	1,414,268	1,378,732
	0.1%	−0.1%	0.3%	−0.3%	−0.1%	−0.2%	0.0%	0.3%	0

注：減少には増減なしを含む.

第5章　人口・世帯と住宅ストックの関係：空き家滅失のメカニズム　　　175

　住宅戸数と世帯数の増減の組み合わせでは、全体の62.9%の1,189自治体で住宅戸数も世帯数も増加しており、2016年時点で住宅戸数は5,651万戸91.2%、世帯数は5,192万世帯91.2%となっている。住宅戸数・世帯数ともに2013年よりも比率は上昇しており、住宅・世帯ともに集中傾向が見られる。これは住調の2008–2013年と同じ傾向である。

　一方、住宅戸数も世帯数も両方減少している自治体は全体の14.6%、275自治体あり、住宅戸数が減少し世帯数が増加している自治体は6.5%の123自治体ある。これも住調の2008–2013年とは傾向が異なる。

　市場の機能によって、需要のない場所での新築着工は抑制される。これは機能していると考えられる。だが、現在の市場には、住宅ストックを減少させる、すなわち住宅を滅失させるインセンティブを与える機能がない。それでも住宅ストックが減少している自治体があるということは、市場機能ではなく、個々人のモラルによって、費用負担を伴う滅失が行われているということを強く示唆している。

　住調の2008–2013年とゼンリンの2013–2016年では、変化の傾向が異なるが、これは住調の2008–2013年データが人口減少が著しい小規模自治体が調査対象に含まれていないことが大きな原因である。このため、ここからは、ゼンリンの2013–2016年の変化をもとに論じる。

3.3. 2013年から2016年にかけての変化の空間的分布（ゼンリンベース）

　全国の自治体毎の世帯数の増減と住戸数の増減で4種類に区分し、日本全国の空間的分布を示したものが図5-1である。

　62.9%の1,189自治体では、世帯数も住戸数も増加しており、この区分に含まれる世帯数は5,192万世帯（91.2%）、住戸数は5,651万戸（91.2%）といずれも90%を超え、日本のほとんどの地域では世帯数と住戸数の両方が増加していることがわかる。

　世帯数は減少しているが、住戸数は増加している自治体は、302自治体（16.0%）、世帯数は280万世帯（4.9%）、住戸数は306万戸（4.9%）である。

　世帯数が減少し、住戸数も減少している自治体は、275自治体（14.6%）、世帯数は132万世帯（2.3%）、住戸数は144万戸（2.3%）である。

図 5-1　自治体別世帯数増減と住宅戸数増減の空間的分布

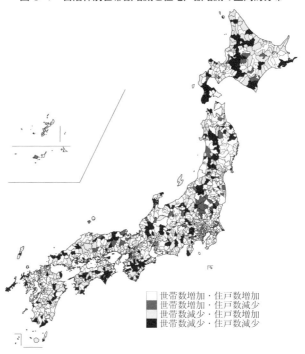

　世帯数は増加しているが，住戸数が減少している自治体は，123 自治体(6.5%)，世帯数は 88 万世帯（1.6%），住戸数は 96 万戸（1.5%）である．
　特に注目されるのは，住戸数自体が減少している自治体が 398 自治体もあり，自治体総数の 21.1% を占めるという点である．
　このプロセスを図示したものが，図 5-2 である．
　世帯数の減少が始まってもしばらくは住戸数が増加するが，その後住戸数自体が減少に転じる，というプロセスを経ている可能性がある．このプロセスが正しければ，いずれ世帯数が減少する自治体が増加するにしたがって，住戸数自体も減少に転じる自治体が増加し，日本全体の住宅ストック自体が減少に向かう，すなわち空き家問題が解決の方向に向かう可能性があるのである．
　住宅数の減少は，新築着工の減少によってもたらされるものではなく基本的には人口・世帯減少地域での空き家の滅失が進むことが主な原因として考えら

第 5 章　人口・世帯と住宅ストックの関係：空き家滅失のメカニズム　　177

図 5-2　世帯数増減と住戸数増減の変化プロセス

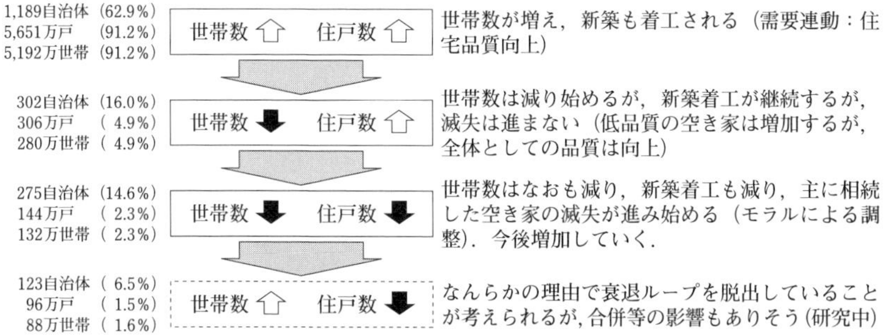

1,189自治体　(62.9%) 5,651万戸　(91.2%) 5,192万世帯　(91.2%)	世帯数 ⬆　住戸数 ⬆	世帯数が増え，新築も着工される（需要連動：住宅品質向上）
302自治体　(16.0%) 306万戸　(4.9%) 280万世帯　(4.9%)	世帯数 ⬇　住戸数 ⬆	世帯数は減り始めるが，新築着工が継続するが，滅失は進まない（低品質の空き家は増加するが，全体としての品質は向上）
275自治体　(14.6%) 144万戸　(2.3%) 132万世帯　(2.3%)	世帯数 ⬇　住戸数 ⬇	世帯数はなおも減り，新築着工も減り，主に相続した空き家の滅失が進み始める（モラルによる調整）．今後増加していく．
123自治体　(6.5%) 96万戸　(1.5%) 88万世帯　(1.6%)	世帯数 ⬆　住戸数 ⬇	なんらかの理由で衰退ループを脱出していることが考えられるが，合併等の影響もありそう（研究中）

れる．ここでは住戸数の総数のみを見ているため，空き家等のカフェ等への転用の影響はないものと考えられる．

　図 5-3 は，住宅総数に対する新築着工戸数の比率と世帯数増減率の関係を示したものである．

　世帯数の増減と，住宅総数に対する着工件数の比率には強い相関があり，必要のない場所に新築が着工されているわけではないことを強く示唆している．これが，世帯数が減少すると，住宅着工数が減少し，その後空き家等が滅失されるというプロセスが成立することを示唆している．

　では，滅失はどのようなメカニズムで進むのであろうか．**表 5-6** は，リクルート住まい研究所の 2015 年調査[1] の結果で空き家等に関連する制度の認知の状況を集計したものである．

　固定資産税の 1/6 減税の認知率は，全体で 35.8%，実家保有者でも 46.4% にすぎず，滅失登記や空き家対策法，空き家撤去費用等の認知率も低い．このことから，空き家放置の大きな要因と指摘されている固定資産税の 1/6 減税は，空き家放置の主原因ではないことが示唆されている．

　表 5-7 は，さらに保有している実家等に対する意識を集計したものである．

　「固定資産税が上がるなら放置」という回答は「ややそう思う」を含めても，

---

1)　調査は筆者が設問設計を行い株式会社マクロミルのモニタ会員に対してインターネットで実施した．実施期間は 2015 年 3 月 27 日〜同 29 日である．回答者は全国の 40 歳代・50 歳代・60 歳以上の男女の 6 区分に割り付け各区分 515 名合計 3,090 名から回答を得た．

図 5-3 住宅総数に対する着工戸数比率と世帯数増減率の関係

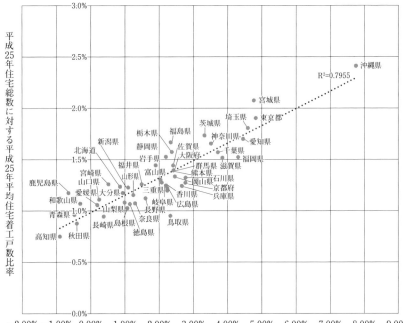

25％弱であり，「古くなったら費用がかかっても取り壊す」が 70％以上，「近隣に迷惑をかけるなら取り壊す」が 50％以上，しかし「取り壊すための費用を工面できない」が，60％近くとなっており，複雑な心境がうかがえる．

このような調査結果からは，世帯数減少が進み，空き家となった状況で，しばらくは放置されるものの，近隣に迷惑をかけるような状況になれば（空き家となってから数年たてば），所有者の費用負担によって滅失が行われている可能性を示唆している．

このことが，世帯数減少ののち住戸数が減少に転じる大きな理由だと考えられるのである．

第 5 章　人口・世帯と住宅ストックの関係：空き家滅失のメカニズム　　179

表 5-6　空き家等に関連する制度の認知

	全体 N=3090		実家保有 N=470		実家非保有 N=2620	
空き家等に関連する制度の認知	知っている	知らない	知っている	知らない	知っている	知らない
誰も住んでいない実家の建物等を，取り壊したときには滅失登記（取り壊したという申請）が必要である	29.0%	71.0%	34.7%	68.5%	28.2%	71.8%
住宅を取り壊して，空き地にすると固定資産税が 6 倍になることがある	35.8%	64.2%	46.4%	56.8%	34.1%	65.9%
空き家対策案という法律がある	26.1%	73.9%	32.6%	70.6%	25.2%	74.8%
自治体によっては，空き家を撤去するための費用を援助する制度がある	33.5%	66.5%	42.6%	60.6%	32.3%	67.7%

表 5-7　保有している実家等に対する意識

保有している実家等に対する意識	とてもそう思う	ややそう思う	あまりそうは思わない	まったくそうは思わない	とても・やや小計	あまり・まったく小計
所有している空き家が，倒壊しそうなくらい古くなったら費用がかかっても取り壊そうと思う	21.7%	51.9%	20.2%	6.2%	73.6%	26.4%
雑草等が生い茂って近隣から苦情が来ると困るので，多少のお金を払っても誰かに管理してもらおうと思う	9.6%	51.9%	31.7%	6.8%	61.5%	38.5%
近隣に迷惑をかけないように，雑草を刈ったりという管理は自分でやるつもりである	16.8%	45.5%	27.7%	10.0%	62.3%	37.7%
固定資産税が上がるくらいなら，近隣に迷惑をかけても放置していた方がよいと思う	4.3%	19.4%	55.1%	21.3%	23.6%	76.4%
面倒くさいので，たとえ近隣に迷惑をかけたとしても，放置しておくつもりである	3.0%	16.0%	53.2%	27.9%	18.9%	81.1%
近隣に迷惑をかけるようなら固定資産税が上がったとしても取り壊すつもりである	13.0%	39.1%	38.3%	9.6%	52.1%	47.9%
取り壊そうと思っても，取り壊すためのお金を工面できない	19.6%	36.4%	28.7%	15.3%	56.0%	44.0%

注：実家を保有する 470 名が回答.

4. 結論および政策的インプリケーションと今後の課題

　世帯数の増減と住宅ストックの増減を分析した結論として，きわめて重要なのは，世帯数の減少と同時に住宅ストックが減少している自治体が全自治体の14.6％，275自治体にも及ぶ，ということである．これは，空き家対策法等の政策効果ではなく，住宅所有者自体が空き家等を自己の費用で滅失している，すなわち市場機能とは別に個々人のモラルによってストックが減少している，ということである．

　このことから，空き家対策法等による公費による強制的な撤去や，空き家滅失費用の補助といった政策は，個々人のモラルによる空き家等の滅失を阻害する可能性がある．空き家の強制撤去や補助があることが広く認識されれば，そのような金銭的補助を待って，自己の費用負担を避けることができるからである．ただし，今後の高齢化や所得減少等を考えれば，個々人の費用負担による空き家の滅失自体が減少していく可能性もある．

　このため，空き家の滅失を個々人のモラルでも，公費負担によるものでもなく，市場機能の中で促進していく必要がある．この場合の市場機能とは，新築の着工規制や総量規制，地域規制を意味するものではない．新築をたとえゼロにしたとしても，住居以外への転用による利活用は限定的であるという前提に立てば空き家等は滅失されない限り空き家は減少しないからである．

　このような空き家の滅失を市場の機能とするために考えられる政策的インプリケーションとして，植村ほか（2009）や宗（2014，2015）が提案するような，新築時に空き家の滅失を義務つける滅失権取引制度もひとつの解決策として考えられる．

　滅失権取引では，新築する場合に一定比率の，たとえば，居住誘導地域での新築着工1戸について，0.5戸の滅失権の取得をといったように滅失権の取得を義務付けるわけである．

　滅失権の取引は宅建業者に限ることとして，一定の手数料を設定すれば（同時に最低価格をたとえば50万円，手数料を10万円といったように），地方の不動産業の活性化にもつながる．

また，新築時に必要な滅失権比率を調整することで，新築の地域誘導を一定程度はかれる可能性もある．たとえば，居住誘導地域では1：1，居住誘導地域以外では1：2といったようなものである．

新築時の費用負担感による需要減少も考えられるが，滅失権自体は建築業者による建築価格に含めることで，費用負担感を抑制することができる可能性もある．滅失権自体の手配を建築業者が行うわけである．この場合，戸建て住宅では2000万円程度の建築費であることが多いが，ここに50万–100万円程度の滅失権費用が含まれたとしても，大きな影響にはならない可能性もある．このような制度検討は今後の大きな検討課題である．

また，たとえ利活用が困難な住宅ストックを滅失したとしても，更地となった土地は空き地として新たな問題を引き起こす可能性がある．そのような空き地はいずれ所有者不明土地となり問題を拡大していく可能性がある．このようないわゆる都市のスポンジ化問題は，饗場（2015）でも指摘されている．

不動産は所有権が放棄できないため，相続時に登記されず利活用されないまま放置されるケースが増えているが，新たなスキームで所有権を一括で所有し管理することも考えられる．宗（2016）では，自治体と住民による中間所有法人による土地保有スキームが提案されている．

具体的には自治体と住民の出資による一般社団法人を設立し，そこに住民が不要と考える土地等を1円等で売却を行い所有権の集約を図るというものである．売却の際には固定資産税の10年分に相当する額と登記移転費用等を所有者が負担する．この資金をもとに当面の固定資産税支払いを行い，集約された土地等を必要に応じて自治体や民間企業・HPO等に提供・売却することによって土地の有効活用のためのプールとするわけである．

所有者から見れば子供世代に引き継がれる固定資産税負担や心理的負担から解放され，自治体としても利活用段階での権利調整・利害調整が不要となるメリットがある．合わせて，当面の固定資産税の滞納リスクはなくなる．

現状では，不動産による相続税の物納は条件が厳しく，利用目的が明確に存在しなければ不動産の寄付も自治体は受け付けてくれない．

そのような状況を解決するひとつの方策となる可能性がある．そして，このような組織の運営と集約された土地の利活用に住民が関与すること自体が地域

の活性化につながる可能性があるのである.

　今後の検討課題には,住宅ストック減少の経年的な把握というものもある.本章では,世帯数減少のあとしばらく住宅数は増加し,その後減少に転じると考えているが,実際にそのようなプロセスを経ているかどうかは,今回の2013-2016年のゼンリンデータによる変化を継続して,同じ自治体でどのように状態が変化しているかを把握する必要がある.その際には市区町村合併等の影響も加味する必要があり,可能であれば,自治体よりも細かい単位で分析を行うことが望ましいとも考えられる.

　さらに重要な今後の検討課題としては,新築着工に占める更新率がある.現状の住宅ストックをめぐる議論では,新築着工の多くが住宅ストックの純増をもたらす,すなわち更新率が低い[2],ということが前提にされているようである.

　しかし,本書には掲載していないが筆者の研究では,途中経過として新築着工のおよそ6-7割はなんらかの建て替えに属するものに分類できる可能性が示唆されている[3].戸建て住宅から戸建て住宅,戸建て住宅から共同住宅,共同住宅から戸建て住宅,さらには共同住宅から商業施設等への建て替え,既存建物が滅失されて一定期間は更地であったもののその後新築されるといったように,建て替えの類型にはさまざまなパターンがあり,それらを全部合わせると建替率が6-7割に及ぶ可能性があるということである.これはみずほ信託銀行(2014)でも「相当な割合の築古物件が取り壊し等で減少(滅失)しているため,賃貸住宅の着工戸数と純増加戸数(空き家を含むストック戸数の増加分)には大きな隔たりが生じ」と指摘されている.

　もし,これが正しければ,現在の新築着工はストックの大幅な増加をもたらすものではなく,建て替えによるストックの質の向上や,土地の高度利用等を目的としているものに変化している可能性があるのである.

　これらの建て替えの実情について実証的な分析を行うことも重要な今後の検

---

2) たとえば,野澤(2016)の「既存の住宅を除却して,引き続きその敷地で住宅を着工する再建築数が新築着工戸数に占める割合(再建築率)は,ここ数年10%程度しかありません.」など.

3) みずほ信託銀行(2014)の「築古物件の取り壊しがあるため,賃貸住宅の純増加戸数は着工戸数の5〜7割に留まる」という指摘もある.

討課題であり，政策的インプリケーションもきわめて大きなものであると考えているのである．

5. おわりに

本章のまとめは以下のようなものである．

世帯数の減少した自治体では，しばらくの間は住宅数も増加するが，その後減少に転じる．これは市場取引によるものではなく，所有者個人のモラルと費用負担によって滅失されていることが原因である可能性がある．

そして，一部の地域とはいえ住宅ストックが減少しているということは，今後の住宅政策を考える上でも重要なインプリケーションをもたらす．

需要が大きく減少した地域では，遊休化（空き家化）した住宅ストックの利活用は困難であり，空き家の解消も難しいと考えられるが，滅失による住宅ストックの減少が進んでいるとすれば，その滅失を個人のモラルだけに頼るのではなく，一定の市場機能を持たせることで，解決できる可能性がある，ということなのである．

参考文献

饗場伸（2015），『都市をたたむ　人口減少自体をデザインする都市計画』花伝社．

植村哲士・宇都正哲・水石仁・榊原渉・安田淳子（2009），「人口減少時代の住宅・土地利用・社会資本管理の問題とその解決に向けて（下）」『知的資産創造』2009年10月号，野村総合研究所．

宇南山卓（2015），「住宅市場と住宅投資の動向」，経済産業研究所．

神品恭二・飯田利彦（1991），「『住調』と『住民台帳』による住宅ストック『減少』推計，比較：5年間（昭58～63）―47都道府県，77都市（昭60・国調，30万人以上及び県庁所在地）」『福岡大学工学集報』1991年3月．

斎藤拓郎・池尻隆史（2014），「市町村レベルにおける人口動態と住宅ストック／フローの関係について」『日本建築学会大会学術講演梗概集（近畿)』，2014年9月．

宗健（2014），「空き家率の推定と滅失権取引制度」，リクルート住まい研究所研究レポート．

宗健（2015），「空間リサイクルに向けた対策案　滅失権取引制度の提案」東京大学都市工学ワークショップ「人口減少時代の住宅・土地のリユース・リサイクル─空き家・空き地問題のその先─」，2015年12月20日．

宗健（2016），「釣りバカ『ハマちゃん』のような人を探せ　地方の『稼ぐ』に関する考察」（月曜隔週連載　地方で稼ごう⑩），『地方行政』2016年1月18日（時事通信）．

総務省統計局（2011），「平成20年住宅・土地統計調査」，2011年2月．

総務省統計局（2016），「平成25年住宅・土地統計調査」，2016年2月．

総務省統計局（2008），「住民基本台帳人口移動報告」．

総務省統計局（2011），「住民基本台帳人口移動報告」．

総務省統計局（2013），「住民基本台帳人口移動報告」．

野澤千絵（2016），『老いる家　崩れる街　住宅過剰社会の末路』講談社現代新書．

みずほ信託銀行（2014），「不動産マーケットレポート，賃貸住宅の着工戸数，ストック戸数，空き家率の動向」，2014年10月．

第３部　少子高齢化社会における人口移動の停滞

第6章　どの世帯が移動し，どの世帯が移動しないのか？：「住宅・土地統計調査」から見た傾向と特徴

唐渡広志・山鹿久木

1. はじめに

近年，日本は人口減少を伴う急速な少子高齢化社会に直面している一方で，東京を中心とした首都圏への人口集中が地方の人口減少の動きを強めている．住居の移動が行われる主要な動機には，住宅性能や居住環境の向上に加えて，進学，就職，転勤，結婚，世帯人数の変化などのライフ・イベントに関連するものがあげられる．ライフ・イベントの平均的なタイミングは年齢で測ることができるので，地域間人口移動要因をとらえるために人々の年齢に着目して少子高齢化社会の移動実態に迫ることが重要である．

本研究の目的は「住宅・土地統計調査」（総務省統計局，1993, 1998, 2003, 2008年）の個票データを利用して，世帯単位での住居移動に関する傾向と特徴を示すことである．人々の移動実態を把握できる公式かつ大規模な統計としては，「国勢調査」（総務省統計局）や「住民基本台帳」（総務省統計局）があるが，「住宅・土地統計調査」は住宅に関する事項に加えて世帯構造（世帯主年齢，世帯年収，世帯人員など）を同時に把握できる点で特徴がある．また入居時期に関する情報を利用して，各調査年次において過去5年前までの居住地を知ることができるので，現居住地に転入した世帯の割合（転入世帯割合）がどのように変動しているのかをとらえることができる．

このように本章では，多時点のデータを活用することで調査時点の違いによる転入世帯割合の変動（時間効果）と年齢の違いによる変動（年齢効果）を同時に観察する．また，人口移動は20歳代などの若年層で顕著であり，高齢になるほど消極的になることがさまざまな調査・研究で知られている．本章では年齢層毎の移動性向の変化と年齢分布の変動を切り分けることで，社会の高齢化による居住選択行動への影響を分析する．具体的には，転入世帯割合の変動を「年齢分布の変動」と「移動性向の変動」に分解し，どちらの要因が人口移動に大きな影響をもたらしているのかを検討する．

以下では，第2節において人口移動に関する研究を概観する．第3節では，「住宅・土地統計調査」における調査事項を整理した上で，本章で利用する観測値の特徴について述べ，転入・非転入世帯別の属性分布について検討する．第4節では，転入世帯割合の変動が「年齢分布の変動」と「移動性向の変動」に要因分解できることを明らかにし，観測値に基づいた結果を示す．最後に，第5節で結論を述べる．

2. 人口移動に関する先行研究

人口移動研究の歴史は古く，数多くの研究蓄積がある．その成果は，(a)移動圏域に関連する研究，(b)移動予測に関連する研究，(c)物理的な移動流に関連する研究，(d)移動選択・パターンに関連する研究，などの目的に応じて大別することができる．移動圏域，移動予測，移動流に関連する研究は人々の移動を地域的に集約したマクロ的な分析に適しており，移動選択・パターンに関連する研究は，意思決定を通じてもたらされる個人の移動確率を推定するのに重要である．

(a)移動圏域に関連する研究では，貨物や交通量のような物流的な点から人々の動きをとらえるOD表（origin destination table）による分析がなされている（古典的な研究としてSchwind (1975)）．移動する人々の発地と着地を特定することで，移動がどこの都市を中心に行われているか，主要な発地と着地はどこなのかを明らかにすることがこの研究の主要なテーマである．

(b)将来の移動予測に関連する研究としては，Rogers (1966)のように推

移確率によって決定されるマルコフ連鎖モデルを利用したものがあげられる．つまり，ある地域から別の地域へある期間内にどの程度の人口が移動するのかをモデル化し，将来の人口分布を現在の状態だけから予測する手法である．

（c）物理的な移動流に関連する古典的な研究として Ravenstein（1885）による重力モデルがある．地域間の人々の流れを空間的相互作用として描写し，各地域の人口を引き付ける要因と地域間の距離が移動流に与える仕組みを実証的なモデルとして提案している．

これら移動圏域，移動予測および移動流に関する研究は，人口やその流れのデータをマクロ的に集計して分析する場合がほとんどであり，OD 表，マルコフ連鎖および重力モデルも分析道具として相互に関連しあっている．

経済学の分野では，非集計データを利用した人々の意思決定に基づく（d）移動選択や移動パターンに関する研究がさかんである[1]．経済学における人口移動は，人的資本への投資としての移動を考慮する個人の最適化行動から導かれる．Sjaastad（1962）は人的資本理論を人口移動の文脈に適用した最初の研究である．所得の格差，就業機会の格差，移動の費用，住宅環境などが移動するかしないかの判断に影響するので，個人や世帯毎の移動選択確率はさまざまである．移動選択に関連する古典的研究としては Polachek and Horvath（1977），Mueller and Mills（1982）の第 2 章，Askin, Guilkey and Sickles（1979）などがある．

また，住宅立地や住み替えの側面も重視される．Wolpart（1965）は住宅移動を対象とし，移動者は家族の状態，家屋の質，移転後の収入や経済状態，家屋密度，立地場所について，現在の家屋と移転後の家屋に対して客観的な評価を下し，移転するかどうかの意思決定を行うという仮説を検証している．Quigley（1985）は都市経済学的な枠組みで，移動するかしないかの決定，居住地の選択および住宅タイプの選択からなる 3 層のネステッド・ロジットモデルによる実証分析を行っている．

以上のように人口移動研究はマクロ的に集計された短期的予測を主眼とした

---

1) 労働市場の均衡に至る過程を人口移動として考える実証研究も数多くある．Roback（1982）は地域間労働市場の均衡状態におけるクオリティ・オブ・ライフ（QOL）を推定した古典的な研究である．

ものと，個票をベースとする移動選択確率の要因分析に大別できる．本書では第7章において移動選択確率を決定する要因についての分析を行う．この第6章では，世帯構造や住居がどのように変動し，実際の移動選択がどのように変化してきたのかを分析する．第3節では，人口移動の背景にある世帯構造と住居に関する多時点での事実発見を行い，第4節ではマクロ的に集計された世帯構造の変動を考慮した上で，観察時点間での転入世帯割合の変動を抽出する．

3.「住宅・土地統計調査」の記述統計

3.1. 調査事項

「住宅・土地統計調査」（総務省統計局）は人が居住する建物に関する実態と世帯に関する実態調査である．内容は年次によって若干異なるが概ね次の1から7までの事柄について調査している．

1. 世帯の情報（人員，性別，年齢，配偶関係，続き柄）
2. 建物に関する事項（種類，建て方，構造，階数など）
3. 住宅に関する事項（居住世帯の有無，持ち家と借家，建築時期，延べ面積，家賃など）
4. 持ち家に関する事項（購入・新築・建て替えの別，増改築の有無など）
5. 世帯に関する事項（世帯の年間収入）
6. 家計を主に支える者に関する事項（従業上の地位，入居時期，全住居，従前の居住形態）
7. 現住居の敷地に関する事項（土地の所有の別，敷地面積，敷地取得時期）

これらの調査結果を利用して，「住宅」，「世帯」，「敷地」，「住環境」，「住宅土地の所有・利用状況」などについての集計事項が公表されている．本研究では，これらのうち主に「1.世帯の情報」，「5.世帯主に関する事項」および「6.家計を支える者に関する事項」を利用して，世帯単位での住居移動に関する傾向と特徴を把握する．

住居移動や人口移動に関する大規模な統計としては業務統計である「住民基本台帳」（総務省統計局）がある．同統計は市区町村の境界を越えて住所を移し

たものが対象であり，同一市区町村内で住所の変更をしたものは含まれない．「住宅・土地統計調査」は人口ベースの移動状況はわからないが，世帯単位で入居時期を聞いているのでいつ転入してきたかが把握でき，かつ従前住居の市区町村も調査事項として記録されている．そのため，同一市区町村内での移動状況も知ることができる．

　本章で利用するデータと期間が近い日本の人口移動調査として国立社会保障・人口問題研究所（2005, 2009）がある．この調査研究報告資料では過去5年間の移動状況について整理を行っており，もっとも多い移動の理由は「住宅を主とする理由」で3割以上を占めている．また，従前住居が現在と同じ市区町村あるいは現在と同じ都道府県の他の市区町村の場合，移動の理由は「住宅を主とする理由」がもっとも多いが，従前住居が他都道府県の場合は，男性では「職業上の理由」，女性では「家族に移動に伴って」がもっとも多い．

3.2. 記述統計分析

3.2.1. 世帯属性の分布

　表6-1は1993，1998，2003，2008年の「住宅・土地統計調査」において観察された世帯数である標本サイズ，有効な観測値の数，および調査時点から過去5年以内に別の居住地から転入してきた世帯数とその割合などを示している．なお，記述統計は全国単位で整理している．地域別に集計した結果は付論に示した．

　「標本サイズ」は本調査のデータ・レコード件数を示している．ただし，入居時期，従業上の地位，世帯年収，世帯人数，住宅の所有形態，住宅延べ床面積および建築後年数などの項目についてひとつでも欠損値や無回答がある場合は分析を進めていく上で取り除く必要がある．これを「有効な観測値の数（世帯数）」とする．「有効な観測値の数（世帯数）」は，1993年から2008年にかけて減少傾向にあり，特に「入居時期」について無回答となるケースが多い[2]．したがって，調査年によって精度が異なる点には注意が必要である．

　各調査年において入居時期が過去5年以内の世帯を転入世帯と定義した．有

---

2) 入居時期についての無回答の概数は，1993年調査50万件（13%），1998年調査66万件（17%），2003年調査80万件（22%），2008年調査92万件（27%）となっている．

表 6-1　標本サイズと転入世帯割合 [1]

	1993 年	1998 年	2003 年	2008 年
標本サイズ [2]	3,849,340	3,969,761	3,580,378	3,464,946
有効な観測値の数	3,272,203	3,250,404	2,718,146	2,458,991
転入世帯数	878,488	857,155	647,922	510,091
欠損値割合	0.150	0.181	0.241	0.290
転入世帯割合	0.268	0.264	0.238	0.207
内数（転入前居住地）				
同一市区町村	0.136	0.129	0.117	0.115
同一都道府県内他市区町村	0.063	0.075	0.069	0.048
他都道府県	0.070	0.060	0.052	0.044
（参考）転入者割合 [3]	0.259	0.256	0.238	0.217

注1：「住宅・土地統計調査」における住宅への入居時期が過去5年以内の世帯を
　　転入世帯と定義した．ただし，「入居時期」，「従業上の地位」，「世帯年収」，「世帯
　　人数」，「住宅の所有形態」，「住宅延べ床面積」，「建築後年数」などが観察できな
　　いサンプルを取り除いている．
注2：標本サイズは生の個票データの大きさ（データ・レコードの件数）を示し
　　ている．
注3：総務省「人口推計」および「住民基本台帳」より求めた人口ベースの転入
　　者割合．ただし，同一市区町村の移動は含まれない．

効な観測値に占める「転入世帯数」の割合は，1993 年に 26.8% であったが，
1998 年に 26.4%，2003 年に 23.8%，2008 年に 20.7% へと変化した．この結果
は，表 6-1 最終行に参考として示した転入者割合（総務省「人口推計」と総務省
「住民基本台帳」による計測値）と比較しても傾向は同一である．1993 年から
2008 年にかけて転入世帯割合はおよそ 6% ポイント低下しており，その内訳
は「同一市区町村」からの転入が 2.1% ポイントの低下，「同一都道府県内他
市区町村」からの転入が 1.5% ポイントの低下，「他都道府県」からの転入が
2.6% ポイントの低下となっている．転入前の居住地別での内訳では県内移動
よりも他都道府県移動が大きく低下していることがわかる．このことから転入
世帯の減少は比較的長距離の他都道府県からの移動が少なくなっていることが
要因のひとつとして考えられる．

　表 6-2 から表 6-6 は，世帯主年齢，世帯主性別，従業上の地位，世帯年収お
よび世帯人数の調査年次別の分布を示している．ただし，1993 年年調査では，
年齢別および性別の世帯人員についてはわかるが，世帯主の年齢と性別が特定
できない形でコーディングされているため表示していない．表の下に記載され

第6章　どの世帯が移動し，どの世帯が移動しないのか？：「住宅・土地統計調査」から見た傾向と特徴　193

表6-2　世帯主年齢

世帯主年齢層	1993年	1998年	2003年	2008年
20歳代	n.a.	0.09	0.06	0.05
30歳代	n.a	0.15	0.14	0.13
40歳代	n.a	0.21	0.17	0.16
50歳代	n.a	0.23	0.24	0.22
60歳代	n.a	0.19	0.20	0.22
70歳代	n.a	0.10	0.13	0.16
80歳以上	n.a	0.03	0.04	0.07
計	—	1.00	1.00	1.00
中央値	—	51	54	58
平均	—	51.6	54.0	56.4
標準偏差	—	15.4	15.5	15.7

注：Kruskal-Wallis test for equality-of-populations rank
(chi square, d.f.＝2): p value＜0.001.

た注のうち，Pearson test は名義尺度または順序尺度データと年次（3群または4群）のクロス集計における独立性の検定結果を示している．たとえば，**表6-3，6-4** では世帯主性別の分布や従業上の地位が観測年次とは独立に決まっているという帰無仮説を検定している．また，Kruskal-Wallis test は年次（3群または4群）間での中央値の差に関する検定結果を示している．たとえば，**表6-2，6-5，6-6** では世帯主年齢，世帯年収および世帯人数の中央値が観測年次を通じて同一であるという帰無仮説を検定している．これらの帰無仮説が棄却された場合，世帯の属性が調査年次を通じて変動しているものと判断できる．

　表6-2 は世帯主年齢の分布を示している．「国勢調査」と比較した場合，世帯主の割合は20歳代，30歳代において若干少なく，80歳以上で多い．1998年から2008年までの10年間でも世帯主が高齢化している傾向がうかがえる．20歳代における割合の低下は，親と同居する未婚者の増加の影響も考えられる．表下部に示した検定結果より，調査時点間の分布の代表値が同一であるという帰無仮説は棄却される．

　表6-3 は世帯主性別の分布を示している．わずかではあるが，女性世帯主の割合は上昇している傾向がある．独立性の検定結果は有意であり，性別の分布に関しても変動が生じている．このことは，高齢化による女性高齢者の単身世

194   第3部　少子高齢化社会における人口移動の停滞

表6-3　世帯主性別

世帯主性別	1993年	1998年	2003年	2008年
男性	n.a.	0.83	0.82	0.81
女性	n.a.	0.17	0.18	0.19
計		1.00	1.00	1.00

注：Pearson test for independence（chi square, d.f.＝2）: p value＜0.001.

表6-4　従業上の地位

従業上の地位	1993年	1998年	2003年	2008年
1 自営業主（農林漁業業主）	0.04	0.03	0.04	0.04
2 自営業主（商工・その他業主）	0.16	0.15	0.14	0.12
3 雇用者（会社・団体等）[1]	0.53	0.51	0.46	0.45
4 雇用者（官公庁の常用雇用者）	0.07	0.06	0.06	0.05
5 雇用者（臨時雇い）	0.04	0.04	0.04	0.05
6 無職（学生）	0.02	0.01	0.01	0.01
7 無職（その他）	0.14	0.19	0.25	0.27
8 不詳	0.00	0.00	0.00	0.01
計	1.00	1.00	1.00	1.00

注1：会社・団体・公社または個人に雇われている者.
注2：Pearson test for independence（chi square, d.f.＝21）: p value＜0.001.

帯や晩婚化による単身女性世帯の上昇が関連しているものと考えられる．なお，「国勢調査」によると，1995年，2000年，2005年，2010年それぞれの女性世帯主の割合は0.18，0.20，0.22，0.24となっている．したがって，「住宅・土地統計調査」では女性世帯主の割合がやや低めになっていることがわかる．

　表6-4は従業上の地位の分布を示している．1993年から2008年の15年間で雇用者（会社，団体，公社，個人）の割合が大幅に低下しており，自営業主（商工，その他）や雇用者（官公庁）もわずかに低下している．その一方で，無職（その他）の割合が上昇している．雇用者や自営業主の減少分の多くが無職（その他）に置き換わっているものと予想される．従業上の地位と調査年次のクロス集計に対する独立性の検定結果は有意であることも示されている．

　表6-5は世帯年収を8階級（ⅠからⅧ）に分類した分布を示している．年収の中央値はどの観察時点においても第Ⅳ階級（400万-500万円）に含まれ

第6章　どの世帯が移動し，どの世帯が移動しないのか？：「住宅・土地統計調査」から見た傾向と特徴　195

表6-5　世帯年収

世帯年収	1993年	1998年	2003年	2008年
I.　200万円未満	0.16	0.15	0.18	0.19
II.　200万-300万円	0.12	0.13	0.15	0.16
III.　300万-400万円	0.13	0.14	0.14	0.15
IV.　400万-500万円	0.13	0.12	0.12	0.12
V.　500万-700万円	0.19	0.18	0.17	0.17
VI.　700万-1,000万円	0.16	0.16	0.15	0.14
VII.　1,000万-1,500万円	0.08	0.09	0.07	0.06
VIII. 1,500万円以上	0.03	0.03	0.02	0.02
計	1.00	1.00	1.00	1.00
推定世帯年収（万円）[1]				
平均	557	562	513	493
標準偏差	428	415	388	362
第1四分位	277	276	249	238
中央値	471	470	424	408
第3四分位	725	738	672	651
ジニ係数	0.376	0.376	0.38	0.378
（参考）[2]				
再分配所得	597	613	575	518
可処分所得	549	558	510	447
ジニ係数	0.365	0.381	0.381	0.376

注1：階級値の下限と上限の値から最尤法によって第2種の一般化ベータ分布を推定している．
注2：厚生労働省「所得再分配調査」における再分配所得の平均，可処分所得の平均，再分配所得のジニ係数を示している．「所得再分配調査」の調査年次は1993，1999，2002，2008年である．
注3：Kruskal-Wallis test for equality-of-populations rank (chi square, d.f.=3): P value<0.001.

ているが，15年間で中央値未満の第 I，II，III 階級において世帯割合が増大し，中央値以上の第 V，VI，VII 階級において世帯割合が低下している．年収分布を最尤法で第2種一般化ベータ分布に当てはめると，推定年収分布の平均および中央値は2003年と2008年は1993年と1998年に比べて下落しており，標準偏差も縮小している[3]．なお，ジニ係数には大きな変動が見られない．社会の高齢化や非正規雇用の増大を反映して，厚生労働省「所得再分配調査」に

---

3)　年収分布の推定手法および結果については付論2に示した．

表 6-6　世帯人数

世帯人数	1993 年	1998 年	2003 年	2008 年
1 人	0.19	0.21	0.20	0.21
2 人	0.23	0.26	0.28	0.30
3 人	0.19	0.20	0.20	0.20
4 人	0.21	0.19	0.18	0.17
5 人	0.10	0.09	0.08	0.07
6 人以上	0.08	0.07	0.06	0.05
計	1.00	1.00	1.00	1.00
中央値	3	3	3	2
平均	3.1	2.9	2.9	2.8
標準偏差	1.6	1.6	1.5	1.5
(参考)[1]				
平均	2.8	2.7	2.6	2.4

注 1：総務省「国勢調査」による世帯人員の平均.
注 2：Kruskal-Wallis test for equality-of-popula-tions rank（chi square, d.f.＝3）: p value＜0.001.

よる当初所得のジニ係数は年々増大する傾向にあるが，再分配所得のジニ係数はほぼ一定かわずかな増大しかみられないことは知られている．ただし，「住宅・土地統計調査」における世帯年収は現役世代がいわゆる税込所得であるのに対して，高齢世帯だけの場合は年金収入または年金所得であるケースが多いと考えられるので，直接的な比較は困難である．

　参考までに，厚生労働省「所得再分配調査」における結果と比較すると，推定年収の平均は「所得再分配調査」における再分配所得の平均よりも小さく，可処分所得の平均よりもやや大きいことが示されている．また，本章の推定年収分布でのジニ係数は再分配所得ジニ係数にかなり近い値である．表下部の注に示した検定結果より調査年次間の中央値には有意差があることが確かめられる．

　表 6-6 は世帯人員の分布を示している．2 人世帯の割合が増加傾向にあり，4 人以上の世帯の割合は減少傾向にある．そのため住居世帯の増加と分散化が進んでいることがうかがえる．「国勢調査」による結果と比較すると，世帯人員の平均はやや大きい値になっている．表下部の注に示した検定結果より，調査年次間の中央値に有意差があることが確かめられる．

3.2.2. 転入・非転入別，住宅の所有状況別の集計

　過去5年間に転入してきた世帯（転入世帯）とそうでない世帯（非転入世帯）の世帯構造と住宅に関連する代表値を比較しよう．**表6-7**は各調査年次で集計された世帯主年齢と世帯人員についての平均，世帯年収階級の中央値を示している．また，転入世帯と非転入世帯の代表値の差をMann-Whitney U testで検定している．世帯主年齢，世帯人員および世帯年収は分布の正規性が仮定できないためノン・パラメトリック検定であるMann-Whitney U testにより転入世帯と非転入世帯の中央値に差がないという帰無仮説を検定する．この検定結果は「転入＝非転入」の行において検定統計量と対応するp値として表示している．さらに，標本を転入世帯だけに限定して3つの転入前居住地（同一市区町村，同一都道府県内他市区町村および他都道府県）の間で世帯主年齢，世帯人員および世帯年収の中央値に差がないという帰無仮説を検定している（Kruskal-Wallis test）．この検定結果も「転入世帯間」の行において検定統計量と対応するp値として表示している．

　転入世帯の場合の世帯主年齢の平均値は，1998年で38.9歳，2003年で40.7歳，2008年で42.1歳と上昇を続けている．転入前居住地別に見ると同様の上昇傾向が観察できるが，他都道府県，同一都道府県内他市区町村，同一市区町村の順で平均年齢は若い．非転入世帯は転入世帯よりも平均年齢が高めであり，1998年で56.2歳，2003年で58.2歳，2008年で60.1歳と転入世帯と同様に上昇を続けている

　世帯人員は転入世帯よりも非転入世帯の方が多い傾向があり，転入世帯のうち他都道府県からの転入世帯の世帯人員は少ない傾向がある．また，1993年から2008年にかけて転入世帯の世帯人員はほぼ一定であるものの，そのうち他都道府県からの転入世帯だけは世帯人員が減少していることがわかる．非転入世帯の世帯人員も減少傾向にある．

　世帯年収は転入世帯よりも非転入世帯の方が高い傾向がある．年齢による世帯年収の違いがここで表れているものと考えられる．転入世帯と非転入世帯の中央値には有意差があり，転入世帯のうち転入前居住地毎の群間における中央値にも有意差がある．しかしながら，第2種の一般化ベータ分布で推定した年

第3部　少子高齢化社会における人口移動の停滞

表 6-7　世帯主年齢，世帯人員の平均，世帯年収の中央値

変数	転入・非転入の別	1993 年	1998 年	2003 年	2008 年
世帯主年齢	転入世帯	n.a.	38.9	40.7	42.1
	同一市区町村	n.a.	41.1	43.0	44.1
	同一都道府県内他市区町村	n.a.	37.4	38.9	40.1
	他都道府県	n.a.	36.0	37.8	39.1
	非転入世帯	n.a.	56.2	58.2	60.1
	転入＝非転入 [1]	n.a.	882.7	765.1	690.7
			[0.000]	[0.000]	[0.000]
	転入世帯間 [2]	n.a.	24640.0	19085.2	13247.4
			[0.000]	[0.000]	[0.000]
世帯人員	転入世帯	2.5	2.5	2.5	2.5
	同一市区町村	2.7	2.7	2.7	2.7
	同一都道府県内他市区町村	2.2	2.4	2.4	2.3
	他都道府県	2.5	2.1	2.1	2.0
	非転入世帯	3.3	3.1	3.0	2.9
	転入＝非転入 [1]	391.8	311.3	219.8	165.3
		[0.000]	[0.000]	[0.000]	[0.000]
	転入世帯間 [2]	21627.2	29072.0	24831.5	20439.5
		[0.000]	[0.000]	[0.000]	[0.000]
世帯年収 [3]	転入世帯	IV	IV	III	IV
		(413)	(432)	(401)	(403)
	同一市区町村	IV	IV	III	III
		(405)	(426)	(392)	(396)
	同一都道府県内他市区町村	IV	IV	IV	IV
		(406)	(445)	(409)	(413)
	他都道府県	IV	IV	IV	IV
		(434)	(424)	(411)	(407)
	非転入世帯	IV	IV	IV	IV
		(495)	(486)	(432)	(410)
	転入＝非転入 [1]	196.9	132.9	82.8	29.2
		[0.000]	[0.000]	[0.000]	[0.000]
	転入世帯間 [2]	1600.4	858.0	481.0	298.8
		[0.000]	[0.000]	[0.000]	[0.000]

注 1：転入世帯と非転入世帯の代表値の差を Mann-Whitney U test で検定（順位和検定）している．上段の値は検定統計量（標準正規分布），下段の［　］内は p 値を示す．

注 2：転入世帯のうち，転入前居住地（3群）の間での代表値の差を Kruskal-Wallis test で検定している．上段は検定統計量（カイ2乗分布），下段の［　］内は p 値を示す．

注 3：下段の（　）内の数値は最尤法で推定された第2種一般化ベータ分布における世帯年収中央値を示す．

第6章　どの世帯が移動し，どの世帯が移動しないのか？：「住宅・土地統計調査」から見た傾向と特徴　199

表6-8　住宅の所有状態別の延べ床面積，世帯主年齢および世帯人員の平均，世帯年収の中央値

		非持ち家世帯				持ち家世帯			
		1993年	1998年	2003年	2008年	1993年	1998年	2003年	2008年
非転入世帯	延床面積	49.3	49.5	53.3	54.0	125.8	127.1	130.8	132.9
	世帯主年齢	n.a.	50.9	52.6	54.0	n.a.	57.7	59.5	61.3
	世帯人員	2.6	2.4	2.4	2.3	3.5	3.3	3.1	3.0
	世帯年収 [1]	III	III	III	II	V	V	IV	IV
		(376)	(357)	(308)	(293)	(539)	(535)	(470)	(437)
転入世帯	延床面積	45.4	45.8	48.9	49.1	113.7	109.2	114.1	114.7
	世帯主年齢	n.a.	36.3	38.1	39.5	n.a.	44.5	45.8	46.7
	世帯人員	2.2	2.1	2.1	2.1	3.5	3.3	3.2	3.2
	世帯年収	III	III	III	III	V	V	V	V
		(356)	(361)	(335)	(338)	(607)	(619)	(552)	(528)
(内)同一市区町村	延床面積	47.1	47.6	51.3	51.2	118.1	113	117.1	115.9
	世帯主年齢	n.a.	38.7	40.9	42.2	n.a.	44.9	45.9	46.5
	世帯人員	2.3	2.2	2.3	2.2	3.6	3.4	3.4	3.3
	世帯年収	III	III	III	III	V	V	V	V
		(343)	(340)	(303)	(307)	(586)	(611)	(551)	(532)
(内)同一都道府県内他市区町村	延床面積	42.2	45.5	48.1	48.7	105.9	103.6	109.5	113.5
	世帯主年齢	n.a.	34.9	36.5	37.5	n.a.	43.0	44.2	45.3
	世帯人員	1.9	2.0	2.0	2.0	3.2	3.2	3.1	3.1
	世帯年収	III	III	III	III	V	V	V	V
		(362)	(379)	(352)	(362)	(654)	(627)	(560)	(529)
(内)他都道府県	延床面積	45.5	43.1	46	45.7	107.8	103.7	108.3	109.5
	世帯主年齢	n.a.	34.0	35.5	36.2	n.a.	46.3	49.0	51.2
	世帯人員	2.1	1.9	1.9	1.9	3.5	3.0	2.8	2.7
	世帯年収	III	III	III	III	V	V	V	IV
		(377)	(386)	(388)	(390)	(630)	(639)	(533)	(484)

注1：世帯年収の中央値が入る階級番号を示している．
注2：下段の（　）内の数値は最尤法で推定した第2種一般化ベータ分布における中央値である．

収分布の中央値（括弧内数値）を見ると，それらの差は年々縮小している傾向が見られる．

　表6-8は住宅の所有状態（非持ち家，持ち家）毎に非転入世帯と転入世帯の住宅延床面積，世帯人員，世帯主年齢の平均および世帯年収の中央値の推移を1993年から2008年までの（世帯主年齢については1998年から2008年までの）期間について示している．期間全体を見ると，延床面積は拡大，世帯人員

は減少，世帯主年齢は高齢化，世帯年収は減少の傾向がある．また，持ち家世帯は非持ち家世帯に比べて，延床面積が広く，世帯人員が多く，世帯主年齢が高く，世帯年収も高い傾向がある[4]．

　まず，非持ち家世帯における非転入世帯と転入世帯を比較しよう．住宅の延床面積については前者が 49.3 平米から 54.0 平米へと増え，後者も 45.4 平米から 49.1 平米へと増えている．世帯主年齢については前者が 50.9 歳から 54.0 歳へと上昇し，後者も 36.3 歳から 39.5 歳へと上昇している．世帯人員については前者が 2.6 人から 2.3 人へと減り，後者も 2.2 人から 2.1 人へと減っている．世帯年収については前者が 1993 年に 376 万円，1998 年に 357 万円，2003 年に 308 万円，2008 年に 293 万円と減っているのに対して，後者は 1993 年に 356 万円，1998 年に 361 万円と一度上昇し，2003 年に 335 万円，2008 年に 338 万円と減少している．1993 年時点では非転入世帯の方が転入世帯よりも高い世帯年収であったものが，1998 年以降は逆に転入世帯の方が非転入世帯よりも高い世帯年収となっている．

　非持ち家世帯の転入前居住地別の違いを比較すると，同一市区町村，同一都道府県内他市区町村，他都道府県の順で延床面積，世帯主年齢および世帯人員の平均値は高い傾向がある．世帯年収の中央値については 2008 年の場合，同一市区町村が 307 万円，同一都道府県内他市区町村 362 万円，他都道府県が 390 万円となっており他都道府県からの転入世帯がもっとも高い．転入世帯全体では年収が減少傾向にある中で他都道府県からの転入世帯だけは 1993 年から 2008 年にかけて上昇している点で特徴がある．

　次に，持ち家世帯における非転入世帯と転入世帯を比較しよう．住宅の延床面積については前者が 125.8 平米から 132.9 平米へと増え，後者も 113.7 平米から 114.7 平米へと増えている．世帯主年齢については前者が 57.7 歳から 61.3 歳へと上昇し，後者も 44.5 歳から 46.7 歳へと上昇している．世帯人員については前者が 3.5 人から 3.0 人へと減り，後者も 3.5 人から 3.2 人へと減っている．世帯年収については前者が 1993 年に 539 万円，1998 年に 535 万円，2003 年に 470 万円，2008 年に 437 万円と減っているのに対して，後者は 1993 年に 607

4）　住宅に関する事項についての記述統計は付論 1 にまとめた．

万円，1998年に619万円と一度上昇した後に，2003年に552万円，2008年に528万円へと減少している．

　持ち家世帯で転入世帯のうち転入前居住地別の違いを比較しよう．延床面積は同一市区町村において1993年に118.1平米であったものがその後113.0平米，117.1平米，115.9平米と増減しており，同一都道府県内他市区町村と他都道府県において1998年に一度低下してその後上昇している．世帯主年齢は1998年から2008年にかけて増大しており，転入した世帯のうち他都道府県からの世帯の年齢がもっとも高い．非持ち家世帯では他都道府県からの転入世帯がもっとも年齢が低かったことと比べると対照的である．世帯人員は1993年から2008年にかけて減少しているが，このうち同一市区町村と同一都道府県内他市区町村では世帯人員がそれぞれ0.3人，0.1人の減少であるのに対して，他都道府県からの転入世帯では0.8人も減少している．持ち家世帯では転入世帯の方が非転入世帯よりも世帯人員は多いが，それは同一都道府県内からの転入世帯において顕著であり，他都道府県からの転入世帯については非転入世帯よりも少ない世帯人員になっている．世帯年収については，1993年時点では同一都道府県内他市区町村から転入世帯の年収がもっとも高かったが，2008年時点になると同一市区町村の年収がもっとも高くなっている．世帯年収は1998年から2008年にかけて概ね減少傾向にあるが，同一市区町村からの転入世帯では586万円から532万円へと53万円減少，同一都道府県内他市区町村からの転入世帯では654万円から529万円へと125万円減少，そして他都道府県からの転入世帯では630万円から484万円へと146万円減少となっており，他都道府県から転入する持ち家世帯の大幅な年収低下が観察される．非持ち家世帯では他都道府県からの転入世帯の年収が増大しており特徴的である．

　表6-9は転入世帯に限定して，転入前と転入後の住宅所有状況をクロス集計したものである．まず，転入前居住地が同一市区町村のケースにおいて，1993年に転入世帯のうち6割は転入前も転入後も非持ち家であるが，2008年には0.51にまで低下している．これと対照的に，転入前は非持ち家であった世帯が，転入後に持ち家になる割合が1993年に0.21，1998年に0.27，2003年に0.31，2008年に0.33と年々高まっていることがわかる．転入前と転入後のどちらも持ち家である世帯割合は0.11でほとんど変化していない．

表6-9 転入世帯の住宅所有状態の変化

転入前居住地		1993年		1998年		2003年		2008年	
		転入後		転入後		転入後		転入後	
		非持ち家	持ち家	非持ち家	持ち家	非持ち家	持ち家	非持ち家	持ち家
同一市区町村									
転入前	非持ち家	0.61	0.21	0.56	0.27	0.53	0.31	0.51	0.33
	持ち家	0.07	0.11	0.06	0.11	0.06	0.11	0.06	0.11
同一都道府県内他市区町村									
転入前	非持ち家	0.69	0.12	0.60	0.24	0.60	0.24	0.58	0.26
	持ち家	0.15	0.05	0.09	0.07	0.09	0.07	0.09	0.07
他都道府県									
転入前	非持ち家	0.63	0.19	0.69	0.12	0.71	0.13	0.69	0.14
	持ち家	0.11	0.07	0.14	0.04	0.12	0.05	0.12	0.06

　転入前居住地が同一都道府県内他市区町村のケースにおいても，転入前後の両時点で非持ち家である世帯の割合は1993年に0.69であったのが2008年には0.58となり減少傾向にある．また，転入前は非持ち家であった世帯が，転入後に持ち家になる割合は1993年の0.12から2008年の0.26へと大幅に増加している．転入前と転入後のどちらにおいても持ち家である割合は1993年に0.05，2008年に0.07と微増している．

　転入前居住地が他都道府県のケースにおいて，転入前後の両時点で非持ち家である世帯の割合は1993年から1998年にかけて高まっており，非持ち家世帯が転入後に持ち家世帯になる割合は1993年から2008年にかけて逆に低下している．転入前と転入後のどちらも持ち家である世帯割合は1993年から2008年にかけてわずかに減っている．

4. 転入世帯割合変動の要因分解

　第3節の記述統計において1993年から2008年にかけて転入世帯の減少とさまざまな世帯属性の変動が観察された．本節ではそのうち世帯主年齢の変化に着目した分析を行う．以下では，転入世帯割合の変動が「年齢分布の変動」と

第6章　どの世帯が移動し，どの世帯が移動しないのか？：「住宅・土地統計調査」から見た傾向と特徴　203

「移動性向の変動」に要因分解できることを明らかにし，観測値に基づいた結果を示す．

4.1. 年齢分布と移動性向の変動

　第 t 期において世帯主の年齢が第 i 年齢層である世帯数を P_{it} とし，そのベクトルを $\mathbf{P}_t=(P_{1t}, ..., P_{it}, ..., P_{nt})'$ と表記する．過去5年間で他の地域から転入してきた世帯の割合を m_{it} とするとき，第 i 年齢層の転入世帯数は $m_{it}P_{it}$，全年齢層の合計転入世帯数は $\mathbf{m}_t'\mathbf{P}_t$ と書ける．ただし，$\mathbf{m}_t=(m_{1t}, ..., m_{it}, ..., m_{nt})'$ である．第 t 期の全年齢層の合計世帯数は $\Sigma_i P_{it}$ であり，第 i 年齢層の世帯割合は $q_{it}=P_{it}/\Sigma_i P_{it}$ と表現できる．年齢層別世帯割合のベクトルを $\mathbf{q}_t=(q_{1t}, ..., q_{it}, ..., q_{nt})'$ と表記すると，$\mathbf{P}_t=\mathbf{q}_t\Sigma_i P_{it}$ より転入世帯数は $\mathbf{m}_t'\mathbf{P}_t=\mathbf{m}_t'\mathbf{q}_t\Sigma_i P_{it}$ である．したがって，第 t 期の合計世帯数に占める転入世帯数の割合（転入世帯割合）は

$$M_t = \frac{\mathbf{m}_t'\mathbf{P}_t}{\sum_i P_{it}} = \mathbf{m}_t'\mathbf{q}_t \tag{1}$$

である．すなわち，転入世帯割合は年齢層別転入世帯割合と年齢層別世帯割合の積和になる．

　(1) 式の転入世帯割合が観察時点によってどのように変化するのかを考える．第 t 期と第 $t-1$ 期の転入世帯割合の差は次のように書くことができる[5]．

$$\Delta M_t = M_t - M_{t-1} = \mathbf{m}_t'\Delta\mathbf{q}_t + \Delta\mathbf{m}_t'\mathbf{q}_{t-1} \tag{2}$$

ただし，$\Delta\mathbf{q}_t=\mathbf{q}_t-\mathbf{q}_{t-1}$ および $\Delta\mathbf{m}_t=\mathbf{m}_t-\mathbf{m}_{t-1}$ である．すなわち，全年齢層の転入世帯割合の1期間の差は次の2つの変動（年齢分布の変動と移動性向の変動）の和になっている．

　　　[第1項] $\mathbf{m}_t'\Delta\mathbf{q}_t$：当該期の年齢層別転入世帯割合によって重み付けされた年齢層別世帯割合の変動（年齢分布の変動）

　　　[第2項] $\Delta\mathbf{m}_t'\mathbf{q}_{t-1}$：1期前の年齢層別世帯割合によって重み付けされた年齢層別転入世帯割合の変動（移動性向の変動）

---

5)　$M_t=\mathbf{m}_t'\mathbf{q}_t$ および $M_{t-1}=\mathbf{m}_{t-1}'\mathbf{q}_{t-1}$ より $M_t-M_{t-1}=\mathbf{m}_t'(\mathbf{q}_t-\mathbf{q}_{t-1})+(\mathbf{m}_t-\mathbf{m}_{t-1})'\mathbf{q}_{t-1}$ である．

転入世帯の転入前居住地を次のように分類する.

$$
j = \begin{cases} 1 & \text{同一市区町村} \\ 2 & \text{同一都道府県内他市区町村} \\ 3 & \text{他都道府県} \end{cases}
$$

転入前居住地が j の第 t 期転入世帯割合を $\mathbf{m}_t^j = (m_{1t}^j, ..., m_{it}^j, ..., m_{nt}^j)'$ と表記すると，第 i 年齢層の転入世帯数は $j=1, 2, 3$ の和であるから，$\mathbf{m}_t = \Sigma_j \mathbf{m}_t^j$ である．第 t 期と第 $t-1$ 期の転入世帯割合の差は（2）式を利用して次のように書き換えることができる.

$$
\Delta M_t = \sum_j (\mathbf{m}_t^{j'} \Delta \mathbf{q}_t + \Delta \mathbf{m}_t^{j'} \mathbf{q}_{t-1}) \tag{3}
$$

転入世帯割合の差は，転入前の居住地毎に観察される年齢分布の変動と移動性向の変動の和であることが示される.

4.2. 転入世帯割合の変動（全国）

（3）式に基づいて，転入世帯割合の変動を 1998，2003，2008 年の 3 時点について計測する．**表 6-10** は 3 時点の世帯主年齢層別の世帯割合 $\mathbf{q}_t$ と転入世帯割合 $\mathbf{m}_t$ を示しており，転入前居住地別の転入世帯割合の内数 $\mathbf{m}_t^j$ （$j=1, 2, 3$）も示している．世帯割合 $\mathbf{q}_t$ は**表 6-2** と同一のものである．転入世帯割合 $\mathbf{m}_t$ は各年齢層の世帯数のうち過去 5 年以内に転入してきた世帯の割合であり，$\mathbf{m}_t^1$，$\mathbf{m}_t^2$，$\mathbf{m}_t^3$ は転入前居住地別の内訳である.

転入世帯割合 $\mathbf{m}_t$ は 20 歳代と 30 歳代で高く，世代の上昇とともに低下する．転入前居住地の割合は同一都道府県内の移動が大半を占めるが，20 歳代では他都道府県からの転入割合も比較的大きい．転入世帯割合の 5 年間の差分（1998 年と 2003 年，2003 年と 2008 年）を比較してみると，1998 年から 2003 年の変化（$\mathbf{m}_{03} - \mathbf{m}_{98}$）は，20 歳代から 60 歳代までが正，70 歳代以上が負になり，2003 年から 2008 年の変化（$\mathbf{m}_{08} - \mathbf{m}_{03}$）は，20 歳代を除く年齢層で負になる．また，5 年間の差分はほとんどの年齢層で 1% を下回る変動しか観察されないが，5 年間の転入世帯割合の差はどの観察時点，どの年齢層においても有意水準 0.1% で有意であった．特徴的なのは，20 歳代の転入世帯割合が 3 時点

第6章　どの世帯が移動し、どの世帯が移動しないのか？：「住宅・土地統計調査」から見た傾向と特徴　205

表6-10　年齢分布と転入世帯割合（1998, 2003, 2008年）

年次	世帯主年齢層	世帯割合	転入世帯割合	（内数）転入前居住地		
				同一市区町村	同一都道府県内他市区町村	他都道府県
t	i	q_t	m_t	m_t^1	m_t^2	m_t^3
1998年	20歳代	0.090	0.857	0.334	0.265	0.257
	30歳代	0.145	0.551	0.261	0.174	0.117
	40歳代	0.212	0.241	0.133	0.060	0.048
	50歳代	0.234	0.136	0.076	0.034	0.026
	60歳代	0.186	0.082	0.050	0.019	0.014
	70歳代	0.101	0.065	0.042	0.013	0.009
	80歳代	0.033	0.058	0.039	0.012	0.008
2003年	20歳代	0.066	0.864	0.316	0.283	0.264
	30歳代	0.140	0.557	0.265	0.177	0.115
	40歳代	0.172	0.255	0.138	0.065	0.052
	50歳代	0.244	0.139	0.077	0.035	0.026
	60歳代	0.202	0.089	0.054	0.021	0.015
	70歳代	0.133	0.062	0.040	0.013	0.009
	80歳代	0.043	0.054	0.035	0.011	0.008
2008年	20歳代	0.049	0.877	0.358	0.234	0.285
	30歳代	0.127	0.550	0.305	0.142	0.103
	40歳代	0.162	0.246	0.146	0.051	0.049
	50歳代	0.221	0.127	0.076	0.027	0.023
	60歳代	0.219	0.087	0.056	0.016	0.015
	70歳代	0.156	0.057	0.040	0.009	0.008
	80歳代	0.066	0.048	0.033	0.008	0.007

注：$\sum_i q_{it}=1$, $m_t=m_t^1+m_t^2+m_t^3$.

を通じて上昇している点であり、そのうち他都道府県からの転入世帯割合が1998年に0.257, 2003年に0.264, 2008年に0.285とわずかに上昇しつづけている.

　表6-11は1998年から2003年および2003年から2008年にかけての全年齢の転入世帯割合の変動 ΔM_t を（3）式に基づいて年齢分布の変動 $m_t'\Delta q_t$ によるものと移動性向の変動 $\Delta m_t'q_{t-1}$ によるものに分解して計測した結果である. ［　］内は変動要因をさらに転入前居住地別に分けた内数を示している.

　1998年から2003年の変動では、全年齢の転入世帯割合が2.2％ポイント減少している. これは、年齢分布の変動による $m_t'\Delta q_t = -2.8$ ％ポイントと移動

206　　　第 3 部　少子高齢化社会における人口移動の停滞

表 6-11　年齢分布の変動と移動性向の変動

（単位：% ポイント）

変数		1998–2003 年	2003–2008 年
転入世帯割合の変動	ΔM_t	−2.2	−3.0
年齢分布の変動	$\mathbf{m}_t' \, \Delta \mathbf{q}_t$	−2.8	−2.4
［同一市区町村］	$[\mathbf{m}_t^{1'} \, \Delta \mathbf{q}_t]$	[−1.1]	[−0.9]
［同一都道府県内他市区町村］	$[\mathbf{m}_t^{2'} \, \Delta \mathbf{q}_t]$	[−0.8]	[−0.8]
［他都道府県］	$[\mathbf{m}_t^{3'} \, \Delta \mathbf{q}_t]$	[−0.8]	[−0.7]
移動性向の変動	$\Delta \mathbf{m}_t' \, \mathbf{q}_{t-1}$	0.6	−0.6
［同一市区町村］	$[\Delta \mathbf{m}_t^{1'} \, \mathbf{q}_{t-1}]$	[0.1]	[1.0]
［同一都道府県内他市区町村］	$[\Delta \mathbf{m}_t^{2'} \, \mathbf{q}_{t-1}]$	[0.4]	[−1.4]
［他都道府県］	$[\Delta \mathbf{m}_t^{3'} \, \mathbf{q}_{t-1}]$	[0.1]	[−0.2]

注：ただし，$\mathbf{m}_t' \Delta \mathbf{q}_t = \mathbf{m}_t^{1'} \Delta \mathbf{q}_t + \mathbf{m}_t^{2'} \Delta \mathbf{q}_t + \mathbf{m}_t^{3'} \Delta \mathbf{q}_t$, $\Delta \mathbf{m}_t' \mathbf{q}_{t-1} = \Delta \mathbf{m}_t^{1'} \mathbf{q}_{t-1} + \Delta \mathbf{m}_t^{2'} \mathbf{q}_{t-1} + \Delta \mathbf{m}_t^{3'} \mathbf{q}_{t-1}$
である．

性向の変動による $\Delta \mathbf{m}_t' \mathbf{q}_{t-1} = +0.6\%$ ポイントの和であり，転入世帯減少要因のほとんどは年齢構成の変化によって示されている．**表 6-10** より 20 歳代や 30 歳代などの若年世代では転入確率が高まっているにもかかわらず，社会全体の年齢構成が高齢化したため，移動確率が低い高齢層の割合の上昇によって全体としての転入世帯割合は減少しているものと推察できる．

　内数の転入前居住地別に分けた年齢分布の変動は，どの居住地であったとしても影響は負であり，特に同一市区町村からの転入割合の減少が−1.1% ポイントと大きい．0.6% ポイント増大した移動性向について，同一都道府県内他市区町村からの転入割合の増大が大きなウェイトを占めていることがわかる．

　2003 年から 2008 年の変動においても，全年齢の転入世帯割合が 3.0% 減少している．この値は，年齢分布の変動 $\mathbf{m}_t' \Delta \mathbf{q}_t = -2.4$ と移動性向の変動 $\Delta \mathbf{m}_t' \mathbf{q}_{t-1} = -0.6$ の和である．1998 年から 2003 年の変動のケースと異なり，年齢構成変化による影響と各世代の転入確率の変化がどちらも負の値になっている．内数の転入前居住地別に分けた移動性向の変動は，1998 年から 2003 年の変動のケースと同じくどの居住地であったとしても世帯構成の変動による影響は一様に負である．移動性向の変動は同一市区町村 $\Delta \mathbf{m}_t^{1'} \mathbf{q}_{t-1}$ において正であり，同一都道府県内他市区町村 $\Delta \mathbf{m}_t^{2'} \mathbf{q}_{t-1}$ と他都道府県 $\Delta \mathbf{m}_t^{3'} \mathbf{q}_{t-1}$ ではどちらも負である．移動距離の長い転居の減少が観察できるが，同一自治体内での移動

第6章　どの世帯が移動し，どの世帯が移動しないのか？：「住宅・土地統計調査」から見た傾向と特徴　207

は活発化している傾向が観察できる．

4.3. 転入世帯割合の変動（9地域別）

　表6-12は全国を9地域（北海道，東北，北関東，南関東，中部，近畿，中国，四国，九州［沖縄を含む］）に分割し，各地域の転入世帯割合の変動を年齢分布と移動性向の変動に分解して計測した結果である．［　］内は変動要因をさらに転入前居住地別に分けた内数を示している．

　表6-11の全国における転入世帯割合の変動と比較すると，1998年から2003年までの期間では全国の$\Delta M_t = -2.2\%$ポイントに対して，北海道（-4.0），南関東（-3.2），近畿（-2.5）で減少が大きく，中部（-1.4），中国（-1.8），四国（-1.3），九州（-1.6）では減少が小さい．また，2003年から2008年までの期間では全国の$\Delta M_t = -3.0\%$ポイントに対して，北海道（-3.3），東北（-3.4），近畿（-3.2），中国（-3.2），九州（-3.2）で減少が大きく，北関東（-2.5），中部（-2.0）では減少が小さい．

　1998年から2003年までの期間では，北海道を除くすべての地域で年齢分布の変動が負，移動性向の変動が正になっている．北海道で転入世帯割合の変動ポイントが大きくなっているのは，移動性向の低下（0.6ポイントの減少）が原因であることがわかる．特に同一都道府県内他市区町村からの転入の変動は+1.0ポイントであるにもかかわらず，同一市区町村からの転入の変動は-1.5ポイントと際立っており移動性向を低下させている．2003年から2008年までの期間では，中部を除くすべての地域で年齢分布の変動と移動性向の変動がどちらも負になっている．中部では他の地域に比べて同一県内他市区町村からの転入の減少幅がそれほど大きくなく，この期間では全国で唯一他都道府県からの転入が増加している．

　表6-11では1998年から2003年までの期間における年齢分布の変動による全国の転入世帯割合の変動は$m_t' \Delta q_t = -2.8\%$ポイントであるのに対して，表6-12をみると北海道（-3.4），東北（-3.0）および南関東（-3.7）ではそれよりも減少が大きい．特に南関東では他都道府県からの移動の減少が-1.5%ポイントと大きいことが特徴的である．南関東以外では，年齢分布の変動による減少ポイントは概ね同一市区町村，同一都道府県内他市区町村，他都道府県

表6-12 年齢分布の変動と移動性向の変動（地域別）

（単位：％ポイント）

変数		北海道		東北		北関東	
		1998–2003	2003–2008	1998–2003	2003–2008	1998–2003	2003–2008
転入世帯割合の変動	ΔM_t	−4.0	−3.3	−2.3	−3.4	−2.1	−2.5
年齢分布の変動	$m'_t\,\Delta q_t$	−3.4	−2.9	−3.0	−2.6	−2.7	−2.3
［同一市区町村］	$[m^{1'}_t\,\Delta q_t]$	[−1.7]	[−1.6]	[−1.4]	[−1.3]	[−1.2]	[−1.1]
［同一都道府県内他市区町村］	$[m^{2'}_t\,\Delta q_t]$	[−1.4]	[−1.1]	[−0.9]	[−0.7]	[−0.8]	[−0.6]
［他都道府県］	$[m^{3'}_t\,\Delta q_t]$	[−0.3]	[−0.3]	[−0.7]	[−0.6]	[−0.7]	[−0.5]
移動性向の変動	$\Delta m'_t\,q_{t-1}$	−0.6	−0.3	0.7	−0.8	0.7	−0.2
［同一市区町村］	$[\Delta m^{1'}_t\,q_{t-1}]$	[−1.5]	[1.1]	[0.2]	[0.1]	[0.0]	[0.5]
［同一都道府県内他市区町村］	$[\Delta m^{2'}_t\,q_{t-1}]$	[1.0]	[−1.3]	[0.7]	[−0.5]	[0.8]	[−0.4]
［他都道府県］	$[\Delta m^{3'}_t\,q_{t-1}]$	[−0.1]	[−0.2]	[−0.1]	[−0.4]	[−0.2]	[−0.4]

変数		南関東		中部		近畿	
		1998–2003	2003–2008	1998–2003	2003–2008	1998–2003	2003–2008
転入世帯割合の変動	ΔM_t	−3.2	−3.0	−1.4	−2.0	−2.5	−3.2
年齢分布の変動	$m'_t\,\Delta q_t$	−3.7	−2.3	−2.3	−2.1	−2.8	−2.0
［同一市区町村］	$[m^{1'}_t\,\Delta q_t]$	[−1.1]	[−0.9]	[−0.9]	[−0.9]	[−1.1]	[−0.9]
［同一都道府県内他市区町村］	$[m^{2'}_t\,\Delta q_t]$	[−1.1]	[−0.5]	[−0.8]	[−0.6]	[−0.8]	[−0.5]
［他都道府県］	$[m^{3'}_t\,\Delta q_t]$	[−1.5]	[−0.9]	[−0.6]	[−0.6]	[−0.9]	[−0.6]
移動性向の変動	$\Delta m'_t\,q_{t-1}$	0.5	−0.7	0.9	0.1	0.2	−1.2
［同一市区町村］	$[\Delta m^{1'}_t\,q_{t-1}]$	[0.1]	[1.8]	[0.2]	[0.9]	[0.0]	[0.6]
［同一都道府県内他市区町村］	$[\Delta m^{2'}_t\,q_{t-1}]$	[0.0]	[−2.5]	[0.5]	[−0.9]	[0.2]	[−1.7]
［他都道府県］	$[\Delta m^{3'}_t\,q_{t-1}]$	[0.3]	[−0.1]	[0.2]	[0.1]	[0.1]	[−0.1]

変数		中国		四国		九州	
		1998–2003	2003–2008	1998–2003	2003–2008	1998–2003	2003–2008
転入世帯割合の変動	ΔM_t	−1.8	−3.2	−1.3	−2.8	−1.6	−3.2
年齢分布の変動	$m'_t\,\Delta q_t$	−2.4	−2.7	−2.0	−2.6	−2.4	−2.7
［同一市区町村］	$[m^{1'}_t\,\Delta q_t]$	[−1.1]	[−1.4]	[−1.0]	[−1.3]	[−1.1]	[−1.4]
［同一都道府県内他市区町村］	$[m^{2'}_t\,\Delta q_t]$	[−0.7]	[−0.6]	[−0.6]	[−0.7]	[−0.8]	[−0.8]
［他都道府県］	$[m^{3'}_t\,\Delta q_t]$	[−0.6]	[−0.7]	[−0.5]	[−0.6]	[−0.5]	[−0.6]
移動性向の変動	$\Delta m'_t\,q_{t-1}$	0.6	−0.5	0.7	−0.2	0.8	−0.5
［同一市区町村］	$[\Delta m^{1'}_t\,q_{t-1}]$	[0.1]	[0.9]	[0.0]	[0.3]	[−0.2]	[0.7]
［同一都道府県内他市区町村］	$[\Delta m^{2'}_t\,q_{t-1}]$	[0.3]	[−1.3]	[0.6]	[−0.4]	[0.7]	[−1.0]
［他都道府県］	$[\Delta m^{3'}_t\,q_{t-1}]$	[0.1]	[−0.1]	[0.2]	[−0.1]	[0.3]	[−0.2]

の順で大きいが，南関東ではやや傾向が異なっている．また，**表6-11** の 2003 年から 2008 年までの期間では $m'_t \Delta q_t = -2.4\%$ ポイントに対して，**表6-12** を見ると北海道（-2.9），東北（-2.6），中国（-2.7），四国（-2.6）および九州（-2.7）ではそれよりも減少が大きい．このことから，主に高齢化を原因とする移動世帯割合の減少は地方圏を中心に観察されるようになってきているが，南関東のように大都市を抱える地域では他都道府県からの移動の減少も観察できる．

移動性向の変動による転入世帯割合の変動についても全国との比較を行ってみよう．**表6-11** では 1998 年から 2003 年までの期間において $\Delta m'_t q_{t-1} = +0.6\%$ ポイントであるのに対して，北海道（-0.6）はマイナスの変動であり，南関東（0.5）と近畿（0.2）でもプラスの変動であるが上昇幅は小さいことがわかる．北海道の場合は，同一市区町村からの移動が -1.5% ポイントと大きく減少しているのが特徴的である．移動性向の変動がプラスとなった地域はほぼ共通して，同一都道府県内他市区町村からの移動が増えていることが内訳として示されている．

2003 年から 2008 年までの期間において全国では $\Delta m'_t q_{t-1} = -0.6\%$ ポイント（**表6-11**）であり，中部地方を除くすべての地域においても移動性向の変動はマイナスとなった．特に，東北（-0.8），南関東（-0.7）および近畿（-1.2）は全国水準よりも減少が大きい．転入前居住地別に見ると，同一都道府県内他市区町村からの移動の減少の大きさが顕著である（東北は -0.5% ポイント，南関東は -2.5% ポイント，近畿は -1.7% ポイント）．このことから，移動性向は南関東や近畿などの大都市を抱える地域においてより弱まっていることがわかる．ただし，この期間の移動性向の変動は全体としてはマイナスであるが，同一市区町村からの転入割合は，北海道（1.1），東北（0.1），北関東（0.5），南関東（1.8），中部（0.9），近畿（0.6），中国（0.9），四国（0.3），九州（0.7）とすべての地域で増大しており自治体内での移動はむしろ活発化している傾向が観察できる．

5. おわりに

　本章は「住宅・土地統計調査」(総務省統計局, 1993, 1998, 2003, 2008 年)の個票データを利用して，世帯単位での住居移動に関する傾向と特徴について検討した．はじめに世帯属性に関連する記述統計の整理を行い，次いで転入世帯割合の変動を年齢分布の変動と移動性向の変動に分解した結果を示した．年齢分布の変動は社会全体で観察される従業上の地位，世帯年収，世帯人数，住宅の所有状態の変動にも関連しており，このことが人々の居住地移動にも影響すると考えられる．

　「入居時期」が過去 5 年以内の世帯を転入世帯と定義すると，「転入世帯数」の割合は 1993 年から 2008 年にかけて 6% ポイント低下している．転入前の居住地別での内訳では同一都道府県内での移動があまり低下していないのに対して，他都道府県は大きく低下している．このことから転入世帯の減少は比較的長距離の他都道府県からの移動が少なくなっていることが要因のひとつとして考えられる．

　3.2 節において，個票データのうち「世帯主年齢」，「世帯主性別」，「従業上の地位」，「世帯年収」および「世帯人数」の観測値について整理を行い，世帯に関する属性が有意に変動していることがわかった．平均的な世帯主年齢層の上昇，女性世帯主割合の若干の増加が観察されたほか，雇用者や自営業主の減少分の多くが無職（その他）に置き換わっている傾向が見られた．また，2003年，2008 年では年収の中央値が大幅に減少し，標準偏差も縮小していることがわかった．さらに，「世帯人数」については 2 人世帯の割合の増加，4 人以上の世帯の割合の減少傾向が観察され，住居世帯の増加と分散化が進んでいることがわかった．

　転入世帯と非転入世帯の世帯構造と住宅に関する変動についても検討した．転入世帯主は非転入世帯主に比べて年齢は若く，転入世帯のうち転入前居住地毎に比較すると，他都道府県，同一都道府県内他市区町村，同一市区町村の順で年齢は若い．世帯人員は転入世帯よりも非転入世帯の方が多い傾向があり，転入世帯のうち他都道府県からの転入世帯の世帯人員は少ない傾向がある．ま

た，1993年から2008年にかけて転入世帯の世帯人員はほぼ一定であるものの，そのうち他都道府県からの転入世帯だけは世帯人員が減少している．さらに，年齢による世帯年収の違いを反映して転入世帯よりも非転入世帯の方が世帯年収は高い傾向があることがわかった．

住宅の所有状態別の世帯と住宅属性の変動について，持ち家世帯は非持ち家世帯に比べて，延床面積が広く，世帯人員が多く，世帯主年齢も高い傾向があることがわかった．また，世帯年収の中央値は，持ち家世帯が非持ち家世帯よりも高く，転入世帯が非転入世帯よりも高い傾向がある．1993年から2008年にかけて非転入・非持ち家世帯の年収は減少しているのに対して，転入（同一都道府県内他市区町村）・非持ち家世帯はほぼ同一の水準，転入（他都道府県）・非持ち家世帯は上昇傾向にあることがわかった．

第4節において，2時点間の転入世帯割合の差を年齢分布の変動と移動性向の変動に要因分解した分析を行った．年齢分布の変動は当該期の年齢層別転入世帯割合によって重み付けされた年齢層別世帯割合の変化として，移動性向の変動は1期前の年齢層別世帯割合によって重み付けされた年齢層別転入世帯割合の変化として定義した．さらに転入前居住地別に変動要因を分類した．1998年から2003年までの期間と2003年から2008年までの期間での変動を分析した結果，どちらの期間においても社会全体の転入世帯割合は減少傾向にあり，そのうち年齢分布の変動（少子化や高齢化）によるマイナスの影響がかなりの部分を占めていることがわかった．また，移動性向は1998年から2003年までの期間では増大し，2003年から2008年までの期間では減少していた．

9地域別にも転入世帯割合変動の要因分解を行った．高齢化を原因とする転入世帯割合の減少は北海道，東北，中国，四国および九州の地方圏を中心に観察された．南関東のように大都市を抱える地域においては他都道府県からの転入の減少ポイントが他の地域に比べて大きいことがわかった．移動性向の変動については，1998年から2003年までの期間においてプラスとなった地域はほぼ共通して，同一都道府県内他市区町村からの転入が増えていることが内訳として示された．2003年から2008年までの期間においては中部を除くすべての地域でマイナスになっている．同一市区町村からの転入はすべての地域で増えているが，同一都道府県内他市区町村からの転入が減少しており，特に南関東

や近畿での減少ポイントが顕著である．このことから，移動性向の変動は地方圏よりも南関東や近畿などの大都市を抱える地域においてより弱まっていることがわかった．ただし，同一市区町村からの転入割合はすべての地域で増大しており自治体内での移動はむしろ活発化している傾向が観察できる．

　以上の 15 年間にわたる世帯の転入に関する分析結果に基づく将来展望を述べよう．高齢化がさらに進む社会において転入世帯もより減少していくことが予想される[6]．本章の分析期間では年齢分布の変動を原因とする転入世帯割合の減少は，北海道，東北，中国，四国，九州で大きいことが観察されているが，今後は大都市を含む地域においても転入世帯の減少が予想される．移動性向の変動をより詳しく理解するには，第 7 章で論じるようになにが移動確率を決定しているのかを明らかにする必要がある．20 歳代の転入世帯割合は観察期間においてわずかに上昇しており，特に他都道府県からの割合が高まっている．しかしながら，若年層の年齢構成上の割合は年々小さくなっているため，全体としての移動性向も今後低下していく．ただし，移動性向の変動を転入前居住地別に見ると，同一自治体内での移動はむしろ全国的に活発化していくことが予想される．

付論 1. 住宅に関する事項についての記述統計

　表 6-13 は持ち家率の分布を示している．「住宅・土地統計調査」の確報集計や「国勢調査」と比較して，持ち家率の値はやや高い[7]．本研究の集計では「入居時期」が無回答となる世帯を除いており，借家世帯において無回答となっている可能性がある．

　表 6-14 は住宅延床面積の分布を示している．世帯人員は減少傾向にあるも

---

6)　国立社会保障・人口問題研究所『日本の将来推計人口』によると，総人口が減少していく中で，2000 年には 17.4% であった高齢化率（65 歳以上人口割合）は 2020 年に 29.1%，2040 年に 35.1%，2060 年に 39.9% にまで高まることが予想されており，さらに都道府県毎に高齢化率の進展スピードが異なっていることが示されている．

7)　「住宅・土地統計調査」の集計結果では，普通総世帯数に占める持ち家世帯数の割合は 1998 年で 0.61，2003 年で 0.61，2008 年で 0.60 となっている．「国勢調査」による持ち家率（住宅の種類・住宅の所有の関係別一般世帯数）は 1990 年で 0.61，1995 年で 0.60，2000 年で 0.61，2005 年で 0.62 である．

第6章　どの世帯が移動し，どの世帯が移動しないのか？：「住宅・土地統計調査」から見た傾向と特徴　213

表6-13　持ち家率

住宅所有	1993 年	1998 年	2003 年	2008 年
持ち家	0.64	0.66	0.70	0.74
その他	0.36	0.34	0.30	0.26
計	1.00	1.00	1.00	1.00

注：Pearson test for independence (chi square, d.f.＝3): p value＜0.001.

表6-14　住宅延床面積

住宅延床面積	1993 年	1998 年	2003 年	2008 年
50m^2 未満	0.25	0.24	0.18	0.15
50–90m^2 未満	0.28	0.29	0.30	0.28
90–130m^2 未満	0.22	0.22	0.24	0.25
130m^2 以上	0.24	0.25	0.29	0.32
計	1.00	1.00	1.00	1.00
中央値	82.5	84.0	94.0	99.0
平均	96.9	98.2	105.3	110.4
標準偏差	66.0	66.4	66.7	67.1

注：Kruskal-Wallis test for equality-of-populations rank (chi square, d.f. ＝ 3)：p value＜0.001.

表6-15　建築後年数

建築後年数	1993 年	1998 年	2003 年	2008 年
5 年未満	0.14	0.12	0.10	0.08
5–8 年未満	0.09	0.08	0.09	0.07
8–13 年未満	0.13	0.13	0.13	0.13
13–18 年未満	0.16	0.13	0.13	0.11
18 年以上	0.48	0.53	0.56	0.61
計	1.00	1.00	1.00	1.00

注：Pearson test for independence (chi square, d.f.＝12)：p value＜0.001.
Kruskal-Wallis test for equality-of-populations rank (chi square, d.f.＝3): p value＜0.001.

のの，延床面積は増加していることがわかる．

　表6-15 は建築後年数の分布を示している．4つの調査年における建築後年数を統一するために 18 年未満までは詳細に階級を作成できたが，18 年以上はす

べてひとまとめにしている．建築後年数5年未満の新しい住居の割合は低下傾向にあり，18年以上の老朽化しつつある住宅の割合が年々高まっている．表下部の注に示した検定結果より，建築後年数の分布に有意差があることが確かめられる．

付論2. 世帯年収分布の推定

第2種の一般化ベータ分布（generalized beta distribution of the second kind）は，1つの尺度パラメータと3つの形状パラメータで決定される次の確率密度関数をもつ．

$$f(x) = \frac{\mid a \mid (x/b)^{ap-1}}{bB(p, q)[1+(x/b)^a]^{p+q}}, \quad x>0$$

ここで，b は尺度パラメータ，a, p, q は形状パラメータ，B( ) はベータ関数である．McDonald and Xu（1995）によると，4パラメータの第2種の一般化ベータ分布は，3パラメータからなる一般化ガンマ分布，シン–マダラ分布（Burr type XII）およびデーガム分布（Burr type III）を特殊ケースとして含む柔軟性の高い確率分布である．さらにその下位には，2パラメータの対数正規分布，ガンマ分布，ロマックス分布（Pareto type II），フィスク分布（対数ロジスティック分布）なども特殊ケースとして含んでいる．

表6-16　第2種の一般化ベータ分布の推定値

パラメータ	1993年	1998年	2003年	2008年
a	2.8161 (0.0161)	1.8623 (0.0111)	1.7333 (0.0092)	1.3158 (0.0056)
b	777.1132 (2.2593)	1019.3652 (6.2255)	920.5367 (4.3361)	1475.0214 (8.4605)
p	0.5373 (0.004)	0.9301 (0.0081)	1.041 (0.0088)	1.5094 (0.0119)
q	1.3967 (0.0139)	2.9824 (0.0384)	3.1395 (0.0322)	6.8072 (0.0558)

注：推定値下段の括弧内は標準誤差である．

第6章 どの世帯が移動し,どの世帯が移動しないのか？:「住宅・土地統計調査」から見た傾向と特徴 215

図6-1 各調査年次の推定された世帯年収分布

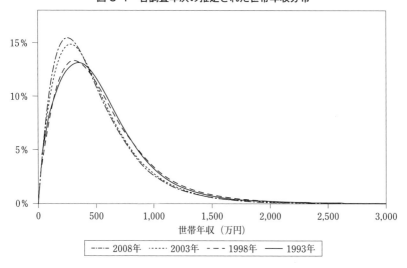

　推定には統計言語 R の fitdistrplus パッケージを利用して計算を行った.最尤法の推定では,初期値を設定するために2パラメータの分布を出発点として,最終的に第2種の一般化ベータ分布を推定した(**表6-5, 6-7, 6-8**).さまざまな分布の中で推定された第2種の一般化ベータ分布の AIC はもっとも低い値となった.最適化には Nelder-Mead 法を利用した.モーメントおよびジニ係数の計算は McDonald (1984) を参照した.**表6-5** の計算に利用したパラメータ a, b, p, q の推定値を**表6-16**に示す.ここで括弧内は標準誤差である.また,**図6-1**は**表6-16**の推定結果を描いた推定世帯年収の分布を示している.

参考文献

Askin, J. S., D. K. Guilkey and R. Sickles (1979), "A random coefficient probit model with an application to a study of migration," *Journal of Econometrics*, 11, pp. 233-246.

Brown, M. B. and A. B. Forsythe (1974), "Robust test for the equality of variances," *Journal of the American Statistical Association*, 69, pp.364-367.

国立社会保障・人口問題研究所 (2005),「第5回人口移動調査　日本における近年

の人口移動」，調査研究報告資料，第20号．

国立社会保障・人口問題研究所（2009），「第6回人口移動調査　日本における近年の人口移動」，調査研究報告資料，第25号．

McDonald, J. B. and Y. J. Xu (1995), "A generalization of the beta distribution with applications," *Journal of Econometrics*, 66, pp. 133–152.

McDonald, J. (1984), "Some Generalized Functions for the Size Distribution of Income," *Econometrica*, 52 (3), pp.647–663.

Markowski, C. A. and E. P. Markowski (1990), "Conditions for the effectiveness of a preliminary test of variance," *American Statistician*, 44, pp.322–326.

Mueller, C. F. and E. S. Mills (1982), *The Economics of Labor Migration: A Behavioral Analysis*, New York: Academic Press.

Polachek, S. and F. Horvath (1977), "A life cycle approach to migration: analysis of the perspicacious peregrinator," in R. Ehrenberg (ed.), *Research in Labor Economics*, Greenwich, CT: JAI Press.

Quigley, J. M. (1985), "Consumer choice of dwelling, neighborhood and public services," *Regional Science and Urban Economics*, 15 (1), pp. 41–63.

Ravenstein, E. G. (1885), "The lows of migration," *Journal of Royal Statistical Society*, Vol. XLVIII, Part2, June, pp.167–227.

Roback, J. (1982), "Wage, rents and quality of life," *Journal of Political Economy*, 90 (6), 1257–1278.

Rogers, A. (1966), "A markovian policy model of inter-regional migration," *Paper and Proceedings of the Regional Science Association*, 17, pp.205–224.

Schwind, P. J. (1975), "A General field theory of migration," *Economic Geography*, 51, pp. 1–16.

Sjaastad, L. (1962), "The costs and returns of human migration," *Journal of Political Economy*, 70, pp.80–93.

Wolpart, J. (1965) "Behavioral aspects of the decision to migrate," *Papers of the Regional Science Association*, 15, pp. 159–169.

第7章　社会環境の変化と移住行動

山鹿久木・唐渡広志

1. はじめに

　世帯の移住するあるいは定住し続けるかどうかの決定に影響を与えている要因にはどのようなものがあるのであろうか．2015年に国土交通省がインターネットを通じて個人を対象に行った国民意識調査の中で，移住や定住の決断を近いうちにする予定の世帯，あるいはすでに移住した世帯を対象に，どのような理由で移住，定住の決定を行ったあるいは行うのかをたずねている．回答で多かった理由としては，通勤や通学に便利である，公共交通機関が発達している，公共施設が充実しているといった利便性に関する理由，定住地あるいは移住先の地で仕事や趣味を行うことに魅力を感じている，居住地のコミュニティーや文化が魅力的である，あるいは自然災害リスクが少ないといったその地域の住環境に関する理由，そして親の介護や実家・家業を継ぐといった家族関係の理由などであった．また最近の傾向として，自然環境の豊かさや生活費が安くすむといった理由から，退職世帯を中心に地方への移住希望者が多い，といったことも述べられていた．

　このように，移住，定住の決定理由には，職場との近接性以外にも世帯構成の特徴や世帯固有の事情などさまざまな要因が関係している．さらに歴史的にみると，人々の移動の理由は，国の経済状況の変化とともに，時代毎に大きく

図 7-1　移動者数の推移

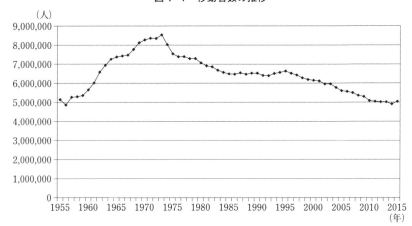

注1：移動者数とは市区町村の境界を越えて住所を移した日本人の数である．
注2：同一市区町村内の移動者，従前の住所が不定の者，転出から転入まで1年を超える者．

異なっている．

図 7-1 は，総務省（2017）の「住民基本台帳」より作成した市区町村間の移動者数の 1955 年から 2015 年までの推移である[1]．1955 年から 1970 年の高度成長期には，労働力人口の約 12% から 16% もの人々が農村地帯から都市部へと移動した．高度成長期の移動は，「集団就職」という言葉に象徴されるように，農林漁業を営んでいた世帯から多くの若者がより高い収入である製造業へ就くための都市部への移動であった．都市部と農村部での所得格差が広がり，より高い所得を求めて多くの若者が都市部へ移動していった．

しかし 1973 年のオイルショック以降，いわゆるバブル期になるまで移動者数は一貫して減少する．バブル景気時代，減少傾向は見られなくなるがバブル崩壊後の 1995 年から再び移動者数の減少が始まり現在に至る．都市圏毎に見ると，より充実した都市のアメニティーを求めての東京圏への移住は一貫して続いている一方で地方の魅力の低下から，一度都市部へ出た若者は地方へ戻らず都会で就職する傾向が強くなり，地方都市の人口流出が続いている（国土交

---

[1] ここでいう移動者数とは市区町村の境界を越えて住所を移した日本人の数である．ただし同一市区町村内の移動者，従前の住所が不定の者，転出から転入まで1年を超える者は含まない．

第 7 章　社会環境の変化と移住行動　　　219

通省（1995，2015））．このように世帯の特徴によっても，経済状況によっても
移住の決定要因は異なり，またその時に移住先で求める人々の社会環境も時代
に応じて変化している．そこで本章では，1993 年，1998 年，2003 年，2008 年の
「住宅・土地統計調査」（総務省統計局）の個票データを用いて，第 6 章で記述
統計量を用いて明らかにした移動世帯の世帯特性について，計量経済学のモデ
ルを用いてより詳細に分析を行う．さらに過去 5 年以内に移動を行った世帯に
分析対象を限り，移住世帯はどのような社会環境を重視して移動を行っている
のかを，移動先の自治体の社会環境の変化との関係を見ることで明らかにする．

　都市経済学の理論において，居住場所を決定するもっとも重要な要因は職場
からの距離である．所得を得るための毎日の通勤は，世帯にとって大変重要な
ことであり，金銭的あるいは時間的費用面から，職場と居住地の位置関係は非
常に重要である．よって通勤に大きく影響を及ぼすような変化が起こった場合，
より最適な居住場所を求めて移住を行う[2]．

　Ommeren et al.（1999）では，この居住地と職場の関係が，移住選択行動に
どのような影響を与えているのかを，世帯の移住に際して発生する移動コスト
と転職コストに焦点を当て，移動距離別に分析している．そこでは，近距離の
移住行動は，その移住によってより高い効用水準が確実に得られる場合にのみ
しか行わないため，より身近な居住環境の変化への移動になりがちであり，一
方で，遠距離の移住の場合は，移住先の情報量も少ないことから，ある程度の
社会環境を目安にはするが，一度移住した後に再度，近距離や中距離での移住
行動をとる可能性が高くなるということが述べられている．本章でも，移住の
パターンを移動距離に応じて分類する．近距離移動にあたる同一市町村内での
移動，中距離移動にあたる同一都道府県内であるが市区町村が異なる移動，そ
して遠距離移動にあたる他の都道府県間の移動である．本章の 1 つ目の分析で
は，これら 3 つの移動距離帯別に移住の要因を計量経済学的に分析し，世帯の
特性と移住の関係を見る．その際の世帯特性として，世帯主年齢と世帯所得に
焦点を当てている．そして 2 つ目の分析では，移住行動をとった世帯を対象に，
移住先の市区町村では，社会環境がどのように変化しているのかを見ている．

───────────
2）Kan（1999）は，移動の原因である社会環境変化が，予測できていた場合とできていなかった場
　合に分け，実際の移動行動にどのような影響を与えたのかを分析している．

人々の移動の要因にはさまざまなことが考えられると述べたが，移動すること
によって世帯にとっての社会環境が改善されているはずである．移住先ではど
のような社会環境がどう変化しているのであろうか．そしてそれらの傾向は，
世帯主の年齢や世帯所得とどう関係しているのであろうか．これらの点を，市
区町村別の様々な社会環境指標のデータの変化を見ることで明らかにする．

　本章の構成は以下のとおりである．第2節において，社会環境変数のデータ
と種類について詳しく紹介する．第3節では「住宅・土地統計調査」のデータ
を用いて，移住がどのような世帯で行われているのかを，4つの移住パターン
を被説明変数とする多項選択プロビット分析を行って明らかにする．第4節で
は，「住宅・土地統計調査」のデータと社会環境の変化の変数をマッチングさ
せることで，社会環境の変化と移住行動の関係を実証する．そして第5節で結
論を述べる．

2. 社会環境の変化と移動

　人々の移動は，さまざまな社会環境に変化をもたらす．本書のその他の章で
も分析されているように，さまざまな世帯特徴を持った人々の流出，また居住
している人々の高齢化などが不動産市場に影響を与え，その結果，都市の姿を
大きく変えていく．一方で，政策や再開発などをきっかけに，ある特徴を持っ
た世帯が流入してくることでも，都市や地域の世帯構成，あるいは周辺の環境
に大きな影響を与える[3]．そこで第1節で述べたように，移動した世帯を対象
にして，移動先となっている市区町村の社会環境の変化を，移動してきた世帯
の属性で説明することによって，さまざまなタイプの人々がどのような社会環
境指標に重きを置いて移動しているのかを明らかにする．

　移動世帯のデータは，第6章で紹介した1993年，1998年，2003年，2008
年の4年度分の「住宅・土地統計調査」である．一方，移動先の自治体の社会

3）　たとえば，インナーシティー現象が進んだ地域に再開発が行われ，所得の高い層の人口流入が大
　量に起きることで，それまで居住していた所得の低い住民が追い出される現象をジェントリフィケ
　ーションという．Ding et al.（2016）など，経済学のアプローチによるジェントリフィケーション
　の研究も増えてきている．

第 7 章　社会環境の変化と移住行動　　　221

環境の変化についてのデータは，「統計でみる都道府県・市区町村のすがた（社会・人口統計体系）」を用いる（以下，SSDS[4] と呼ぶ）．このデータは，人口・世帯，自然環境，経済基盤，行政基盤，教育，労働，居住，健康・医療，安全などの項目で，国民生活全般の実態を示す地域別統計データが収集・加工されており，体系的にまとめられている．本分析で使用するのは，市区町村基礎データファイル（1980–2011 年）で，市区町村レベルでの集計データである．「住宅・土地統計調査」のデータとこの SSDS のデータを組み合わせることで，人々の移動と社会環境の変化の関係をとらえる．

　本章の分析で用いた社会環境変数は**表 7–1** のとおりである．SSDS では変数を 9 つの項目に分けており，そのすべての項目より変数を選んだ．以下ではこれら項目別に，移住とどのような関係が考えられるのかを簡単に見ていく．

　第 1 節で紹介した国民意識調査結果より，世帯は移住や定住の決定を行う際に利便性や近隣の住環境，公共施設や医療施設といった，日常の生活と関係が深い施設の立地状況などを重視するということがわかった．**表 7–1** の「教育」，「住居」，「健康・医療」といった項目の変数はそのような施設数や立地条件を表す指標である．たとえば子供がいる世帯にとっては幼稚園，小学校などの教育施設が居住地域にどの程度存在しているのかは重要であるし，高齢者のいる世帯では介護等の施設があることは重要であろう．そして「住居」の項目には保育所や老人デイサービスまでの距離といった近接性に関する変数が存在する．

　「人口・世帯」の項目からは年少人口，生産年齢人口，老年人口といった，その地域の年齢構成に関わる変数，さらに 15 歳から 40 歳という比較的移動を活発に行いそうな年齢層に対しての未婚率などを取り上げている．子供が多く住んでいる地域，若い人が多く住んでいる地域，高齢者が多い地域のように，どのような年齢層の世帯が多いかによって地域の雰囲気は大きく異なる．そのため移住を決定する際には，これらの年齢階層のバランスは大きな影響を与えると考えられる．また通勤距離に関係する変数として，市区町村をまたがずに従業・通学している人の割合といった変数も採用した．「自然環境」からは，可住地面積割合を選んだ．その他の住宅関連では項目は変わるが「住居」の項

---

4)　SSDS とは System of Social and Demographic Statistics の略である．

222　　第3部　少子高齢化社会における人口移動の停滞

表7-1　SSDS から抽出した

項目	変数名（単位）
人口・世帯	15 歳未満人口/人口（万人） 65 歳以上人口/人口（万人） 15-40 歳男性人口/人口（万人） 15-40 歳未婚人口/人口（万人） DID 人口/DID 面積 転入者数/住基人口（万人） 転出者数/住基人口（万人） 自市区町村で従業・通学人口/住基人口（万人） 高齢単身世帯数/総世帯数（万世帯）
自然環境	可住地面積/総面積
経済基盤	課税対象所得/納税義務者数 第2次産業従業者数/従業者数（万人） 第3次産業従業者数/従業者数（万人） 従業者数（国・地方公共団体）/従業者数
行政基盤	財政力指数 実質収支比率 生活保護費/住基人口
教育	幼稚園数/5 歳以下人口（万人） 幼稚園在園者数/幼稚園数 小学校数/6-11 歳人口（万人） 小学校児童数/小学校数 中学校数/12-14 歳人口（万人） 中学校生徒数/中学校数 高等学校数/15-17 歳人口（万人） 高等学校生徒数/高等学校数 最終学歴人口（大学・大学院）/人口（万人）
労働	完全失業者/労働力人口（万人） （専門職業者＋技術者）/就業者（万人） 管理職/就業者（万人）
住居	空家数/住宅数（万戸） 戸建て住宅数/住宅数（万戸） 昭和 26-55 年に建築された住宅数/住宅数（万戸） 一住宅当たり延床面積 家計を主に支える者が雇用者である普通世帯数（通勤 60 分以上）/同普通世帯数 都市公園面積/総世帯数 最寄りの保育所までの距離が 100 m 未満＋100-200 m 未満＋200-500 m 未満の住宅数/住宅数（万戸） 最寄りの老人デイサービスセンターまでの距離が 250 m 未満＋250-500 m 未満の住宅数/住宅数（万戸）
健康・医療	病院病床数/人口（万人） 医師数/人口（万人） 介護老人保健施設数/65 歳以上人口（万人） 介護老人保健定員数/65 歳以上人口（万人） 養護老人ホーム数/65 歳以上人口（万人） 養護老人ホーム定員数/65 歳以上人口（万人） 有料老人ホーム数/65 歳以上人口（万人） 有料老人ホーム定員数/65 歳以上人口（万人） 保育所数/5 歳以下人口（万人） 保育所待機児童数/5 歳以下人口（万人） 保育所所在児数/5 歳以下人口
安全	建物火災出荷件数/世帯数（万戸） 交通事故死傷者数/人口 刑法犯認知件数/世帯数

注1：n.a.：この調査年度にマッチするデータが存在しない.
注2：これより新しい利用可能な年代が存在しなかったため利用可能な最新のものをマッチングさせた.

社会環境変数と抽出年度

1993 年		1998 年		2003 年		2008 年	
移動後	移動前	移動後	移動前	移動後	移動前	移動後	移動前
1995	1990	2000	1990	2005	2000	2010	2005
1995	1990	2000	1990	2005	2000	2010	2005
1995	1990	2000	1990	2005	2000	2010	2005
1995	1990	2000	1990	2005	2000	2010	2005
1995	1990	2000	1990	2005	2000	2010	2005
1995	1990	2000	1990	2005	2000	2010	2005
1995	1990	2000	1990	2005	2000	2010	2005
1995	1990	2000	1990	2005	2000	2010	2005
1995	1990	2000	1990	2005	2000	2010	2005
1995	1990	2000	1990	2005	2000	2010	2005
1995	1990	2000	1990	2005	2000	2010	2005
2001	1991	2001	1991	2006	2001	2006[1]	2001
2001	1991	2001	1991	2006	2001	2006[1]	2001
2001	1991	2001	1991	2006	2001	2006[1]	2001
2000	1990	2000	1990	2005	2000	2010	2005
2000	1990	2000	1990	2005	2000	2010	2005
2000	1990	2000	1990	2005	2000	2010	2005
2000	1990	2000	1990	2005	2000	2010	2005
2000	1990	2000	1990	2005	2000	2010	2005
2000	1990	2000	1990	2005	2000	2010	2005
2000	1990	2000	1990	2005	2000	2010	2005
2000	1990	2000	1990	2005	2000	2010	2005
2000	1990	2000	1990	2005	2000	2010	2005
2000	1990	2000	1990	2005	2000	2010	2005
2000	1990	2000	1990	2010	2000	2010	2000
2000	1990	2000	1990	2005	2000	2010	2005
2000	1990	2000	1990	2005	2000	2005[1]	2000
2000	1990	2000	1990	2005	2000	2005[1]	2000
n.a.	n.a.	n.a.	n.a.	2008	2003	2008	2003
1993	1988	1998	1988	2008	1998	2008	2003
n.a.	n.a.	n.a.	n.a.	2008	1998	2008	2003
1993	1988	1998	1988	2008	2003	2008	2003
n.a.	n.a.	n.a.	n.a.	2008	2003	2008	2003
2000	1990	2000	1990	2005	2000	2010	2005
n.a.	n.a.	n.a.	n.a.	2008	2003	2010	2003
n.a.	n.a.	n.a.	n.a.	2008	2003	2010	2003
n.a.	n.a.	n.a.	n.a.	2005	2000	2010	2005
2000	1990	2000	1990	2010	2000	2010	2000
n.a.	n.a.	n.a.	n.a.	2005	2000	2010	2005
n.a.	n.a.	n.a.	n.a.	2005	2000	2010	2005
n.a.	n.a.	n.a.	n.a.	2005	2000	2010	2005
n.a.	n.a.	n.a.	n.a.	2005	2000	2010	2005
n.a.	n.a.	n.a.	n.a.	2005	2000	2010	2005
2000	1990	2000	1990	2005	2000	2010	2005
n.a.	n.a.	n.a.	n.a.	2005	2000	2010	2005
2000	1990	2000	1990	2005	2000	2010	2005
2000	1990	2000	1990	2005	2000	2010	2005
n.a.	n.a.	n.a.	n.a.	2005	2000	2005[1]	2000
2000	1990	2000	1990	2005	2000	2005[1]	2000

目で空き家の割合，戸建ての割合，古い建物の割合といった変数を選んでいる．これらも移住か定住かの選択の際には地域の住環境を表す指標として有効である．

「経済基盤」では，第2次産業と第3次産業の就業者割合の変数を採用している．非常に大きなくくりであるが，このような産業別の従業者数はその地域の経済活動の実態を反映している指標である．同様に地方自治体の実態を反映しているものとして「行政基盤」の項目から財政力指数，実質収支比率，生活保護費額の3つの変数を選んでいる．財政的に豊かな地域や財政収支のバランスのとれた地域，さらには低所得者が多くいる地域など，これらの指標も地域の特徴をとらえる際に重要になってくると考えられる．

地域による雇用格差や所得格差は人々の移動の要因となる．「労働」の項目では失業率や専門業者・技術者，管理職などの割合の指標を選んだ．また自然災害や交通事故，犯罪といった地域の安全に関わる変数を「安全」の項目から選んでいる．このような各項目から選んだ社会環境指数を，移住の決定の際に人々はどの程度重視しているのかを移住の決定行動とうまく関連付けて分析を行う．

3. 移住の要因についての計量経済分析

3.1. 移動選択についての多項選択プロビット分析

本節では「住宅・土地統計調査」のミクロデータを用いて，移住の要因を分析する．推定に用いる計量モデルは多項選択プロビットモデルである．被説明変数は，移住の4つの形態，すなわち，0：移動しない，1：同一市区町村内移動，2：同一都道府県内他市区町村移動，3：他都道府県移動，である．各調査年において入居時期が過去5年以内の世帯を移住世帯と定義している．プロビットモデル同様，ある移住の選択肢を選んだときの効用水準とそれ以外の選択肢を選んだ際の効用水準を比較し，効用水準がもっとも高くなる選択肢を最終的に選択する．個人 i が4つの移動形態の中から，選択肢 j を選択するときの効用を誤差項 ε_{ij} を用いて，$U_{ij} = \mu_{ij} + \varepsilon_{ij}$ とする．ただし，$i = 1, ..., n$, $j = 0, 1, 2, 3$ とする．潜在的な変数として，この効用の選択肢間の差，U_{ij}^* を用いて，

第7章　社会環境の変化と移住行動　　　　225

回帰モデル，

$$U_{ij}^* = x_{ij}' \beta_j + \varepsilon_{ij}^* \tag{1}$$

を考える．ただし，$U_{ij}^* = U_{ij} - U_{i0}$，$x_{ij}'\beta_j = \mu_{ij} - \mu_{i0}$，$\varepsilon_{ij}^* = \varepsilon_{ij} - \varepsilon_{i0}$ とする．ここで U_{ij}^* は効用水準であり，観測不可能なので，U_{ij}^* の代わりに，観測可能な以下で定める変数 y_i を用いる．変数 y_i は，$j=0, 1, 2, 3$ に対して，

$$y_i = \begin{cases} 0 \ (U_{i1}^* \le 0, \ U_{i2}^* \le 0, \ U_{i3}^* \le 0 \text{のとき}) \\ 1 \ (U_{i1}^* \ge 0, \ U_{i1}^* \ge U_{i2}^*, \ U_{i1}^* \ge U_{i3}^* \text{のとき}) \\ 2 \ (U_{i2}^* \ge 0, \ U_{i2}^* \ge U_{i1}^*, \ U_{i2}^* \ge U_{i3}^* \text{のとき}) \\ 3 \ (U_{i3}^* \ge 0, \ U_{i3}^* \ge U_{i1}^*, \ U_{i3}^* \ge U_{i2}^* \text{のとき}) \end{cases} \tag{2}$$

となる．

　この変数 y_i は，(1) 式の推定モデルの被説明変数となり，0 から 3 の選択肢については，0：移動しない，1：同一市区町村内移動，2：同一都道府県内他市区町村移動，3：他都道府県移動，となる．**表7-2** では，多項選択モデルで用いた被説明変数の記述統計を記載している．サンプル数は 1993 年，1998 年，2003 年は約 210 万件であり，2008 年は約 190 万件である．いずれの年も推定に用いられたサンプル数は，全標本サイズから 140 万-190 万件ほど減っている．これは多項選択モデルを推定する際に説明変数の欠損値の影響を受けたためである．また第 6 章で定めたとおり，各調査年において入居時期が過去 5 年以内の世帯を転入世帯と定義し，それ以外を移住していない世帯と定義した．この定義にしたがって，被説明変数のカテゴリーを (2) 式と対応させている．

　今回のサンプルについての「移住世帯数」の割合は 2008 年で若干低下している[5]．転入前の居住地別での内訳を見ると「同一市区町村」では横ばい，「同一都道府県内他市区町村」，「他都道府県」では若干の低下傾向であった．

　(1) 式の説明変数 x_i として用いたデータは，従前の居住形態，従業上の地

---

5)　1998 年度調査のみ，入居時期が過去 12 年前までの居住者を，移住してきた世帯として質問している．そのため，従前の状況に関する質問の欠損値の割合が，その他の調査年度と比較して少なくなったため，今回の分析のサンプルにおいては**表7-2** のような高い割合を示した．ただし全体としては第 6 章で説明しているように，この年度の高い移住傾向は見られない．このことは移住者の内訳においても同様である．

表 7–2 推定で用いた標本サイズと転入世帯割合 [1]

	1993 年	1998 年	2003 年	2008 年
全標本サイズ [2]	3,849,340	3,969,761	3,580,378	3,464,946
分析の標本サイズ [3]	2,113,072	2,059,263	2,107,321	1,895,026
転入世帯数	348,927	665,597	359,427	298,594
転入世帯割合	0.165	0.323	0.171	0.158
転入前居住地別転入世帯割合				
同一市区町村	0.094	0.093	0.190	0.094
同一都道府県内他市区町村	0.042	0.052	0.113	0.050
他都道府県	0.022	0.025	0.021	0.021

注1：「住宅・土地統計調査」における住宅への入居時期が過去5年以内の世帯を転入世帯と定義した.
注2：全標本サイズは「住宅・土地統計調査」の生の個票データである. 第6章表6-1の「標本サイズ」と同じである.
注3：分析の標本サイズは多項選択プロビット推定において用いられたデータ数を示している.

位，世帯主年齢，世帯年収である．調査年度別の平均値を表 7–3 に報告している．世帯人員数は整数値をとる変数で，それ以外はダミー変数である．居住形態についてはその他以外に 5 つのカテゴリーに分類している．従業上の地位は不明なものも含め 7 つのカテゴリーに分けている．また世帯主が何歳かによって，世帯主年齢ダミーを 10 歳代から 10 歳刻みで 70 歳代まで作成しているが，1993 年度調査においては，世帯主の年齢がわからない．しかしその世帯にどのような年齢の人がいるかを尋ねているため，それをもとに，3 歳以下の乳幼児がいる世帯，4 歳以上 17 歳以下の子供がいる世帯，18 歳から 64 歳の人がいる世帯，そして 65 歳以上の高齢者がいる世帯のそれぞれを区別するダミー変数を代理変数として作成した．また世帯所得は，5 つのカテゴリーに分類した．

　表 7–3 によると，従前の居住形態については，持ち家の世帯がもっとも多いが，1998 年と 2003 年においては持ち家率が低く，その代わりに民営賃貸率が他の 2 年と比較して高くなっている．また世帯人員数の平均値は 2003 年の調査では 3 名を切り，世帯数が減少していることがわかる．従業上の地位については，もっとも多いカテゴリーは会社，団体などの雇用者であり，全体の 4 割から 5 割を占めている．次に多いのが商工，その他の自営業主である．時系列的にはこれらのカテゴリーの占める割合は減少傾向にあった．また世帯主の年

第7章　社会環境の変化と移住行動

表 7-3　調査年度別説明変数の平均値

		1993 年		1998 年	2003 年	2008 年
従前の居住形態	持ち家	0.783		0.699	0.736	0.776
	公営／UR	0.021		0.033	0.024	0.022
	民営賃貸	0.135		0.172	0.176	0.146
	給与住宅	0.031		0.039	0.022	0.020
	親族の家	0.022		0.043	0.033	0.030
	その他	0.009		0.014	0.009	0.007
世帯人員数		3.374		3.170	2.934	2.885
従業上の地位	自営業主（農林漁業）	0.060		0.050	0.046	0.053
	自営業主（商工，その他）	0.137		0.130	0.117	0.113
	雇用者（会社，団体，公社，個人）	0.513		0.482	0.417	0.427
	雇用者（官公庁）	0.076		0.067	0.058	0.052
	臨時雇い	0.037		0.035	0.041	0.049
	無職，その他	0.004		0.004	0.006	0.005
	不明	0.173		0.228	0.263	0.302
世帯年齢構造／世帯主年齢	3 歳以下がいる	0.083	10 歳代 0.002	0.002	0.001
	17 歳以下がいる	0.337	20 歳代 0.033	0.043	0.029
	18-64 歳がいる	0.885	30 歳代 0.102	0.111	0.102
	65 歳以上がいる	0.400	40 歳代 0.219	0.165	0.151
			50 歳代 0.263	0.255	0.230
			60 歳代 0.219	0.221	0.235
			70 歳代 0.162	0.202	0.251
世帯所得	300 万円未満	0.249		0.254	0.323	0.346
	300 万-500 万円	0.248		0.246	0.266	0.262
	500 万-700 万円	0.193		0.181	0.168	0.166
	700 万-1,000 万円	0.181		0.181	0.148	0.147
	1,000 万円以上	0.129		0.137	0.095	0.080

齢については，30 歳代の世帯数は横ばい，40 歳代，50 歳代の世帯割合が減少している一方で，60 歳代，70 歳代の高齢者世帯が大きく増加している．世帯所得については，700 万円以上の世帯割合が 4% ポイントほど減っている一方で 500 万円未満の世帯割合が増加している．特に 300 万円未満の低所得世帯が 10% ポイント増えており，高齢化に伴い低所得世帯の増加傾向が顕著に見られる．

3.2. 推定結果

表 7-2 の 4 段階の被説明変数と表 7-3 の説明変数を用いて，多項選択プロビ

表 7-4　多項選択プロビットモデルの推定結果（ベースは「移動しない」世帯）

			1993 年度係数値	1998 年度係数値	2003 年度係数値	2008 年度係数値
同一市区町村内移動	従前の居住形態	持ち家（ベース）				
		公営／UR	2.369***	2.755***	2.178***	2.176***
		民営賃貸	2.455***	2.672***	2.410***	2.587***
		給与住宅	2.548***	3.007***	2.539***	2.583***
		親族の家	6.606***	5.794***	5.812***	5.662***
		その他	6.434***	5.708***	5.776***	5.576***
	世帯人員数		0.030	0.014***	0.087***	0.063***
	従業上の地位	自営業主(農林漁業)(ベース)				0.256
		自営業主（商工，その他）	0.317***	0.937***	1.869***	0.256***
		雇用者(会社,団体,公社,個人)	0.191***	0.760***	1.818***	0.155***
		雇用者（官公庁）	0.291***	0.808***	1.890***	0.128***
		臨時雇い	0.003	0.671***	1.808***	0.143***
		無職（学生）	1.037***	0.504***	1.588***	−0.422***
		無職（その他）	0.075***	0.759***	1.811***	0.172***
	世帯年齢構造世帯主年齢	3 歳以下がいる（ベース）／10 歳代（ベース）				0.474
		17 歳以下がいる／20 歳代	0.150***	0.885***	0.661***	0.474***
		18-64 歳がいる／30 歳代	0.084***	0.955***	0.394***	0.091
		65 歳以上がいる／40 歳代	−0.237***	0.465***	−0.003	−0.404***
		50 歳代		0.070***	−0.246***	−0.677***
		60 歳代		−0.065	−0.279***	−0.656***
		70 歳代		−0.244	−0.464***	−0.878***
	世帯年収	300 万円未満（ベース）				0.147
		300 万-500 万円	0.105***	0.176***	0.094***	0.307***
		500 万-700 万円	0.176***	0.303***	0.228***	0.377***
		700 万-1,000 万円	0.210***	0.398***	0.327***	0.521***
		1,000 万円以上	0.315***	0.540***	0.452***	−2.949***
	定数項		−3.226***	−3.325***	−4.983***	
同一都道府県内他市区町村移動	従前の居住形態	持ち家（ベース）				
		公営／UR	2.349***	2.708***	2.121***	2.019***
		民営賃貸	2.363***	2.526***	2.320***	2.420***
		給与住宅	3.160***	3.595***	3.024***	3.053***
		親族の家	6.468***	5.372***	5.571***	5.377***
		その他	6.404***	5.698***	5.672***	5.431***
	世帯人員数		−0.059***	−0.074***	−0.056***	−0.074***
	従業上の地位	自営業主(農林漁業)(ベース)				
		自営業主（商工，その他）	0.705***	1.540***	2.366***	0.437***
		雇用者(会社,団体,公社,個人)	0.821***	1.524***	2.406***	0.469***
		雇用者（官公庁）	1.046***	1.478***	2.567***	0.643***
		臨時雇い	0.532***	1.353***	2.391***	0.445***
		無職（学生）	2.546***	1.701***	2.539***	0.411***
		無職（その他）	0.721***	1.680***	2.409***	0.480***

第7章　社会環境の変化と移住行動

			1993年度係数値	1998年度係数値	2003年度係数値	2008年度係数値
同一都道府県内他市区町村移動	世帯年齢構造／世帯主年齢	3歳以下がいる（ベース）／10代（ベース）				
		17歳以下がいる／20代	0.122***	0.431***	0.162***	-0.072***
		18-64歳がいる／30代	0.284***	0.340***	-0.321***	-0.673***
		65歳以上がいる／40代	-0.339***	-0.286***	-0.926***	-1.320***
		50代		-0.784***	-1.208***	-1.587***
		60代		-0.893***	-1.295***	-1.607***
		70代		-1.129***	-1.616***	-1.941***
	世帯年収	300万円未満（ベース）				
		300万-500万円	0.242***	0.323***	0.232***	0.278***
		500万-700万円	0.419***	0.552***	0.436***	0.464***
		700万-1,000万円	0.528***	0.761***	0.589***	0.580***
		1,000万円以上	0.620***	0.979***	0.731***	0.685***
	定数項		-4.361***	-3.622***	-4.847***	-2.646***
他都道府県移動	従前の居住形態	持ち家（ベース）				
		公営／UR	1.966***	2.262***	1.757***	1.623***
		民営賃貸	2.225***	2.465***	2.277***	2.300***
		給与住宅	3.192***	3.650***	3.300***	3.174***
		親族の家	6.058***	5.122***	5.370***	5.086***
		その他	6.256***	5.476***	5.527***	5.175***
	世帯人員数		-0.129***	-0.173***	-0.138***	-0.158***
	従業上の地位	自営業主(農林漁業)（ベース）				
		自営業主(商工, その他)	0.445***	1.376***	2.019***	0.061*
		雇用者(会社,団体,公社,個人)	0.667***	1.558***	2.225***	0.201***
		雇用者(官公庁)	0.465***	1.302***	1.923***	-0.095**
		臨時雇い	0.495***	1.429***	2.288***	0.243***
		無職（学生）	2.840***	2.785***	3.470***	1.101***
		無職（その他）	0.831***	1.870***	2.490***	0.544***
	世帯年齢構造／世帯主年齢	3歳以下がいる（ベース）／10代（ベース）				
		17歳以下がいる／20代	0.261***	0.113*	-0.031***	-0.207***
		18-64歳がいる／30代	0.376***	-0.174***	-0.530***	-0.892***
		65歳以上がいる／40代	-0.236***	-0.966***	-0.964***	-1.390***
		50代		-1.494***	-1.272***	-1.698***
		60代		-1.595***	-1.317***	-1.643***
		70代		-1.990***	-1.742***	-2.135***
	世帯年収	300万円未満（ベース）				
		300万-500万円	0.163***	0.208***	0.229***	0.275***
		500万-700万円	0.341***	0.417***	0.461***	0.491***
		700万-1,000万円	0.521***	0.682***	0.707***	0.675***
		1,000万円以上	0.690***	0.945***	0.923***	0.900***
	定数項	定数項	-4.537***	-3.701***	-4.844***	-2.419***
	サンプル数		2113072	2059263	2107321	1895026
	Wald χ^2		541216.24	781860.76	542014.41	510258.93

注：***, **, *はそれぞれ1%水準，5%水準，10%水準で統計的に有意であることを表す.

ット推定を行った．推定結果として，調査年度別，移住形態別の係数値と限界値を**表 7-4** に掲載している．表中の＊＊＊，＊＊，＊はそれぞれ 1% 水準，5% 水準，10% 水準で統計的に有意であることを表している．

　基準となる移住形態は，(2) 式の分類における「0：移動しない」である．また，この推定結果をもとに，各変数の平均値における限界効果を計算し，その結果を**表 7-5** で報告している．**表 7-4** の係数値は (1) 式の潜在変数 U_{ij}^* と各説明変数との関係を表している数値であるため，各説明変数が変化した場合に，それぞれの選択を行う確率がどの程度変化するかを表してはいない．そこで通常は係数値とデータ（各説明変数の平均値）より計算される限界効果を見ることで，各説明変数の値が変化したときに，ある選択肢を選択する確率がどの程度増えたり減ったりするのかを議論する．また**表 7-5** の限界効果については，基準の移住形態である「移動しない」についても明示的に計算して報告している[6]．

　具体的に，たとえば**表 7-5** の「世帯人員数」の限界効果の値を見てみよう．1993 年の値では「移動しない」と「同一市区町村」の限界効果が 0.001 と 0.003 で正値である．このことは，世帯人員数が増えると，移動しない確率が 0.1% ポイント上がる，同一市区町村内での移動が 0.3% ポイント上がる，ということを意味する．一方で，同一都道府県内他市区町村移動，あるいは他都道府県移動はどちらも－0.002 であり，このことは世帯人員数が増えると，比較的移動距離が長いこれらの移動を選択する確率が 0.2% ポイント下がる，ということを意味する．

　時系列的な変化はどうであろうか．2003 年と 2008 年では「移動しない」世帯の世帯人員数の限界効果が負で報告されている．世帯人員数が増えると「移動しない」傾向が減り，より移動するようになることを意味する．一方で同一市区町村内の限界効果の確率がこれを吸収する形で相対的に高くなっているため，2000 年代に入って，世帯人員数の増加は，近距離の同一市区町村内の移動傾向をより高めるようになった，ということがわかる．以下で**表 7-5** の限界効果についてその他の説明変数について見ていく．

---

6)　**表 7-5** の各説明変数に対するすべての移動形態の限界効果を合計するとゼロになる．

第7章　社会環境の変化と移住行動　　231

「住宅の居住形態」については，基準値である持ち家と比較すると，「移住しない」以外の限界効果の値が正であるため移住の可能性は高くなっている[7]．特に親族の家からの移動確率が高く，次に民営賃貸住宅や給与住宅からの移動確率が高いことがわかる．同一市区町村移動については民営賃貸住宅と給与住宅の差は見られないが，同一都道府県内他市区町村や他都道府県からといった移動距離が長くなると給与住宅からの移住の可能性が高くなる傾向にある．時系列的には 1993 年よりも 2000 年代の 2 つの年度は同一市区町村移動も含め，値が小さくなっており，移動の停滞が見られる．

「従業上の地位」に関する限界効果の値についても，基準の地位が農林漁業であるため，「移住しない」以外の値はすべて正であり，その他のどの業種も農林漁業よりは移動の傾向が高いことがわかる．職種別にもう少し詳しく見てみると 1993 年調査では，雇用者（官公庁）の移動が同一市区町村，同一都道府県内の比較的移動距離の短い移住確率が高くなる傾向にあった．また移動の距離にかかわらず学生の移動傾向は強かった．2003 年では業種間の違いは小さくなると同時に，同一市区町村内の移動の傾向が少し強まり，同一都道府県内他市区町村内の移動が減った．しかし 2008 年になって遠距離移動の自営業主や官公庁の業種が負で計算されており，全体としても数値が非常に小さくなり，農林漁業との差がなくなっている．2008 年では業種別に見ても，移動がほとんど行われなくなってきている．

「世帯主年齢」別の移動傾向について見てみよう．1998 年の同一市区町村内の近距離移動では，ほぼ全世代が基準の 10 歳代世帯主より正で推定されている．特に 30 歳代での移動傾向が強い．しかし 2003 年では 40 歳代以下で移動傾向が見られるが 2008 年には 30 歳代以下がかろうじて正となるにとどまる．同一都道府県内他市区町村で見ると，1998 年では 20 歳代，30 歳代に移動が高くなる傾向が見られるが 2000 年代ではすべての年代で負の値となり，移動の傾向が少なくなることがわかる．都道府県をまたぐ長距離移動についても同様であり，2003 年から 2008 年にかけてわずかであるが負の傾向が強まっている．1993 年については，同様のデータのとり方ができないため，異なるカテゴリ

───────────────

7)　「移動しない」については負の値であり，移動しない可能性が減るということを意味し，持ち家と比較した場合に移動確率が高くなるという解釈と矛盾しない．

表 7-5 移住形態別の限界効果

	区分（1993年）	移動しない	同一市区町村	同一都道府県内他市区町村	他都道府県	区分（1998年）	移動しない	同一市区町村	同一都道府県内他市区町村	他都道府県
従前の居住形態	持ち家（ベース）					持ち家（ベース）				
	公営/UR	-0.297***	0.192***	0.078***	0.027***	公営/UR	-0.715***	0.446***	0.244***	0.024***
	民営賃貸	-0.308***	0.199***	0.078***	0.032***	民営賃貸	-0.688***	0.435***	0.222***	0.030***
	給与住宅	-0.357***	0.199***	0.109***	0.048***	給与住宅	-0.853***	0.458***	0.344***	0.050***
	親族の家	-0.835***	0.534***	0.215***	0.086***	親族の家	-1.478***	0.948***	0.469***	0.061***
	その他	-0.822***	0.518***	0.213***	0.090***	その他	-1.498***	0.918***	0.513***	0.068***
世帯人員数		0.001***	0.003***	-0.002***	-0.002***		0.007**	0.006***	-0.009***	-0.004***
従業上の地位	自営業主(農林漁業)（ベース）					自営業主(農林漁業)（ベース）				
	自営業主(商工、その他)	-0.055***	0.023***	0.026***	0.006***	自営業主(商工、その他)	-0.306***	0.127***	0.161***	0.019***
	雇用者(会社、団体、公社、個人)	-0.052***	0.010**	0.031***	0.011***	雇用者(会社、団体、公社、個人)	-0.279***	0.090***	0.164***	0.025***
	雇用者(官公庁)	-0.065***	0.018**	0.040***	0.006***	雇用者(官公庁)	-0.279***	0.103***	0.157***	0.019***
	臨時雇い	-0.025**	-0.004*	0.021***	0.009***	臨時雇い	-0.248***	0.079***	0.146***	0.023***
	無職（学生）	-0.209***	0.069***	0.093***	0.047***	無職（学生）	-0.270***	0.026***	0.192***	0.052***
	無職（その他）	-0.042***	0.000	0.028***	0.014***	無職（その他）	-0.297***	0.083***	0.183***	0.031***
世帯年齢構造/世帯主年齢	3歳以下がいる（ベース）					10歳代（ベース）				
	17歳以下がいる	-0.020***	0.012***	0.004***	0.004***	20歳代	-0.182***	0.163***	0.024***	-0.004**
	18-64歳がいる	-0.022***	0.005***	0.011***	0.006***	30歳代	-0.182***	0.181***	0.011***	-0.010***
	65歳以上がいる	0.034***	-0.018***	-0.012***	-0.003***	40歳代	-0.036**	0.109***	-0.050***	-0.023***
						50歳代	0.078***	0.050***	-0.098***	-0.031***
						60歳代	0.111***	0.028***	-0.107***	-0.032***
						70歳代	0.166***	0.002	-0.130***	-0.038***
世帯年収	300万円未満（ベース）					300万円未満（ベース）				
	300万-500万円	-0.019***	0.007***	0.009***	0.002***	300万-500万円	-0.060***	0.023***	0.035***	0.002**
	500万-700万円	-0.033***	0.012***	0.016***	0.005***	500万-700万円	-0.104***	0.039***	0.059***	0.005***
	700万-1,000万円	-0.042***	0.014***	0.019***	0.009***	700万-1000万円	-0.141***	0.049***	0.082***	0.010***
	1,000万円以上	-0.056***	0.022***	0.022***	0.011***	1000万円以上	-0.187***	0.069***	0.104***	0.014***

第 7 章　社会環境の変化と移住行動

		2003年				2008年			
		移動しない	同一市区町村	同一都道府県内他市区町村	他都道府県	移動しない	同一市区町村	同一都道府県府県内他市区町村	他都道府県
従前の居住形態	持ち家／UR（ベース）								
	公営賃貸	-0.220***	0.147***	0.054***	0.018***	-0.210***	0.147***	0.045***	0.018***
	民営賃貸	-0.246***	0.162***	0.059***	0.025***	-0.255***	0.174***	0.054***	0.027***
	給与住宅	-0.284***	0.167***	0.078***	0.038***	-0.280***	0.170***	0.070***	0.040***
	親族の家	-0.591***	0.392***	0.141***	0.059***	-0.561***	0.381***	0.120***	0.061***
	その他	-0.593***	0.388***	0.144***	0.061***	-0.557***	0.374***	0.121***	0.062***
世帯人員数		-0.003***	0.007***	-0.002***	-0.002***	-0.001***	0.005***	-0.002***	-0.002***
従業上の地位	自営業主（農林漁業）（ベース）								
	自営業主（商工、団体、公社、個人）	-0.208***	0.123***	0.062***	0.022***	-0.028***	0.017***	0.011***	0.000
	雇用者（会社、団体、公社、個人）	-0.208***	0.119***	0.064***	0.025***	-0.023***	0.009***	0.012***	0.002***
	雇用者（官公庁）	-0.213***	0.124***	0.069***	0.021***	-0.022***	0.007***	0.017***	-0.002***
	臨時雇い	-0.207***	0.118***	0.063***	0.026***	-0.022***	0.008***	0.011***	0.003***
	無職（学生）	-0.210***	0.099***	0.067***	0.043***	0.006	-0.035***	0.012***	0.017***
	無職（その他）	-0.210***	0.118***	0.064***	0.029***	-0.029***	0.010***	0.012***	0.008***
世帯主年齢	10歳代（ベース）								
	20歳代	-0.048***	0.048***	0.002*	-0.002	-0.027***	0.035***	-0.003**	-0.004***
	30歳代	-0.012***	0.031***	-0.011***	-0.008***	0.020***	0.011***	-0.018***	-0.013***
	40歳代	0.034	0.005	-0.027***	-0.013***	0.074***	-0.021***	-0.033***	-0.019***
	50歳代	0.061***	-0.011***	-0.035***	-0.016***	0.102***	-0.040***	-0.039***	-0.023***
	60歳代	0.066***	-0.012***	-0.037***	-0.017***	0.100***	-0.038***	-0.039***	-0.022***
	70歳代	0.091***	-0.024***	-0.046***	-0.022***	0.128***	-0.052***	-0.047***	-0.029***
世帯年収	300万円未満（ベース）								
	300万-500万円	-0.015***	0.005***	0.006***	0.003***	-0.019***	0.009***	0.007***	0.004***
	500万-700万円	-0.031***	0.014***	0.012***	0.006***	-0.037***	0.020***	0.011***	0.006***
	700万-1,000万円	-0.045***	0.020***	0.016***	0.009***	-0.046***	0.024	0.014***	0.009***
	1,000万円以上	-0.059***	0.028***	0.020***	0.011***	-0.061***	0.033***	0.016***	0.012***

注：***，**，*はそれぞれ1％水準，5％水準，10％水準で統計的に有意であることを表す．

ーで分析をしているが，65歳以上の高齢者がいる世帯は，移動の距離にかかわらず，移動をしない傾向が高い．一方で4歳から17歳の子供がいる世帯は近距離移動の確率が高く，18歳から64歳の生産年齢の人々がいる世帯は中距離，遠距離移動をする傾向にあることがわかった．

　最後に，「世帯所得」別の移動確率の傾向について見てみよう．全年度通じて見られる点は，所得が高くなると，移動傾向が高くなることである．全体の時系列的な変化も1998年以外の3年度ではほぼ横ばいであるが2003年と2008年で見ると，同一市区町村内の比較的近距離移動については500万円以上の中高所得世帯は移動の傾向が高くなってきている一方で，市区町村をまたぐ中距離移動が減少傾向にある．移動距離の縮小傾向が見られる．

　以上の推定結果からどのようなことが読み取れるだろうか．第1節で述べたように，移住の要因としては周辺の住環境や世帯構成などさまざまな要因が考えられる．それらともっとも関連が深いのが世帯主の年齢であろう．世帯のライフステージに特有のイベントが発生し，その際に移住するかどうかの決定が行われる．子供が生まれたり介護などで親と同居したりするなどのイベントは世帯人員数が増え，これまでの住居や住環境では不便さを感じるようになる．生活環境を改善するために移動を考えるが，その際に通勤や通学などの環境が変化しない比較的近距離の範囲での移動を考えるであろう．またこれらのイベントが起こる世帯主の年齢層は30歳代から40歳代に多い．したがって親族の家からの移動や30歳代，40歳代の世帯主世帯の移動が，近距離で確率的に高く推定されていた．

　また移動には金銭的だけでなく，時間的，精神的といったさまざまなコストがかかる．20歳代は結婚していない人や子供がいない世帯が多く，移動のコストが少ない．したがってより良い住環境を求めて頻繁に移動する可能性もあり，またそのことを見越して住宅は賃貸住宅であることも多いため，さらに移動のコストが少ない．学生も同様である．このようなことが20歳代の移住傾向が高く見られることの理由として考えられる．また金銭コストを支払えるという点から，世帯主年齢にかかわらず高所得世帯の方が移住の確率が高く出る傾向にある．

　では，これらの傾向を時系列的に見てみるとどうであろうか．もっとも特徴

第 7 章　社会環境の変化と移住行動　　　235

的なことは，これらクロスセクショナルに見られる世帯主年齢と世帯所得の傾向が，2003 年と 2008 年の推定結果において縮小してきている，ということである．具体的には，同一市区町村内で，正の値が推定されている年齢層が縮小してきている．その傾向は移動距離が長くなるほど顕著であり，負で推定される年齢層が急激に増えているのがわかる．移動コストが少ない 20 歳代や 30 歳代については，近距離移動について移住の傾向は依然見られるが，移動の要因となるイベントが起こりやすい世帯主 30 歳代から 40 歳代の中距離以上の移動の傾向は大きく縮小してきており，距離の長い移動を避ける傾向にある年齢層が拡大してきている．さらに，会社や官公庁の雇用者といった，比較的移動の可能性が高い職業世帯の移動確率も調査年度を追う毎に減少してきており，経済活動における人の移動が大きく縮小してきていることを示唆しているのではないだろうか．

4. 社会環境の変化と移住に関する計量経済分析

4.1. 社会環境変数を用いた推定モデル

　第 3 節の多項選択プロビットを受けて，本節では移住した世帯にサンプルを限り，世帯の移動が，移住先となっている市区町村のどのような社会環境変数に変化を与えているのかを明らかにする．特に，移動世帯の世帯主年齢と世帯所得に焦点を当てることで，市町村のさまざまな社会環境の変化は，どのような属性世帯の，どのような移住形態によって説明ができるのかを見ることができる．世帯は，移動することを決めると，現状の居住環境から得られている効用水準を下げないような立地選択を行うはずである．ある市町村の社会環境を，特定の属性の世帯が重視して移動を行うと，その社会環境に対する需要が高まり，より充実した環境が実現し，市区町村もそれらの環境を整えようとする．この社会環境の変化をとらえることで，その属性の世帯がどのような社会環境指標に重きを置いて移動をしているのかを明らかにすることができる．

　本節の分析では，移住が行われている世帯，すなわち同一市区町村内移動，同一都道府県内他市区町村移動，他都道府県移動を選択した世帯にサンプルを限って分析をする．そのため，第 3 節で行った移住の意思決定の多項選択プロ

ビット推定から，逆ミルズ比を計算し，推定モデルの説明変数として加えている．

被説明変数は，第2節で述べている社会人口統計体系（SSDS）より，対象となる社会環境の市区町村データを抽出する．抽出したデータを，データに応じて適宜世帯当たり，あるいは人口当たりに加工する．抽出するデータの年度は，「住宅・土地統計調査」の調査年度の移動前と移動後の年に対応した年度を選び，それぞれの年度の平均値で割ることで実質化している．採用したデータやそのデータの単位は第2節の表7-1に掲載している．ここで，表7-1の市区町村別の社会環境変数をyとすると，分析に用いる推定モデルの被説明変数Yを次のように定める．

$$Y = \frac{y_t}{\bar{y}_t} - \frac{y_{t-1}}{\bar{y}_{t-1}} \tag{3}$$

添え字のtは移動後の年度，$t-1$は移動前の年度を表し，$\bar{y}$は，当該年度の平均値である．当該年度の平均値で割ることにより値を実質化し，移動後から移動前を引くことで，変化を表す変数を作成している．tと$t-1$にあたる年度は表7-1の移動後，移動前に対応している．

たとえば1993年の65歳以上人口割合について，(3) 式に基づいて変数を作成してみよう．この65歳以上のデータは5年毎の「国勢調査」のデータを用いているため，1993年のデータに対応させる移動前の「国勢調査」のデータは1990年の，移動後のデータは1995年のものとなる．それぞれその年の市区町村人口で割り，さらに当該年度の平均値で実質化を行う．最後に1995年の値から1990年の値を引くことで，市区町村毎に65歳以上人口割合についての変数Yを求める．同様の計算を表7-1のSSDSの各データについて行った．また表7-1にはその際に対応させた移動前と移動後のデータの年度を，それぞれの調査年度に対応させて掲載している．

説明変数には，第3節の多項選択プロビットモデルからは，従前の居住形態，世帯人員数，従業上の地位を採用する．また第3節より，移住の決定には世帯主の年齢や世帯の所得が強く影響していることがわかったため，本節では特に世帯主の年齢と所得階層に焦点を当てて分析を行う．そのために，年齢と所得の両方の影響を併せて考慮するため，各世帯主年齢ダミーと世帯所得階層ダミ

第 7 章　社会環境の変化と移住行動　　　237

ーをかけあわせて交差項を作成し，説明変数に加えた．これにより世帯主年齢が同じであっても所得に応じての影響を分けて見ることができる．さらに現在の住宅の延べ床面積，そして逆ミルズ比を新たに加えて最小二乗法を行った[8]．

4.2. 推定結果

　表 7-1 の社会環境変数の数は 51 あるため，推定式は 51 本となる．それらを近距離移動（同一市区町村内移動），中距離移動（同一都道府県内他市区町村内移動），遠距離移動（他都道府県移動）の 3 つの移住形態別に推定を行い，さらに 4 年分の調査に対して行うため最終的な推定される式は 600 本程度となる．これらすべての結果を掲載することは難しいため，4.2.1 節では（3）式の被説明変数の求め方の際に取り上げた 65 歳以上人口割合を被説明変数とした推定結果を例に，推定結果の見方と解釈を説明する．4.2.2 節では，その他の変数についての結果を，移動距離帯別，世帯主年齢と世帯所得別に解釈を行っていく．さらに 4.2.3 節では時系列的に分析を行う．

4.2.1. 推定結果の見方

　表 7-6-1 に報告しているのは，SSDS のデータの内，65 歳以上人口割合を被説明変数とした推定結果である．第 3 節で説明したように 1993 年調査では世帯主年齢がわからないため，年齢と世帯所得との交差項が異なるが，その他の説明変数は年度にかかわらず共通である．推定結果で係数値が有意である場合は，その特性を持つ世帯の移動が，65 歳以上人口割合の相対変化と相関があることを意味する．すなわち，係数値が正である変数は，その特徴を持つ世帯が 65 歳以上人口割合の相対値の増加方向への変化を重視して移住したことを意味し，係数値が負値であると，65 歳以上人口割合の増加が平均的に低い（あるいは減少している）地域へその特性を持つ世帯が移動している，ということを意味する．以下ではこの解釈に基づき**表 7-6-1** の 2008 年度調査の結果について詳しく見ていく．

---

8)　（3）式で定められた被説明変数のデータは市町村単位であるため，移住世帯のうちの同一市区町村内の移動者についての結果は，地域間の差はなく，同一市区町村内の時間を通じた相対的変化の影響を見ていることに注意が必要である．

238　　　第 3 部　少子高齢化社会における人口移動の停滞

表 7-6-1　65 歳以上人口

変数	1993 年			
	同一市区町村内移動	同一都道府県内他市区町村移動	他都道府県移動	
3 歳以下×300 万円未満（ベース）				10 歳代×300 万円未満（ベース）
3 歳以下×300 万-500 万円	−0.0005	−0.0019***	0.0005	10 歳代×300 万-500 万円
3 歳以下×500 万-700 万円	−0.0011***	−0.0001	0.0023***	10 歳代×500 万-700 万円
3 歳以下×700 万-1,000 万円	−0.0002	−0.0028***	0.0015	10 歳代×700 万-1,000 万円
3 歳以下×1,000 万円以上	−0.0009	−0.0023**	−0.0008	10 歳代×1,000 万円以上
3-17 歳×300 万円未満	−0.0004	−0.0020***	−0.0011	20 歳代×300 万円未満
3-17 歳×300 万-500 万円	−0.0003	−0.0021***	−0.0026***	20 歳代×300 万-500 万円
3-17 歳×500 万-700 万円	−0.0015***	−0.0029***	−0.0026***	20 歳代×500 万-700 万円
3-17 歳×700 万-1,000 万円	−0.0001	−0.0025***	−0.0016*	20 歳代×700 万-1,000 万円
3-17 歳×1,000 万円以上	0.0009*	0.0020**	0.0008	20 歳代×1,000 万円以上
18-64 歳×300 万円未満	−0.0001	0.0003	−0.0040***	30 歳代×300 万円未満
18-64 歳×300 万-500 万円	0.0011**	0.0010	−0.0033***	30 歳代×300 万-500 万円
18-64 歳×500 万-700 万円	0.0025***	0.0017	−0.0029***	30 歳代×500 万-700 万円
18-64 歳×700 万-1,000 万円	0.0030***	0.0048***	−0.0020	30 歳代×700 万-1,000 万円
18-64 歳×1,000 万円以上	0.0051***	0.0092***	0.0023	30 歳代×1,000 万円以上
65 歳以上×300 万円未満	−0.0009*	−0.0008	−0.0022**	40 歳代×300 万円未満
65 歳以上×300 万-500 万円	0.0006	0.0017*	−0.0006	40 歳代×300 万-500 万円
65 歳以上×500 万-700 万円	0.0002	0.0035***	0.0011	40 歳代×500 万-700 万円
65 歳以上×700 万-1,000 万円	−0.0002	0.0017*	0.0016	40 歳代×700 万-1,000 万円
65 歳以上×1,000 万円以上	0.0003	0.0035***	0.0042***	40 歳代×1,000 万円以上
				50 歳代×300 万円未満
				50 歳代×300 万-500 万円
				50 歳代×500 万-700 万円
				50 歳代×700 万-1,000 万円
				50 歳代×1,000 万円以上
				60 歳代×300 万円未満
				60 歳代×300 万-500 万円
				60 歳代×500 万-700 万円
				60 歳代×700 万-1,000 万円
				60 歳代×1,000 万円以上
				70 歳代×300 万円未満
				70 歳代×300 万-500 万円
				70 歳代×500 万-700 万円
				70 歳代×700 万-1,000 万円
				70 歳代×1,000 万円以上
持ち家（ベース）				持ち家（ベース）
公営／UR	−0.0078***	−0.0065***	−0.0078*	公営／UR
民営賃貸	−0.0074***	−0.0011	−0.0005	民営賃貸
給与住宅	−0.0047**	0.0024	−0.0009	給与住宅
親族の家	−0.0143***	−0.0033	−0.0046	親族の家
その他	−0.0122***	0.0008	−0.0032	その他
延床面積	0.0000***	0.0000***	0.0000	延床面積
世帯人員数	−0.0004***	−0.0005***	0.0003	世帯人員数
自営業主（農林漁業）（ベース）				自営業主（農林漁業）（ベース）
自営業主（商工，その他）	−0.0035***	−0.0017	−0.0039	自営業主（商工，その他）
雇用者（会社，団体，公社，個人）	−0.0035***	−0.0029	−0.0048*	雇用者（会社，団体，公社，個人）
雇用者（官公庁）	−0.0030***	−0.0008	−0.0075***	雇用者（官公庁）
臨時雇い	0.0001	−0.0009	−0.0041	臨時雇い
無職，学生	−0.0084***	−0.0049**	−0.0041	無職，学生
無職，その他	−0.0010	0.0004	−0.0038	無職，その他
逆ミルズ比	−0.0036***	0.0002	−0.0017*	逆ミルズ比
定数項	0.0237***	0.0122**	0.0190***	定数項
サンプル数	188,755	96,674	44,273	サンプル数
R-squared	0.011	0.029	0.022	R-squared

注：***，**，*はそれぞれ 1% 水準，5% 水準，10% 水準で統計的に有意であることを表す.

割合に関する推定結果

	1998 年			2003 年			2008 年		
	同一市区町村内移動	同一都道府県内他市区町村移動	他都道府県移動	同一市区町村内移動	同一都道府県内他市区町村移動	他都道府県移動	同一市区町村内移動	同一都道府県内他市区町村移動	他都道府県移動
	0.0046	0.0140**	−0.0074	−0.0043	0.0054	0.0050	−0.0140*	−0.0146	−0.0042
	0.0156	0.0286**	−0.0597*	−0.0316	−0.0015	0.0038	0.0203	−0.0199*	0.0116
	0.0149	0.0434*	−0.0025	0.0000	0.0102	0.0150	0.0000	−0.0175	0.0166
	−0.0288	0.0327	0.0199	0.0000	0.0000	0.0000	0.0039	−0.0217	
	−0.0004	0.0027*	−0.0019*	−0.0027	−0.0044***	−0.0011	−0.0072***	0.0040**	−0.0044***
	0.0051***	0.0074***	0.0000	−0.0008	−0.0018	0.0010	0.0011	0.0104***	0.0011
	0.0072***	0.0095***	0.0053***	−0.0009	−0.0014	0.0008	0.0008	0.0142***	0.0019
	0.0119***	0.0115***	0.0062**	−0.0013	−0.0041*	−0.0058*	0.0029	0.0156***	−0.0031
	0.0120***	0.0124***	0.0040	−0.0092**	−0.0185***	−0.0141**	0.0010	0.0110***	−0.0109
	−0.0015	0.0026*	−0.0043***	−0.0023	−0.0031**	0.0019	−0.0049*	0.0060***	−0.0020
	0.0028	0.0053***	0.0003	0.0003	−0.0004	0.0035**	0.0031	0.0146***	0.0033*
	0.0080***	0.0099***	0.0038***	0.0013	0.0009	0.0023*	0.0065**	0.0196***	0.0069***
	0.0095***	0.0139***	0.0046***	0.0000	−0.0033**	0.0002	0.0047**	0.0168***	0.0010
	0.0110***	0.0164***	0.0056***	−0.0063***	−0.0067***	−0.0075***	−0.0029	0.0109***	−0.0047
	−0.0041**	0.0026*	−0.0039*	−0.0026	−0.0044***	0.0019	−0.0044	0.0054**	−0.0037
	−0.0019	0.0046***	−0.0008	−0.0007	−0.0038**	−0.0001	0.0003	0.0104***	0.0041*
	0.0029	0.0089***	0.0016	−0.0010	−0.0001	0.0022	0.0043	0.0138***	0.0040*
	0.0061***	0.0144***	0.0052***	0.0004	−0.0009	−0.0007	0.0051*	0.0147***	0.0053**
	0.0090***	0.0197***	0.0084***	−0.0030	−0.0083***	−0.0050***	0.0010	0.0099***	0.0015
	−0.0020	0.0040***	−0.0024	−0.0013	−0.0030*	0.0011	−0.0081***	0.0046*	−0.0049*
	0.0008	0.0077***	0.0002	0.0000	−0.0022	0.0026	−0.0035	0.0086***	0.0008
	0.0040**	0.0117***	0.0022	−0.0005	−0.0002	−0.0002	−0.0001	0.0106***	0.0025
	0.0063***	0.0153***	0.0054***	0.0013	0.0011	0.0016	0.0017	0.0122***	0.0031
	0.0099***	0.0203***	0.0106***	−0.0011	−0.0027	−0.0013	0.0030	0.0134***	0.0022
	−0.0021	0.0041***	−0.0054***	0.0003	0.0005	0.0025	−0.0034	0.0103***	−0.0033
	0.0021	0.0086***	−0.0011	0.0012	0.0010	0.0027	0.0011	0.0131***	−0.0029
	0.0053***	0.0130***	.0037	0.0013	0.0017	−0.0013	0.0004	0.0139***	0.0038
	0.0073***	0.0163***	0.0045*	−0.0003	−0.0020	0.0014	0.0032	0.0174***	0.0098***
	0.0106***	0.0212***	0.0098***	−0.0018	−0.0055**	0.0016	0.0008	0.0171***	−0.0035
	−0.0040**	0.0042***	0.0012	−0.0041**	−0.0007	0.0067***	−0.0088***	0.0114***	0.0030
	0.0009	0.0085***	0.0051**	−0.0021	−0.0024	0.0041	−0.0014	0.0163***	0.0060*
	0.0047**	0.0120***	0.0055	−0.0047*	−0.0050	0.0043	−0.0022	0.0193***	0.0069
	0.0054**	0.0172***	0.0072	−0.0063**	−0.0009	−0.0045	−0.0036	0.0159***	−0.0002
	0.0089***	0.0168***	0.0063	−0.0128***	−0.0096**	0.0081	−0.0067*	0.0140***	0.0054
	−0.0054***	−0.0062***	−0.0087***	−0.0027*	0.0019*	0.0037*	−0.0010***	−0.0036***	0.0015***
	−0.0013	−0.0033***	−0.0080***	−0.0044***	−0.0001	0.0012	0.0018	−0.0072***	−0.0032
	−0.0047***	−0.0036***	−0.0118***	−0.0048***	0.0022	−0.0010	0.0010***	−0.0132***	−0.0075
	−0.0026**	−0.0069***	−0.0093***	−0.0076***	0.0002	−0.0005	−0.0013***	−0.0109***	−0.0043
	−0.0023*	−0.0034**	−0.0107***	−0.0078***	−0.0017	0.0010	0.0001***	−0.0092**	−0.0049
	0.0000***	0.0000***	0.0000***	0.0000***	0.0000***	0.0000**	0.0000***	0.0000***	0.0000***
	0.0000	0.0004***	0.0016***	0.0005***	0.0010***	0.0017***	0.0004***	0.0013***	0.0024***
	0.0163***	0.0129***	0.0089***	0.0005	−0.0002	0.0065**	0.0147***	0.0330***	0.0289***
	0.0146***	0.0104***	0.0071**	0.0020*	0.0019	0.0075**	0.0165***	0.0303***	0.0298***
	0.0085***	0.0055***	0.0022	0.0024*	0.0021	0.0073**	0.0096***	0.0173***	0.0245***
	0.0122***	0.0128***	0.0077**	0.0014	0.0009	0.0047	0.0150***	0.0283***	0.0307***
	0.0199***	0.0108***	0.0066**	−0.0032*	−0.0005	0.0087***	0.0123***	0.0317***	0.0339***
	0.0137***	0.0137***	0.0063**	0.0031***	0.0031	0.0059*	0.0179***	0.0303***	0.0269***
	−0.0006	0.0003	−0.0028***	−0.0011	0.0009	−0.0002	0.0017**	−0.0001	−0.0007
	0.0090***	0.0142***	0.0255***	0.0890***	0.0796***	0.0669***	0.0326***	0.0224***	0.0205***
	388,881	229,244	42,553	179,807	99,550	48,939	165257	72914	38378
	0.018	0.039	0.028	0.004	0.006	0.007	0.0140	0.0270	0.0160

240　　第3部　少子高齢化社会における人口移動の停滞

　まず住宅の形態別に見ると，持ち家と比較して中距離移住の世帯はどれも負で推定されているため，持ち家世帯が移動しているところでは高齢者割合が増えていることがわかる．しかし遠距離移動になると公営住宅に居住している世帯の方が高齢者が多い地域への移動傾向が強い．住宅の延床面積，世帯人員数さらに職業別の係数値はどれも正値であり延床面積が広い，世帯人員が多い，そして農林漁業以外の職業の世帯の移動先での高齢者割合は増加していることがわかる．

　では，世帯主年齢と世帯所得別に傾向はどのように異なるのであろうか．これらの特徴は，世帯主年齢と世帯所得に関するダミー変数の交差項となるため，場合分けが非常に多い．そこで係数値の比較がしやすいように表7-6-2のように有意な係数値のみに関して，その値を横棒グラフで描画し，それに基づいて説明していく．表7-6-2では，係数が正値の場合は濃い網掛けの右方向への横棒グラフ，負値の場合は薄い網掛けの左方向への横棒グラフとなり，棒の長さが係数値の大きさを表している[9]．

　以下では，世帯主年齢と世帯所得別に，2つの点からの比較を行う．まず1つ目は，移動の距離に応じての解釈である．近距離移動者（同一市区町村内移動者），中距離移動者（同一都道府県内他市区町村移動者），そして遠距離移動者（他都道府県移動者）の3つの距離帯である．移動距離に応じて，移動の理由や世帯の特徴が大きく異なると考えられる[10]．2つ目は，時系列による解釈である．ここでは，年度間で説明変数が共通になる1998年，2003年，2008年の3時点の変化について見ていく．この時期の日本経済は，バブル崩壊後，失われた20年といわれる平成不況に突入し，2000年代に入って2008年のリーマンショックに至るまで緩やかに回復するという時期である．この間の移動と社会環境の関係について見ていく．まずは2008年の結果について，移動距離帯別に見てみよう．

　65歳以上人口割合に対して，中距離移動世帯はこれらの割合が増加している地域への移動を20歳代以上の世帯で所得階層にかかわらず行っている．一

---

9)　長さの比較が直接可能なのは，各年度の同一距離帯内でのみである．
10)　脚注6で述べたように，近距離移住である同一市区町村内の移動者についての結果は，地域間の差はなく，同一市区町村内の調査年度の前後の，時間を通じた相対的変化の影響である．

方で近距離移動者は，30 歳代の 500 万円から 1,000 万円世帯，40 歳代の 700 万円から 1,000 万円世帯が 65 歳以上人口割合が増加する地域へ移動している．遠距離移動世帯は 20 歳代と 50 歳代以外の 300 万円から 1,000 万円の広い範囲で，65 歳以上人口割合が増加する地域への移住を行っていることがわかった．そして 20 歳代と 50 歳代の低所得者層はこれらの地域への移動を避けていることがわかった．

このようにもっとも有意な係数が多いのは中距離移動世帯である．このことは，移動に際して高齢者の割合を重視している移動距離帯は中距離移動であることを意味している．中距離移動世帯について詳しく見ると，20 歳代，30 歳代など自分の親世代が高齢者であるような世帯，60 歳代以降の世帯主自身が高齢者になるような世帯で，高齢者割合の高い地域への移動が見られる．

次に時系列的にこれらの傾向を見てみよう．1998 年の時点では，高齢者割合が増加傾向にある地域でも年収 500 万円以上の世帯を中心に近距離での移動がよく行われていた．しかしこの傾向はその後なくなっている．また 2003 年の結果は有意に推定される係数値が少ないが近距離移動での 70 歳代世帯，中距離移動での低所得層と高所得層で符号が負で推定されることが多い．緩やかに回復傾向を見せたと同時に高齢化率が 20％ を超えた 2000 年代初頭では，高齢者割合の比較的低い都市への強い移動傾向があったと考えられる．さらに遠距離移動でも 20 歳代から 40 歳代の高所得の世帯において，移動を避ける傾向が見られる．しかし 2008 年に再び，高齢者が多くいるような地域への中距離移動が活発化してくる．

以下ではその他の社会環境指標について，世帯主の年齢階層と所得階層の交差項の係数値に焦点を当て，4.2.2 節では移動距離毎の解釈を 2008 年データの結果に対して行う．また 4.2.3 節では時系列的な解釈を行っていく[11]．

4.2.2. 距離帯別の傾向

以下では SSDS のデータ項目毎に，社会環境変数の変化と移動世帯特性との関係について，2008 年度調査の結果をもとに全体の傾向を見ていく．

---

11) 推定される式の数が約 600 本と多いため，ここでは詳しい結果の掲載を省略している．ただしすべての結果の詳細を提供することは希望に応じて可能である．

表 7-6-2　横棒グラフ

	1998年		
	同一市区町村内移動	同一都道府県内他市区町村移動	他都道府県移動
10歳代×300万円未満（ベース）			
10歳代×300万-500万円		0.0140**	
10歳代×500万-700万円		0.0286**	−0.0597*
10歳代×700万-1,000万円		0.0434*	
10歳代×1,000万円以上			
20歳代×300万円未満		0.0027*	−0.0019*
20歳代×300万-500万円	0.0051***	0.0074***	
20歳代×500万-700万円	0.0072***	0.0095***	0.0053***
20歳代×700万-1,000万円	0.0119***	0.0115***	0.0062**
20歳代×1,000万円以上	0.0120***	0.0124***	
30歳代×300万円未満		0.0026*	−0.0043***
30歳代×300万-500万円		0.0053***	
30歳代×500万-700万円	0.0080***	0.0099***	0.0038***
30歳代×700万-1,000万円	0.0095***	0.0139***	0.0046***
30歳代×1,000万円以上	0.0110***	0.0164***	0.0056***
40歳代×300万円未満	−0.0041**	0.0026*	−0.0039**
40歳代×300万-500万円		0.0046***	
40歳代×500万-700万円		0.0089***	
40歳代×700万-1,000万円	0.0061***	0.0144***	0.0052***
40歳代×1,000万円以上	0.0090***	0.0197***	0.0084***
50歳代×300万円未満		0.0040***	
50歳代×300万-500万円		0.0077***	
50歳代×500万-700万円	0.0040**	0.0117***	
50歳代×700万-1,000万円	0.0063***	0.0153***	0.0054***
50歳代×1,000万円以上	0.0099***	0.0203***	0.0106***
60歳代×300万円未満		0.0041***	−0.0054***
60歳代×300万-500万円		0.0086***	
60歳代×500万-700万円	0.0053***	0.0130***	
60歳代×700万-1,000万円	0.0073***	0.0163***	0.0045*
60歳代×1,000万円以上	0.0106***	0.0212***	0.0098***
70歳代×300万円未満	−0.0040**	0.0042***	
70歳代×300万-500万円		0.0085***	0.0051**
70歳代×500万-700万円	0.0047**	0.0120***	
70歳代×700万-1,000万円	0.0054**	0.0172***	
70歳代×1,000万円以上	0.0089***	0.0168***	

による係数値の表現

2003年			2008年		
同一市区町	同一都道府県内他市区町村移動	他都道府県移動	同一市区町村内移動	同一都道府県内他市区町村移動	他都道府県移動
		0.0050	−0.0140*	−0.0199*	
	−0.0044***		−0.0072***	0.0040**	−0.0044***
				0.0104***	
				0.0142***	
	−0.0041*	−0.0058*		0.0156***	
−0.0092**	−0.0185***	−0.0141**		0.0110*	
	−0.0031**		−0.0049*	0.0060***	
		0.0035**		0.0146	0.0033*
		0.0023*	0.0065**	0.0196***	0.0069***
	−0.0033**		0.0047*	0.0168***	
−0.0063***	−0.0067**	−0.0075***		0.0109***	
	−0.0044***			0.0054**	
	−0.0038**			0.0104***	0.0041*
				0.0138***	0.0040*
			0.0051*	0.0147***	0.0053**
	−0.0083***	−0.0050***		0.0099***	
	−0.0030*		−0.0081***	0.0046*	−0.0049*
				0.0086***	
				0.0106***	
				0.0122***	
				0.0134***	
				0.0103***	
				0.0131***	
				0.0139***	
	−0.0055**			0.0174***	0.0098***
				0.0171***	
−0.0041**		0.0067***	−0.0088***	0.0114***	
−0.0021				0.0163***	0.0060*
−0.0047*				0.0193***	
−0.0063**				0.0159***	
−0.0128***	−0.0096**		−0.0067*	0.0140***	

人口・世帯

　中距離移動者の，65 歳以上人口割合や高齢単身世帯数割合が高くなっているところへの移動が顕著である．高齢者世帯，あるいは高齢者がいる世帯が多くいるようなところへの中距離移動が行われている．このような地域では，高齢者にとって住みやすい環境づくりが行われている可能性がある．

　近距離，中距離移動の両方で特徴的なのが，自市区町村で従業・通学をしている人の割合に対する係数が負であることであった．職場と居住地が近い職住近接の特徴を持つ都市への移動が，近距離，中距離では選ばれていない．解釈としては通勤をあまり重視していない世帯の移動が考えられ，たとえば退職し通勤をもはや必要としなくなった世帯や在宅勤務やフレックスタイム制の普及の影響などが考えられる．

　また 15 歳未満人口割合については，近距離，中距離帯で有意に正であり，子供が多くなってきている地域への中距離以下での移動が見られる．また遠距離については 500 万円以上の中所得層以上でこの傾向が見られるが，低所得世帯では負で推定されており，遠距離からの低所得世帯の移動においては子供が多くいるような地域の重要度は低い．

　DID 人口密度 12) については全体的に係数は正であり，特に近距離と中距離移住世帯で強い正の傾向が見られ，人口が多く密集してくるような地域への移動を重視している．また遠距離移動においては，所得水準が中所得と高所得にのみ正で推定されており，所得階層の比較的高い世帯層が，人口の集中している地域へと移住している傾向が見られた．

　遠距離移住世帯のみが正の係数であったものが転入者数割合であった．転入入者が増加傾向にある地域へは，遠距離からの移住世帯が重視して移動してきている．逆に転出者数割合に対しては，中距離帯の移住世帯が負で推定されており，転出者数が増加しているような地域への移動を，中距離移住世帯は避け

---

12)　人口集中地区（Densely Inhabited District）の略であり，「国勢調査」における基本単位区で，人口密度が 4,000 人/km² 以上の単位区であり，かつそれらの単位区が互いに隣接して人口が 5,000 人以上となる地区のことである．DID 人口とはその地区の人口であり，DID 地区の面積で割り DID 人口密度としている．

ている．遠くから移住する際には，多くの人が流入している地域をめざして移住してくる一方で，転出者数が継続して増えていくような地域では，中距離レベルの移動でも避ける傾向にあり，人の流入が期待できない．

自然環境，住居

　可住地面積割合に対して正であったのは近距離移動と中距離移動の中所得以上の世帯であった．可住地面積割合が増加しているような地域への移動がこれら世帯では重視されている．世帯当たりの都市公園面積については近距離の高所得，中距離のほぼすべての所得層で正であった．ただし中距離でも所得が上がるほど値は大きくなる．移住に際して都市公園といったアメニティーを重視するのは比較的短い距離の移動世帯であり，かつある程度所得が高い世帯にその傾向が強いことがわかった．

　空き家数については，近距離，中距離帯で負の傾向が強い．これらの距離帯の場合は，空き家が多くない地域への移動を重視している．また遠距離からの移動で中所得以上の世帯でも同様の傾向が見られた．空き家などの情報を遠距離からの移住者が収集することは難しいと考えられ，比較的近い距離の移動で重視される指標と考えられる．また1980年以前に建てられた住宅の割合についても概ねどの距離帯の世帯でも負で推定されているが，やはり中所得以上の世帯での負の傾向が強い．ある程度の所得がある世帯では老朽化した住宅が多い地域への移動を避けている．

経済基盤，行政基盤

　納税義務者数当たりの課税対象所得額が高くなっているような地域への移動者は，距離帯にかかわらず高所得の世帯が有意に正である．近距離に関してはその傾向に加えてすべての所得層でも正である．課税対象所得額が高い地域での短い移動が活発であるのと同時に，そういう地域への他市区町村からの高所得世帯の移動傾向が見られる．課税対象所得額が高い地域においては公共サービスの充実度が高いことも考えられ，これらの都市環境アメニティーを求めての移動傾向があるのかもしれない．

　また第2次産業従業者割合が負で推定されているのも中所得以上の世帯移動

についてであった．工場など製造業が多いような地域へは，所得の高い世帯は移住していない．一方，第3次産業従業者割合で正で推定されるのは中距離帯の世帯であり，これらの産業が盛んかどうかを移動の際に重要視している距離帯は中距離であることがわかる．また国や地方公共団体従業者割合については負で推定されており，所得が上がるにつれてその傾向が強まることがわかった．

財政力指数では，高所得で弱い負の影響が見られるがほとんど有意ではなかった．実質収支比率については近距離と中距離移住世帯で負の傾向が見られた．このような指標を移動の際にはあまり重視していないということであろうか．あるいは公債の発行が常態化してきているため，このような指標の影響はあまりないのかもしれない．

生活保護費については，近距離移住では20歳代から40歳代の中所得以下の世帯と，50歳代以上の低所得世帯に有意に正で推定されており，所得の低い世帯は生活保護費が増えているような地域へさらに移住していることが明らかになった．また中距離の中所得以上の世帯，遠距離の高所得世帯では，有意に負で推定されており，生活保護費が多く支出されているような地域への移住が避けられている傾向が見られた．

労働

失業者数の割合については有意に推定された係数はほとんどなかった．専門職業者・技術者割合については近距離と中距離以上の高所得世帯で正で推定された．また管理職割合については高所得世帯で負に推定された．脚注3で述べているが，低所得世帯が多く住んでいたような地域が再開発をきっかけに，高所得世帯が流入し，地価や家賃の高騰を引き起こし，それまで住んでいた低所得の人々を追い出すという現象をジェントリフィケーションというが，ジェントリフィケーションが起こっているかを示す指標として，専門技術職や管理職数の動向を見ることがある[13]．専門職業者・技術者の割合が高いところに高所得世帯の移住が行われていることから考えて，ジェントリフィケーションの

---

13) 藤塚（2014）を参照.

現象が顕著になってきているのかもしれない.

教育

幼稚園在園者数については,近距離と遠距離の高所得世帯で正に推定された.中距離移動では60歳代で正に推定されている.子供のために幼稚園を移住地選択の要因とする世帯は高所得世帯であることがわかる.また小学校,中学校,高等学校については,中距離以下での移動で正で有意になる傾向が強く,都道府県を越えてのこれらの学校へ通うための移動はあまりみられなかった.NHK(2016)の国民生活時間調査では,小学校,中学校,高等学校の通学時間が少しずつ増えてきていると報告されているため,移動するよりは遠距離からの通学を選択しているのかもしれない.

健康・医療

病院病床数や医師数の指標に対して正で推定されたのは中距離移動の世帯であった.逆に遠距離移住世帯の低所得と高所得の世帯は負で推定されている.医療関係を重視して移動するのは中距離程度の距離の移動であり,遠距離の場合はそのような傾向はないことがわかった.

老人ホームや介護施設等に関しては概ね負で推定されており,移動に際しての重要度は低いようである.これらの施設においては基本的に送迎サービスがついているため近距離であってもそれら施設の立地条件を考慮することは少ないのかもしれない.また保育所の待機児童数については,近距離と中距離移動でのみ正で推定された.比較的近くでの移動の際に重視されているが,待機児童数が多いような地域への移動が重視されている.これは待機児童数が多い市区町村は東京などの大都市であることが多く,これら地域への移動ということが反映されている可能性がある.あるいは今後の待機児童対策を期待されるような地域への移動と解釈できるかもしれない.

安全

交通事故などの死傷者数が多い地域は避けられる傾向にあることがわかった.またこの傾向は比較的所得が高い世帯で強く見られる.また建物火災出荷件数

については，それらを避ける傾向が中距離以下での距離帯で見られ，遠距離では低所得世帯で正の係数が推定された．火災に関しては，住宅の密集度や老朽度と関係している．そのため，老朽化した住宅が密集しているような地域の住宅価格や家賃は低いと思われるため，遠距離の低所得世帯にとっては移住先として候補になると考えられる．

　以上が2008年度の傾向である．次の4.2.3節では，2008年度に見られた傾向が，1998年と2003年でも同様に見られていたのかどうか，時系列的な変化に焦点を当てて検証しよう．

4.2.3. 時系列的な傾向

　本小節では世帯主年齢の区分を共通でとれる1998年，2003年，2008年調査の3時点について時系列的な比較を行う．まず表7-7に，説明変数のうち世帯主年齢と所得の変数をかけあわせた交差項のうちで，有意に推定された変数の数の割合を報告している．ここからわかるのは，遠距離移動についての有意な変数の割合が減ってきている点である．その代わりに中距離移動の有意な変数の割合が増えてきている．このことは，遠距離移動の世帯が重視している社会環境変数に一定の強い傾向が見られなくなってきているといえるのではないだろうか．4.2.2節でも述べているが，中距離移動の世帯については，教育や健康・医療といった生活に身近に関係してくるような社会環境を重視した移動が顕著であったが，これらの項目での移動は継続して重視されている．また，全体的に見ても有意な変数の割合が落ちてきていることから，今回の変数ではとらえきれていない別の環境変数を重視するようになってきた可能性も考えられ

表7-7　世帯主年齢と世帯所得の交差項の係数で有意であるものの割合

	1998年	2003年	2008年
近距離移住	23.0%	25.0%	22.2%
中距離移住	27.9%	24.7%	26.4%
遠距離移住	17.2%	16.0%	12.3%
平　　均	22.7%	21.9%	20.3%

る．以下では時系列的に特に大きな変化がある変数について，項目別に見ていく．ここで特に述べていない環境変数の傾向については，4.2.2節の2008年の結果と同様であった．

人口・世帯

　1998年以降，遠距離移動において有意な変数が減ってきている．また65歳以上人口については，4.2.1節で述べたとおり2003年において符号の逆転が起きている．同様に高齢単身者世帯についてもこの年に関しては，多い地域への移動は起こっていなかった．15歳未満の人口割合については，中距離帯での正の相関は年度を追って強まっている．

　転入者数に対しては，遠距離移動で正の反応が見られるようになったのは2008年であり，それまでは負で推定されており，転入者数の多い地域へのさらなる移動といった，人口の集中傾向は，以前は見られなかった．だが転出者数の多い地域への移動を避ける傾向はずっと続いており，人口流出が起きている地域への移動はあまり起こっていない．

　自市区町村で従業・通学している人の割合の係数については，2003年までは正の関係が見られたが2008年で負に転じている．4.2.2節で解釈した，職住近接を重視したような移動は以前は行われていたと考えられるが，2008年になってそのような環境を重視する傾向がなくなってきている．

経済基盤

　課税対象所得額についての，より高い地域への移動傾向は1998年には見られず，2003年から起こっている．また第2次産業従事者の高い地域への移動を避ける傾向，並びに第3次産業従事者割合の高い地域への移動傾向は2003年で弱まったが継続して起きていた．

労働

　完全失業者の割合については，2008年にはどの世帯も有意でないか非常に弱い負の相関しか見られなかったが，1998年では近距離移動地域で，また2003年には近距離と中距離移動世帯で非常に強い負の相関が見られた．失業

者数が増加するような地域を避ける移動が以前は多く見られた．しかし 2008年になってそれらの相関が弱くなったことから，失業者数を地域という枠で重視した移動の傾向がなくなってきていると考えられる．管理職者の割合については変化は見られないが，専門職業者と技術者割合は 1998 年は負であったが，2003 年以降，正に転じその傾向が強まってきている．2002 年に都市再生特別措置法が制定され，都市機能の高度化や都市の居住環境の向上，さらに都市の防災に関する機能の確保などを目的に都市の再生の推進が行われた．そのことが，より所得の高い専門的な職業の人々を呼び込み，4.2.2 節の「労働」で見たように，ジェントリフィケーションがこの時期から顕著になってきた可能性は考えられる．

住居

　1980 年以前の古い建物が密集している地域への移動を避ける傾向や保育所の近接性を重視した移動は 2003 年以降に見られる．都市公園の面積を重視したような移動が顕著になるのは 2008 年からであった．

5. おわりに

　本章では計量経済学の手法を用いて，移動するかどうかの決定と世帯特性との関係を分析し，また移住した世帯は，移動先のどのような社会環境の変化を重視して移動しているのかを，世帯主の年齢と世帯所得を中心に分析を行った．
　移動を行っている世帯の特徴として，所得が比較的高い世帯がより活発に移動を行っていることが，移動の距離にかかわらず見られた．また移動を行う傾向と世帯主年齢の関係については，移動距離が長くなるほど高齢の世帯は移動しなくなる．若い世代であっても，2003 年，2008 年とだんだんと移動距離が長い移動傾向が弱まってきており，2008 年においては，移動の傾向が見られたのは 20 歳代，30 歳代の近距離移動だけであった．移動を行う年齢層の縮小と移動範囲の縮小が明らかになった．
　移動をしている世帯特性と移住先での社会環境変化との関係についての分析から明らかになった特徴としては，移動距離に応じて，世帯が重視している社

会環境指標が異なるということであった．たとえば，近距離，中距離移動世帯では，65歳以上人口割合や可住地面積，都市公園面積，教育施設，空き家数など比較的日々の生活との関連が強いものや周辺の詳しい情報に関する環境を重視する傾向にある．一方で，遠距離移動世帯においては，DID人口密度，転入者数，課税対象所得額といった，地域全体の特徴を形づくるような変数を重視している．

　また，所得が低い世帯と高い世帯で重視している社会環境が違うということも明らかになった．特に遠距離からの移動では，高所得者世帯のみに統計的な有意性が見られる場合が多く，遠距離の移動にはある程度の所得がある世帯がより良い住環境を目指して移動している．また中距離程度の移動であっても，課税対象所得額が増え続けるような地域へのさらなる高所得者の移動や生活保護費が増え続けるような地域へのさらなる低所得者層の移動といった傾向は，所得階層によるゾーニングの傾向が強くなる可能性を示唆する．このように時系列的に見ると，移住者の二極化の傾向が現れてきているように思われる．こうした行動は，地価の分布にも大きく影響を与え，人口が縮小していくと同時に住み分けの傾向が進む可能性がある．

　自治体が，人口確保を目標とした政策を考える際には，居住地選択の自由を保障しつつセグリゲーションなどの問題が起こらないようにしなくてはらないであろう．今後さらに人口減少や高齢化による所得水準の低下が深刻化し財源確保が難しくなる一方で，社会福祉への支出が増え続け，新たな人口を呼び込むために生活環境やアメニティーに関する支出を減らすこともできず，公債の発行が続くという自治体がますます増えていく可能性も高い．しかし，本章の分析で，移動距離や移住世帯の年齢層が縮小してきている中でも，20歳代を中心とした同一市区町村内での近距離の移住傾向は依然観察された．このことは都市のコンパクト化に向けた人々の移動の可能性が十分にあるということではないだろうか．都市をどのように縮小していくのか．人口減少を前提とした産業転換や空き家の有効活用，建物のリノベーションなど，スマートシュリンクを実現するために，この近距離移動をうまく誘導した政策立案が重要である．

参考文献

DaVanzo, J. (1981), "Microeconomic approaches to studying migration decisions," in G. F. Dejong and R. W. Gardner, eds., *Migration Decision Making: multidisciplinary approaches to microlevel studies in developed and developing countries*, De jong, Pergamon Press, New York.

Ding, Lei, J. Hwang and E. Divringi (2016), "Gentrification and residential mobility in Philadelphia," *Regional Science and Urban Economics*, 61, pp. 38–51.

藤塚吉浩 (2014),「ロンドン, ニューヨーク, 東京におけるジェントリフィケーション―2000 年代の変化―」『都市地理学』10, pp. 34–42.

Kan, K. (1999), "Expected and Unexpected Residential Mobility," *Journal of Urban Economics*, 45, pp. 72–96.

厚生労働省 (2014),「平成 26 年国民生活基礎調査」.

Ommern, J. van., P. Rietveld and P. Nijkamp (1999), "Job Moving, Residential Moving, and Commuting: A Search Perspective," *Journal of Urban Economics* 46, pp. 230–253.

NHK (2016)「2015 年国民生活時間調査報告書」.

総務省 (2017)「住民基本台帳人口移動報告 平成 28 年 (2016 年) 結果」.

第4部　都市のダウンサイジングに対する行政対応

第8章 公共施設再配置に関する利害者の対立と
　　　　合意形成：埼玉県のケース

中川雅之

1. はじめに

　日本の不動産の資産価値は2,300兆円程度に上り，その約2割に相当する454兆円を国，地方公共団体が所有している．バブル崩壊以前は地価が上昇していたため，資産価値は時間とともに上昇し，不動産を所有することは所有者の財務体質を改善する方向に作用していた．また税収も右肩上がりに伸びていたため，施設や不動産の維持管理などのコストを無理なくまかなうことができた．

　しかし，バブル崩壊後，1990年代を通じて地価は下落し続けた．その経験を通じて，不動産は価値を目減りさせることがあるリスク資産であるということを，誰もが強く認識するようになった．この過程で地方公共団体は，ポートフォリオ選択において所有する不動産の規模と質を厳密に考慮する必要にさらされている．

　また大きな不動産資産の保有の背景であった，積極的な公的資本形成の動きは，わが国人口が大きく増加していたこと，非常に旺盛な人口移動が観察されたことを背景にしている．しかしこれまでの章で見てきたように，すでに地方圏および大都市圏郊外では人口減少が始まり，高齢者比率も30％弱と非常に高い比率となっている．この場合地方圏においてはすでに，高度成長期に形成

された市街地が過大なものとなっており，さらに公共施設の中身も将来の人口構造にそぐわないものとなっている可能性が高い．つまり，過去に形成した公共施設を縮小整理したり，高齢化に対応したものとして質的な転換を行わなければ，単に老朽化するままに公共施設が放棄される市街地が残される可能性もある．

このような状況を背景に，市町村によってはPRE（Public Real Estate Management）やFM（Facility Management）に，積極的に取り組むところが出ている．たとえば秦野市においては，今後30年間で公共施設の床面積を30％削減する公共施設再配置計画に取り組んでいる．しかしこの公共施設管理をいかに進めるかについては，市町村が抱えている公共施設の現状および将来の人口動向などによってさまざまな手法が考えられる．国立社会保障・人口問題研究所の推計（「日本の地域別将来推計人口」（2013年））によれば，2012年から2040年にかけて，総人口の指数は0.4-1.1程度に多くの市町村が分布している．本章では，2010-2040年の人口指数が，0.48（東秩父村），1.1（吉川市）である埼玉県を全国のモデルとしてとらえ，どのような公共施設管理が求められるかについて議論をしたい．

まず，公共施設とその需要人口との関係について一般的議論を行う．ここでは公共施設の耐用年数が50年程度[1]であり，人口減少や少子高齢化が線形に進んでいるとしよう．現時点（2015年としよう）で公共施設をリセットするという方針に立てば，耐用年数の中間時点である2040年時点を念頭に置いたキャパシティへの再構成を行うことがひとつの答えであろう．この場合総人口や年少人口のように，時間の経過に応じて減少していく者を対象とする公共施設は前半期に混雑と財政黒字を，後半期に施設の遊休化と財政赤字を経験することになる（図8-1）．一方，老年人口のように増加していく者を対象とする施設は，その逆である．「必要な公共施設のレベル」は，2040年の当該公共施設が主たる対象としている年齢階層の人口によって決定される．

しかし少子高齢化を受けて，税負担を行う主体である生産年齢人口は総人口

---

1) 「減価償却資産の耐用年数等に関する省令」（財務省）によれば，「鉄骨鉄筋コンクリート造または鉄筋コンクリート造」のもので，「事務所または美術館用のものおよび左記以外」のものの耐用年数は50年とされている．

図 8-1 公共施設に関する需要の変化を見据えた規模の決定

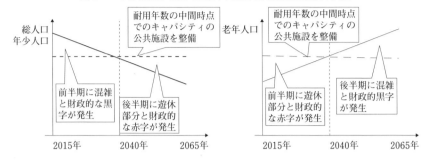

以上に低下する可能性が高い．このため「維持可能な公共施設のレベル」は，2040年時点の公共施設の維持管理費を負担してくれる，生産年齢人口によって決定される．

本章では以下のような公共施設の維持管理に関するルールを，仮に定めるものとする．

① 公共施設の主たる需要者の年齢層の推計人口から，残存耐用年数の中間年である2040年のタイプごとの公共施設の必要量を算出する．具体的には，まず公共施設を以下の3つのカテゴリーに分類する．

　　全市民向け施設：庁舎等，社会教育施設，市民文化施設，スポーツ・レクリエーション施設，供給処理施設等

　　年少者向け施設：子育て支援施設，学校教育施設等

　　高齢者向け施設：福祉施設等

つまり対象年齢の（2040年人口/2015年人口）は，「当該公共施設の必要量」がどの程度増減したかを表す指標となる．

② 次に①の必要量のうちどれだけが，維持可能かを算出することとする．具体的には，（2040年の生産年齢人口/2015年の生産年齢人口）を，2015年に比べて「当該公共施設の必要量の，どれだけを維持することができるか」を表す指標として考える．

③ 上記の2つの指標を乗じたものを，2015年を基準とした「維持可能な公共施設需要」を表すものとここでは考える．

図8-2は埼玉県の全市町村を，東京都心からの10キロ単位の距離帯別に右

方向に整理をして，全市民向け，年少者向け，高齢者向け施設について，2040年の「維持可能な公共施設需要」を試算したものである．東京都心に近接している地域の高齢者向け施設を中心に増加が予想されるものもあるが，平均して全市民向け施設は41%，年少者向け施設については54%，高齢者向け施設については16%程度の削減が必要となる．この大きな削減量は，公共施設を人口減少，少子高齢化の影響が強く出る長期的な人口動向をにらんでリセットする，という方針がもたらした結果であろう．

より漸進的な対処方法として，①現存の公共施設の残存耐用年数を勘案した上で一度リセットする，②次の更新時期に再度，長期的な観点から公共施設の更新を判断する，という手法をとることも考えられる．「公共施設およびインフラ施設の将来更新費用の比較分析に関する調査結果」（2012年）（総務省自治財政局財務調査課）からは，現時点で築後30年以上の公共施設は43.1%あるものと報告されている．これから現存の公共施設の平均築後年数を30年とし[2]，残存耐用年数は20年程度であると考える．この場合残存耐用年数の中間年である2025年を目標とした，公共施設の再構築をまず行うこととなる．

図8-3は図8-2と同様の作業を，2025年を目標に行い直したものである．平均して全市民向け施設は15%，年少者向け施設については27%，高齢者向け施設については0.7%程度の削減が必要となっている．図8-2に比べれば，相当緩やかな削減目標となっている．

しかし，中長期的な観点からこのような公共施設管理を行おうとしても，住民側にこのような方針や，実際の公共施設の削減や再配置が受け入れられなければ，その実施は困難なものとなるだろう．

公共施設の削減や再配置には，以下のような特徴がある．第1に，中長期的な財政の維持可能性を確保するために行うものであるため，「現在の公共施設のアクセシビリティの悪化」というコストを支払って，「将来の地域の維持可能性の増大」，「将来の税負担の軽減」などの利得を得るという性格を有する．第2に，どの公共施設の削減や廃止も，市町村全体の財政状況を改善するため，「他地域の公共施設の削減や廃止」に「ただ乗り」することが可能であるとい

---

2) 30年以下の公共施設の平均築後年数を15年，30年以上の平均築後年数を40年とし，その加重平均15年×0.6＋40年×0.4≒30年を，平均築後年数とする．

第 8 章 公共施設再配置に関する利害者の対立と合意形成：埼玉県のケース　　259

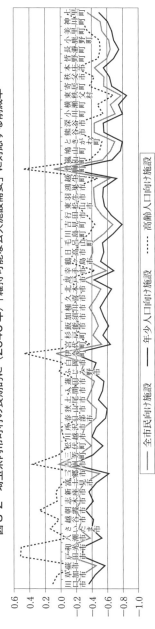

図 8-2　埼玉県内市町村の長期的に（2040年）「維持可能な公共施設需要」に対応する削減率

注：「日本の地域別将来推計人口」（2013年）（国立社会保障・人口問題研究所）より筆者作成．

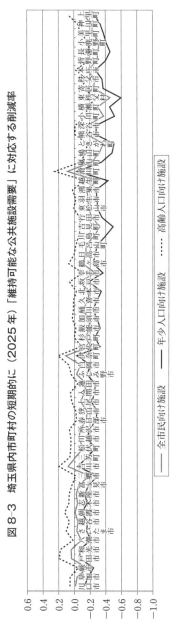

図 8-3　埼玉県内市町村の短期的に（2025年）「維持可能な公共施設需要」に対応する削減率

注：「日本の地域別将来推計人口」（2013年）（国立社会保障・人口問題研究所）より筆者作成．

う性格を有する.

このため公共施設の削減や再配置は，それが地域社会のために必要なことが明らかであっても，個々の住民にはそれを受け入れにくいものとなる．このため「どのような提案」に，「どのような属性の住民が」，「どのような反応を示すか」を事前に把握することは有意義であろう．そのことを通じて，「どのような提案や説明」をするべきかなどを理解することができるかもしれない．本章では公共施設の廃止や再配置にあたって，2017 年 2 月に実施したアンケート調査をもとに住民の反応の特徴をつかみ，一定の合理性のあるプランに住民の同意を求めるためにどのような工夫が必要なのかについて議論したい.

本章は以下のように展開される．第 2 節ではアンケート調査の概要を解説する．第 3 節では対象となった埼玉県の市町村毎に住民の反応を整理し，行動経済学的視点から議論する．第 4 節は住民の属性別の反応を解説する．第 5 節において，一定の合理性があると思われるプランに住民の同意を求める場合に必要な工夫について議論したい.

2. これからの公共施設管理に関するアンケート調査

筆者は 2017 年 2 月にインターネットベースのアンケートを，埼玉県の住民（699 人）に実施した．以下にその結果の概要を報告する．アンケートの回答の記述統計は以下の**表 8-1** にある.

なおアンケートでは，

1. 「短期的な人口見通し（2025 年）に基づく削減方針」と，「長期的な人口見通し（2040 年）に基づく削減方針」の受け入れ可能性の差異
2. 「市全体の公共施設の削減方針」と，当該方針に基づく「実際に自分が居住する地域の公共施設の削減の提案」の受け入れ可能性の差異

を調査した．具体的には，**図 8-3** に示した 2025 年の各市町村別人口推計をもとに算出した，短期的な公共施設の削減方針の受け入れ可能性を聞いた後に，その方針に基づく回答者の居住地域の公共施設の削減の受け入れ可能性を聞いている[3]．またその後，**図 8-2** に示した 2040 年の人口をもとに算出した長期的な公共施設の削減方針，およびそれに基づく自地域の公共施設の削減の受け

表 8-1　アンケートの回答に関する記述統計

		全サンプル
性別	男	350 人
	女	349 人
年齢	20 歳代	139 人
	30 歳代	140 人
	40 歳代	140 人
	50 歳代	140 人
	60 歳代	101 人
	70 歳代以上	39 人
世帯構成	高齢単身	11 人
	高齢夫婦のみ	68 人
	高齢親子	77 人
	三世代同居	56 人
	65 歳未満単身	82 人
	65 歳未満夫婦のみ	101 人
	65 歳未満親子	295 人
	その他	9 人
世帯主の年収	無収入	21 人
	200 万円以下	53 人
	201 万-400 万円	175 人
	401 万-600 万円	189 人
	601 万-800 万円	135 人
	801 万-1,000 万円	61 人
	1,001 万-1,200 万円	40 人
	1,201 万円以上	25 人
住宅の形態	持ち家（戸建て）	374 人
	持ち家（集合住宅，分譲マンションなど）	150 人
	民間の借家（戸建て，集合住宅）	145 人
	給与住宅（社宅，公務員住宅）	61 人
	公営の借家	15 人
	その他	4 人
居住開始時期	祖父母の時代以前から	27 人
	祖父母の時代から	22 人
	父母の時代から	130 人
	あなたが 30 年以上前に移転してきた	54 人
	あなたが今から 10-30 年前に移転してきた	222 人
	あなたが 5-10 年前に移転してきた	79 人
	あなたが 1-5 年前に移転してきた	119 人
	あなたが 1 年以内に移転してきた	46 人

注：アンケート結果に基づき筆者が作成.

図 8-4 公共施設削減に関する市全体の方針，自地域の公共施設削減の受け入れ状況

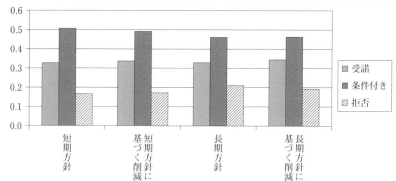

注：アンケート結果に基づき筆者が作成．

入れ可能性を聞いている．

アンケートの結果，2025年の人口動向に基づく公共施設の再配置の方針について，32.7%の人が無条件で受け入れを，50.7%の人が条件付きで受け入れを表明し，方針の受け入れを拒否した人は全体の16.7%であった．

以下では，方針の受け入れを拒否した者の比率（以下，拒否率という）に注目して記述していく．①2025年の人口動向を背景とした短期方針と，②それに基づく自地域の公共施設の削減，③2040年の人口動向を背景とした長期方針と，④それに基づく自地域の公共施設の削減については，

・方針の受け入れだけでは，実際に自分にとって不利益が発生するか否かは判断できないこと

・短期方針に比べて長期方針の方が削減のマグニチュードが大きいこと

から，この順番で拒否率が上昇することが予想される．図8-4に示されているように，長期方針への拒否率がそれに基づく自地域の公共施設削減への拒否率よりも高いことを除けば，概ね予想された傾向が観察される．

---

3) 具体的には，「全体の方針が前問のように示された後，あなたの市町村の公共施設でマイナスの値が示されているものについて，あなたの地域にある公共施設が廃止の対象となっていることが告げられました．あなたは，この申し出を受け入れますか．」と聞いている．

3. 地域別の意向の差異

3.1. 地域別削減率が拒否率に与える影響

　図8-2および図8-3から明らかなように，地域によって公共施設の削減率は大きく異なる．このため，短期的な全市民向け公共施設の削減率が大きい順に，埼玉県内の市町村を並べて概ね5等分し，図8-5でそれぞれの分位毎の全市民向け施設平均削減率（左目盛）および全施設平均削減率（左目盛）と，この短期方針に対する拒否率（右目盛）を描写している．具体的には第1分位は小川町から蓮田市在住の133のサンプルが，第2分位は春日部市から白岡市までの106のサンプルが，第3分位は所沢市から草加市までの160サンプルが，第4分位はさいたま市のみの158サンプルが，第5分位はふじみ野市から伊奈町までの142サンプルが含まれる．

　第5分位は拒否率がやや上昇しているが，全体を通じて短期方針に示された削減率にしたがって拒否率が低下していることがわかる．

3.2. 異なる提案に対する拒否率の変化

　それでは短期方針よりも削減率の大きな長期方針，および短期方針に基づく

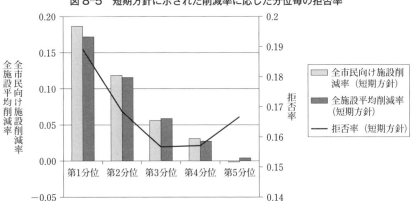

図8-5　短期方針に示された削減率に応じた分位毎の拒否率

注：アンケート結果に基づき筆者作成．

図8-6 削減率の変化に応じた分位毎の短期方針と長期方針の拒否率の変化

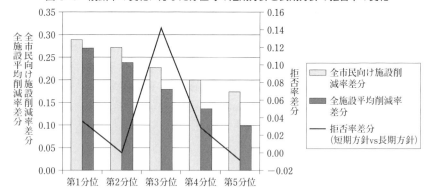

注：アンケート結果に基づき筆者が作成．

自地域の公共施設の削減への意向を聞いたときの，拒否率の変化を描写してみよう．図8-6 では長期方針によって上乗せされた削減率（左目盛）と，拒否率の変化（右目盛）を，図8-7 では短期方針に示された平均削減率（左目盛）と，それに基づく実際の削減との間の拒否率の変化（右目盛）を各分位毎に示している．

どちらの図においても，削減率の変化（図8-6）と削減率（図8-7）が中程度である第3分位において，短期方針では受諾していた者が拒否に回答を変更する比率がもっとも高くなっている．このことは何を示すのであろうか．

拒否率の増加は，当初に示された「短期的な方針を受諾していた者」から生じるため，

$$（2番目に示された提案に伴う損失）-（最初の提案に伴う損失） \quad (1)$$

が大きいほど，拒否率が増加するものと考えられる．

3.3. 長期的な方針に対する拒否率はなぜ増えるのか？

まず，短期的な方針と長期的な方針に対する拒否率の差異について検討する．

$$（「長期的な方針に示された削減率」に対する損失評価） \\ -（「短期的な方針に示された削減率」に対する損失評価） \quad (1)'$$

第8章　公共施設再配置に関する利害者の対立と合意形成：埼玉県のケース　　265

図 8-7　削減率に応じた分位毎の短期方針と実際の削減に対する拒否率の変化

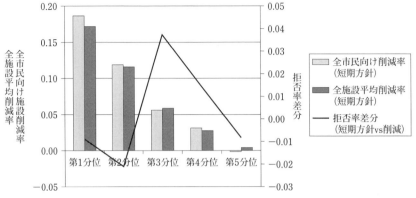

注：アンケート結果に基づき筆者が作成．

が大きいほど，拒否率の上昇は高くなるものと考えられる．

　以下では仮想的な状況における，数値例を用いた検討を行う．**表 8-2**のような地域分位を設定する．第 1 分位〜第 5 分位にかけて，短期方針において示された公共施設の削減率は低下していく．長期方針においてはそれぞれの地域分位に対して，公共施設の削減率の追加が提示される．ただし，すべての地域で削減率の追加が同じである「同一ケース」，最初の公共施設の削減率が高い地域分位ほど削減率の追加が大きい「逓増ケース」，逆に削減率の追加が小さい「逓減ケース」という 3 つのケースが設定されている．

　図 8-8には客観的な損失（公共施設の削減率）がどのような心理的損失として受け止められるかを，プロスペクト理論の価値関数を用いて記述している．つまり横軸の中央に現状にあたる参照点が配置され，左方向に現状の公共施設水準からの削減率に対応する心理的な損失の評価が描かれている．さらに，**表 8-2**の「同一ケース」における公共施設の削減率の追加が行われた場合，それぞれの地域分位の住民の損失評価がどのように変化するかが，重ねて記述されている．同一の削減率の変化を与えた場合，価値関数の傾きは損失が大きくなるほど緩やかになることを反映して，当初の削減率が高い第 1 分位から逆に低い第 5 分位にかけて心理的損失の評価は増大している．

　追加して提示される削減率が異なる 3 つケース（**表 8-2**）毎に，それぞれの

表 8-2 仮想的な地域分位の設定

	短期方針による削減率	長期方針による削減率の追加		
		同一ケース	逓増ケース	逓減ケース
第 1 分位	−0.5	−0.3	−0.5	−0.1
第 2 分位	−0.4	−0.3	−0.4	−0.2
第 3 分位	−0.3	−0.3	−0.3	−0.3
第 4 分位	−0.2	−0.3	−0.2	−0.4
第 5 分位	−0.1	−0.3	−0.1	−0.5

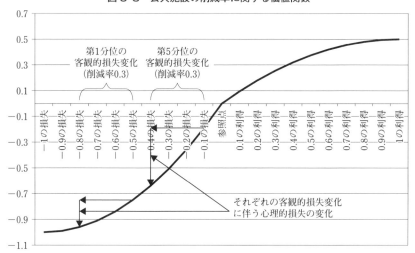

図 8-8 公共施設の削減率に関する価値関数

地域分位で，どのような損失評価の変化がもたらされるかを記述したのが図8-9である．図8-8から明らかなように，「同一ケース」では価値関数の形状を反映して，第1分位から第5分位にかけて損失評価の悪化が激しくなっている．当初の削減比率が高い第1分位ほど削減率の変化が小さい「逓減ケース」においては，その傾向が著しくなっている．一方当初の削減率が高い第1分位ほど，削減率の変化が大きい逓増ケースにおいては，第1分位から第3分位にかけて，心理的損失の認識は増加しその後低下している．

図8-6から明らかなように，この逓増ケースがアンケートの対象となった埼玉県の各市町村のケースにもっとも近い．図8-9に示された逓増ケースにおけ

図8-9 各分位毎の価値の低減

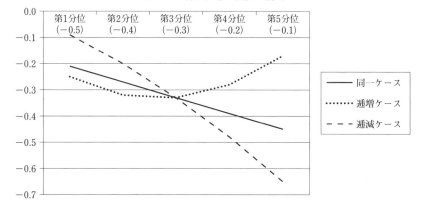

る心理的損失評価の変化は，図8-6のアンケート結果と整合的である．

3.4. 実際削減されるときに拒否率はなぜ増えるのか？

次に図8-7に示された短期方針に対する拒否率と，短期方針に基づく実際の削減に対する拒否率の差異について，同じく仮想的な数値例を用いてその理由を考えてみたい．このような行動の変化は，将来のプランについては同意するものの，実際にそのプランの実施ができない双曲割引のような現象を思い起こさせる．しかし，このアンケートは双曲割引を直接観察する設計にはなっていないほか，地域別に双曲割引の起こり方が異なるというのは考えにくい．ここでは，3.3節と同様にプロスペクト理論に基づいて，心理的な影響の変化を考察する．この場合 (1) 式は，

（自地域の公共施設が削減されることで発生する損失の評価）
　−（短期方針に示された削減率に基づく損失の評価（期待値）） (1)″

と書き換えることができよう．

3.4.1. 公共施設の廃止および短期方針の提示で発生する客観的損失

自地域の公共施設が廃止された場合に，住民はどのような損失を被るのだろうか．自地域の公共施設が廃止された場合には，「公共施設をまったく利用で

図8-10　地域毎の公共施設へのアクセス

公共投資削減前の各分位の現在の公共施設へのアクセス

	居住地	0.2キロ圏	0.4キロ圏	0.6キロ圏	0.8キロ圏	1キロ圏
第1分位						
第2分位						
第3分位						
第4分位						
第5分位						

公共施設削減後のアクセス

	居住地	0.2キロ圏	0.4キロ圏	0.6キロ圏	0.8キロ圏	1キロ圏
第1分位						
第2分位						
第3分位						
第4分位						
第5分位						

きなくなった」という損失が発生したと考えるべきだろうか．おそらく，自地域の公共施設が廃止された場合に，廃止されていないもっとも近い公共施設が代替的に利用されることになろう．公共施設の廃止による損失は，利用する公共施設までの最短距離の変化と考えることができ，それは当該市町村の公共施設の設置密度によって異なる．

　このことを図8-10で説明する．網掛けをしているのが，公共施設が設置されている地域としよう．公共施設の設置密度が第1分位の地域から第5分位の地域にかけて上昇していく，仮想的なケースが描かれている．上図に描かれているように，現状は，すべての（アンケート対象者の）居住地に公共施設が設置されている．このため公共施設までの最短距離は，すべての地域で0である．しかし下図に描かれている自地域の公共施設が削減されることで，第1分位の地域の公共施設への最短距離は1キロ，第2分位は0.8キロ，第3分位は0.6キロ，第4分位は0.4キロ，第5分位は0.2キロに上昇している（逓増ケース）．これが自地域の公共施設が削減される場合に，住民に発生する客観的な損失に相当する．

　図8-10と異なり公共施設の設置密度が第1分位から第5分位にかけて疎な

第 8 章　公共施設再配置に関する利害者の対立と合意形成：埼玉県のケース　　269

表 8-3　短期方針による公共施設の削減が各地域の住民にもたらす損失

	自地域の公共施設が削減される確率	自地域の公共施設が削減された場合，悪化するアクセスコスト（km）		
		同一ケース	逓増ケース	逓減ケース
第 1 分位	50%	0.6km	1km	0.2km
第 2 分位	40%	0.6km	0.8km	0.4km
第 3 分位	30%	0.6km	0.6km	0.6km
第 4 分位	20%	0.6km	0.4km	0.8km
第 5 分位	10%	0.6km	0.2km	1km

ものになる場合は（逓減ケース），逆に客観的損失は上昇し，設置密度が同一である場合（同一ケース）は客観的損失も変わらない．**表 8-3** として，各地域分位で提示された自地域の公共施設が削減される確率と，公共施設の設置密度に応じた 3 つの仮想的なケースにおける，自地域の公共施設が削減された場合に発生する客観的な損失を記述した．

　短期方針で特定の削減率が示されていることは，「どんな客観的な損失の発生が提示されている」と考えればよいだろうか．ある地域で「公共施設の削減率が 50%」という方針が示された場合，「すべての公共施設の規模を半分にする」という選択肢が採用されることはなく，「市町村の半分の施設」が廃止されるという対応が一般的であるため，住民は今使用している公共施設が 50% の確率で廃止されると考える．つまり**表 8-2** のような短期方針が提示された場合，住民はその確率で自地域の公共施設が廃止され，その場合 3 つのケースに分けられたアクセスコストの増大が発生するものと理解する．

3.4.2. 客観的損失の心理的評価

　アクセスの悪化による損失も，**図 8-11** のような価値関数で評価できるものとしよう．

　まず地域分位間の公共施設密度が同一で，公共施設削減に伴うアクセスコストの増大が 0.6 で共通している「同一ケース」を例に説明しよう．

　第 1 分位においても第 5 分位においても自地域の公共施設が廃止された場合には，0.6 キロ離れた代替的公共施設を利用しなければならなくなるため，その場合の損失評価は，0.84 で共通である．

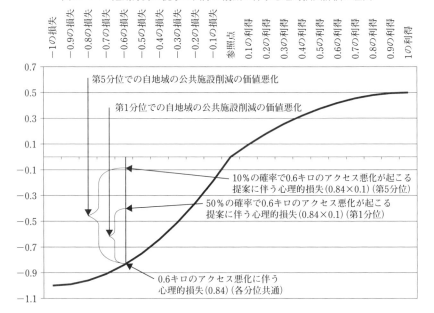

図8-11 短期方針の提示と実際の削減に伴う心理的損失評価の差異

　一方第1分位では短期方針に基づいて，50％の確率で自地域の公共施設が廃止されるということが，第5分位では10％の確率で同様のことが生じることが告げられている．その場合，期待値としての損失の評価は第1分位では0.84×0.5となり，第5分位では0.84×0.1となる．

　この両者の差異が (1)″式に相当し，図8-11から明らかであるように，それは「自地域の公共施設が廃止される確率が低かった」にもかかわらず，「実際に自地域の公共施設が廃止されてしまった」第5分位において高くなっている．このことを反映して，図8-12に描かれた「同一ケース」の各分位毎の値は，第1分位から第5分位にかけて心理的損失評価は上昇している．

　図8-12では公共施設の削減率が高い第1分位で，アクセスコストの増加が低い「逓減ケース」と，逆に第1分位でアクセスコストの増加が高い「逓増ケース」の損失評価の差異も描写されている．「逓減ケース」では「同一ケース」の傾向がより顕著になっている．しかし「逓増ケース」では，第1分位から第3分位までは (1)″式に相当する損失評価の差異が上昇しているが，その後第

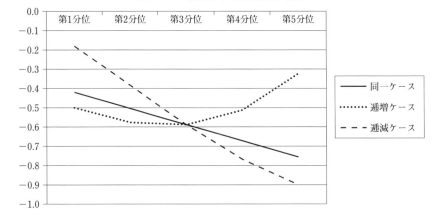

図 8-12　各分位毎の損失評価の差異

5分位にかけて低下している．埼玉県の市町村へのアンケートでは，短期方針において提示された公共施設の削減率が低い東京都心部に近い市町村では，公共施設の設置密度が高いと予想されるため，「逓増ケース」がより現実に近い設定となっているであろう．この予想は図 8-7 に示されたアンケート結果と整合的である．

4. 住民の使用頻度別の意向の差異

アンケートでは全市民向け，若年者向け，高齢者向けの公共施設毎に，「1 使用していない　2 1年に1回程度　3 数ヶ月に1回程度……」と使用頻度に関する質問も行っている．これを合計することで，公共施設を「使用していないグループ」，「低頻度使用のグループ」[4]，「高頻度使用のグループ」に分類した．全サンプルを使用頻度に応じて3つのグループに分けて，使用頻度別の短期方針に対する拒否率（左目盛）を図 8-13 として示した．

図 8-13 では自地域の公共施設に対する拒否率，長期方針に対する拒否率の増減（右目盛）が重ねられている．図 8-13 から明らかなように，拒否率が高

---

4)　合計が6以下で，たとえばすべての施設を1年に1回程度使用している者などが含まれる．

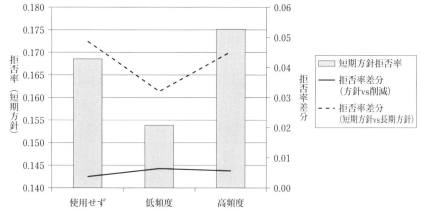

図8-13 使用頻度別の短期方針に対する反対とその変化

注：アンケートの結果に基づき筆者が作成．

いのは公共施設を「使用していない」グループと，「高頻度で使用している」グループである．このうち後者については，公共施設が削減されてアクセシビリティが低下するコストは高価であろうから，短期方針への反対が多いのは当然だろう．

しかし，なぜ公共施設を「使用していない」にもかかわらず，前者のグループはその削減に反対するのだろうか．それを探るために図8-14として，全体のサンプルにおける他のさまざまな属性の分布と，「『使用していない』にもかかわらず『短期方針に反対している』」サンプルの分布の差分をとった．他の属性については大きな差がないが，「『使用していない』にもかかわらず『短期方針に反対している』」グループには短期居住者[5]が多いことがわかる．

短期居住者の場合，転勤族のように移転を頻繁に行う者，借家に居住する移転コストの低い者等が含まれている．これらの者にとっては，公共施設の削減，再配置がもたらす便益である「将来の当該地域での居住の維持可能性」の評価が著しく低いかもしれない．この場合公共施設を「使用していない」にもかかわらず，公共施設の削減，再配置に反対することは十分に考えられよう．

---

[5] ここでは，短期居住者とは，「5-10年前に引っ越してきたよりも居住期間の短いグループ」を指す．

図 8-14 「『使用していない』にもかかわらず『短期方針に反対』」している人の特徴

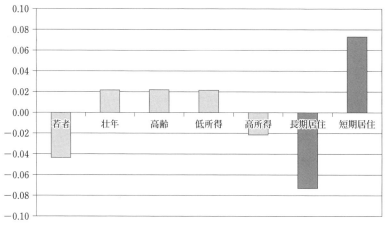

注:アンケートの結果に基づき筆者が作成.

　また図8-13から明らかなように,短期方針に対する拒否率から自地域の公共施設削減への拒否率の増分については,3つのグループでほぼ差がない.しかし,使用していないグループおよび高頻度で使用するグループでは,長期方針に反対する者が大きく増加している.長期方針は,短期方針に比べて削減率が大きく上昇している.このため高頻度で公共施設を使用する者にとっては,大きなコストを追加するだろう.一方公共施設を使用していないグループでは短期居住者が多く,長期的な利得に関心を払うことができないため,このグループにおいても拒否率は大きく上昇する.

5. おわりに

　人口減少および少子高齢化の進展を受けて,公共施設の削減,再配置を行う試みが地方公共団体で活発化している.
　このような政策の実施にあたっては,地方議会だけでなく対象となる地域の住民から一定の了解をもらうことが事実上必要となる.しかし,前述のとおり公共施設の削減,再配置は,
・現在のアクセスコストと引き換えに,長期的な地域の維持可能性を高める

政策であるため,

・他人が利用する公共施設削減にただ乗りする形で,地域の維持可能性を高めることができる政策であるため,

地域住民の了解がとりにくいという特徴を持つ.

これに対しては,公共施設の削減,再配置を行った場合と,行わなかった場合について,地域の維持可能性や住民の税負担などについて,住民自身が比較可能な情報を提供することがまず求められよう.このことを通じて,住民の合理的な意思決定を促すことが期待される.

しかし近年の行動経済学からの知見によれば,人間は必ずしも合理的な決定を行えない場合があることが知られている.このような場合,住民の合理的な選択をそっと促すような,いわゆるナッジと呼ばれる政策が求められることとなる.

公共施設の削減,再配置に関する住民の同意においては,どんな場合にこのような配慮が求められるのであろうか.たとえば,短期方針で示した公共施設の削減には同意したものの,同じ考え方に基づく長期方針は拒否をする,あるいは当該方針に基づく自地域の公共施設削減は拒否するという意見の変化が広範に観察された.

公共施設の削減,再配置を行うにあたっては,「まず市町村全体の公共施設の将来的なストック水準について」住民から同意してもらい,「個別の公共施設の削減,再配置について」あらためて同意を受けるという手続きで進められることが多い.同意を取り付けること自体が大きなコストを生じさせることを勘案すれば,できるだけ手戻りのない同意手続きを進めることが求められよう.このため「どのような時間的視野を持った方針を示すべきか?」,「具体的な施設の削減時に意見の変更をもたらさないために,どのようなやり方で方針を示すべきか?」ということを検討することは有意義であろう.

まず3.3節の検討が示唆するように,住民は公共施設の削減についても,プロスペクト理論の価値関数を用いた損失評価を行っている可能性がある.この場合図8-8に示されているように,同じ削減率の追加に対して削減率の低い領域において住民は敏感に反応する.このことは,高い公共施設の削減が必要である地域に比して,低い公共施設の削減率で済む地域においては,長期的な視

点からその削減率を追加した場合に，多くの住民が反対に転じる可能性があることを予想する．このような場合においては，一度に長期にわたる公共施設の削減方針について合意を求めるのではなく，比較的短期の公共施設の削減方針についての合意を繰り返し求めるという合意のとり方が有効であろう．

特に第4節で示したように，「公共施設を使用していない」一方で，「公共施設の削減に反対する」者は短期居住者が多かった．低い公共施設の削減率が適用される地域分位の市町村は，東京都心部に近い市町村が多いため，このような短期居住者が多く居住している可能性が高い．長期的に合理的な利得に応じた判断を行うことが困難である地域においては，同様に比較的短期の方針に対する合意を繰り返し求めるという手法が有効と考えられる．

また3.4節が示唆するように，公共施設の削減量を一般的に示す方針の提示と，自地域の公共施設を削減するという予告は住民に異なる損失を与え，それが価値関数にしたがって評価されるため，住民の異なる反応を引き起こしている．方針において低い削減率を提示されていた場合ほど，実際に自地域が対象となったときに，2つの提案がもたらす損失のギャップが大きいため，大きな反対をもたらす可能性が高い．これらのことを勘案すれば，方針と実際の公共施設の削減の提案内容を，できるだけ同じものとすることが求められよう．つまり方針の提示にあたっては，市町村全域でどのようなボリュームでの削減が必要かという情報だけでなく，できるだけ即地的な内容を含むものとすべきである．具体的には公共施設削減，再配置の方針を決定するにあたっては，都市計画における立地適正化計画の策定を同時に進めることが求められよう．市町村全体の削減率が低い市町村ほど，このような配慮は強く求められる．

参考文献

DellaVigna, Stefano (2009), "Psychology and Economics: Evidence from the Field," *Journal of Economic Literature*, 47 (2), pp. 315–372.

Koszegi, Botond and Mathew Rabin (2006), "A Model of Reference-Dependent Preferences," *Quarterly Journal of Economics*, 121 (4), pp. 1133–1165.

セイラー，リチャード・サンスティーン，キャス (2009)，『実践行動経済学』日経BP社.

セイラー，リチャード（2017），『行動経済学の逆襲』早川書房.

総務省自治財政局財務調査課（2012），「公共施設およびインフラ施設の将来更新費用の比較分析に関する調査結果」，http://www.soumu.go.jp/main_content/000153119.pdf

筒井義郎・佐々木俊一郎・山根承子・グレッグ・マルデワ（2017），『行動経済学入門』東洋経済新報社.

第9章　都市の縮小と広域行政の必要性

中川雅之・齊藤　誠

1. はじめに

　本章では，これまでの分析結果を踏まえながら，人口が縮小・高齢化し，住宅が老朽化していく「都市の老い」に対して，どのような政策対応が必要なのかを以下の観点から議論していく.

　第1に，これまで都市成長を前提に組まれてきた都市計画を都市縮小の方向へどのように転換させていくのか，第2に，そのために必要となってくる具体的な政策ツールはどのようなものなのか，第3に，都市のダウンサイジングから生じるさまざまな課題に応じて都市のどの範囲を政策対象とするのか，第4に，仮に政策対象地域が基礎自治体の市区町村を超えた広域に及ぶ場合に，どのような大都市圏ガバナンスを構築するのか，第5に，新たに構築される大都市圏ガバナンスと既存の基礎自治体の間で役割分担や機能分担をどのように進めるのか，第6に，現在，日本で進められている広域行政が都市縮小への対応という方向性に整合的なものになっているのか，を主たる論点として議論する.

　第1章や第2章の分析で明らかなように，人口拡大・地価上昇と人口減少・地価下落の二極化が著しい都市圏では，各市区町村のレベルで対応できる政策オプションはきわめて限定されている. たとえば，第2章で見てきたように，都市のコンパクト化は，人口や地価の二極化が著しくない状況においてはじめ

て政策効果を発揮する．また，第8章で見てきたように，都市の人口縮小や高齢化に応じて社会資本の縮小や再配置を行おうとすると，市区町村の自治体は市民の間の厳しい利害対立を調整しなくてはならない．

　それでは，市区町村の基礎自治体を超えて都市圏の広域で都市縮小の政策課題に対応してきたのかというと，残念ながら，チグハグなことばかりが起きてきた．たとえば，本来は強力な権限を梃子に広域行政を担うべき都道府県が市レベルの都市計画において決定権限を狭められ，市の決定権限がますます強まってきた．また，とりわけ地方の都市圏で起きていることであるが，本来は，都市縮小への積極的な対応として構築されるはずの広域都市圏が当該地域の経済成長戦略の起爆剤として位置付けられてきた．すなわち，従来は市区町村レベルで展開されてきた都市成長前提の都市計画が広域レベルの計画として衣替えするようなことがしばしば起きてきた．

　本章では，海外の都市計画のさまざまなケースを検証することを通じて，日本の広域行政の問題点を洗い出し，どのような方向に改革すべきなのかを考察していく．まず第2節において，本書の第1章から第4章で取り扱った首都圏と地方都市圏のダウンサイジングのありようを都市雇用圏という都市圏概念からあらためて整理していく．第3節において，ヨーロッパにおける都市縮小に対する政策のケーススタディを，第4節において，OECD（経済協力開発機構）諸国における大都市圏ガバナンスのケーススタディを紹介した上で，第5節では，日本の実情を踏まえた都市縮小に対する政策対応を議論する．第6節では，あらためて日本の広域行政のあり方を考察していく．

2. 問題意識：都市雇用圏から見た首都圏と地方都市

　まずは，地方都市の空間的範囲と将来動向に関する実態データを補足的に説明し，第1章から第7章までの分析を補完する．都市というのは，住民が住み，消費を行うための買い物をし，通勤をして働く空間的な範囲であり，市区町村などの行政界を超えることが多く，首都圏においては都道府県の行政界さえも超えている．一方，都市のあり方を規定するさまざまな計画を立案し，インフ

第9章　都市の縮小と広域行政の必要性　　　279

表 9-1　大都市雇用圏の構成市区町村

大都市雇用圏	中心都市	郊外都市
東京	特別区，立川市，武蔵野市，さいたま市，千葉市，横浜市，川崎市，厚木市	148 市区町村
名古屋	名古屋市，小牧市	44 市町村
大阪	大阪市，門真市，守口市，東大阪市，堺市	78 市町村
札幌・小樽	札幌市，小樽市	6 市町村
仙台	仙台市	16 市町村
福岡	福岡市	18 市町村
新潟	新潟市	5 市町村
富山・高岡	富山市，高岡市	9 市町村
静岡	静岡市	2 市町村
浜松	浜松市	3 市町村

注：http://www.csis.u-tokyo.ac.jp/UEA/ から作成.

ラ整備，住宅政策，産業政策などの執行にあたっては，地方自治体が主な役割を担っている．このような実態と政策主体のずれを本章で主として扱うことから，第2章や第4章で分析対象とした首都圏以外の都市についても，地方自治体を超えた視点からの説明を試みる．

　表 9-1 は，東京大学空間情報科学センターが提供している，都市雇用圏[1]を第1章から第4章の分析対象であった都市について描写したものである．

　表 9-1 から明らかなように，首都圏（東京大都市雇用圏）は，複数の中心都市を持ち，その周囲に 148 もの郊外都市を擁する非常に大規模で複雑な構造を持っている．それに対して，第2章や第4章で分析の対象となったそれ以外の都市は，名古屋大都市雇用圏，大阪大都市雇用圏，仙台大都市雇用圏，福岡大都市雇用圏のように，2ケタの郊外都市を抱える場合もあるものの，それ以外は中心となる都市が非常に大きな存在感を有する比較的少数のグループによっ

---

1)　金本・徳岡（2002）によって提案された都市圏で，①中心都市を DID（densely inhabited district の略で人口集中地区を指す）の人口によって設定し，②郊外都市を中心都市への通勤率が 10% 以上の市区町村とし，③同一都市圏内に複数の中心都市が存在することを許容している．中心都市の DID 人口が5万人以上のものを大都市雇用圏，1万人から5万人のものを小都市雇用圏と呼んでいる．

て構成されている.

第1章や第3章では,首都圏の将来について詳細な記述がなされたため,以下では,首都圏以外の都市における人口動向を描写しよう.**図9-1**および**図9-2**においては,「日本の地域別将来推計人口」(2013年)(国立社会保障人口問題研究所)から,大都市雇用圏別の2010年から2040年の人口減少率および,2040年と2010年の高齢化率の差を示した.

図9-1から明らかなように,福岡大都市雇用圏では5%に満たない比較的軽微な人口減少率となっている.しかし,ほとんどの首都圏以外の都市は10%から30%を超える非常に激しい人口減少を経験する.静岡大都市雇用圏,浜松大都市雇用圏では中心都市の人口減少がむしろ高いが,ほとんどの都市では郊外部で人口減少率が高くなっている.

一方,**図9-2**からは,首都圏以外の都市において,10-20%程度の激しい高齢化率の上昇を経験することが読み取れる.ほとんどの都市では,中心都市で深刻な高齢化が進行することが示されている.

このように,今後首都圏以外の都市においても,第1章や第3章で描写された首都圏と同様に,深刻な人口減少・高齢化を経験することとなる.これに伴う都市問題は,都市縮小(shrinkage)問題と呼ばれている.このような都市縮小は日本においてのみ観察される問題ではなく,産業構造転換に追いつくことができなかったアメリカ,西ヨーロッパの都市,さらには大きな体制転換を経験した中部,東部ヨーロッパの旧社会主義諸国の都市において広範に観察されている.

Rink et al. (2012) によれば,都市縮小は,

　　①経済的衰退を契機とした雇用を求めた他の都市への流出,

　　②都市の中心部から周辺部への郊外化,スプロール,

　　③出生率が死亡率を下回る人口の自然減,

という3つのケースが原因となって起こる.日本においても,これらの3つの要因が複合的に作用しているものの,③が今後特に強く作用することが予想されている.

都市縮小は,住宅の老朽化,空き家・空き地の発生,都市財政の悪化による公共サービスの低下,地域の荒廃,公共施設・インフラの遊休化や老朽化など

第 9 章　都市の縮小と広域行政の必要性

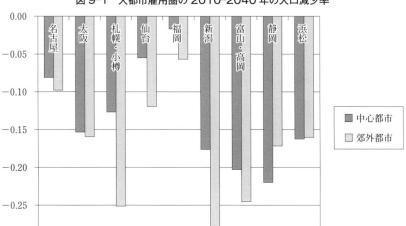

図 9-1　大都市雇用圏の 2010-2040 年の人口減少率

注：「日本の地域別将来推計人口」(2013 年)（国立社会保障・人口問題研究所）から筆者作成．

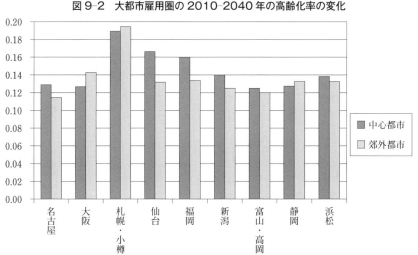

図 9-2　大都市雇用圏の 2010-2040 年の高齢化率の変化

注：「日本の地域別将来推計人口」(2013 年)（国立社会保障・人口問題研究所）から筆者作成．

の都市問題を発生させるため，各都市において，さまざまな対応が図られている．

　さらに，本書で分析した都市圏は，ひとつの地方自治体によって構成されていることはまれである．広い都市圏で発生する都市縮小の各種問題に対応する政策を企画し執行する主体は，現行の地方政府では過小な規模であることが通常である．このため，都市縮小に対する政策対応は，地方政府間の政策調整を伴うであろう．このような問題も，大都市圏ガバナンス問題として日本のみならず世界的に共有されている問題である．

　これらのことを勘案すれば，日本の都市縮小に対する対応は，その企画・執行の段階で大都市圏ガバナンスの問題を克服することが不可欠である．この場合，諸外国の都市縮小に対する政策，大都市圏ガバナンスの仕組みを参考にしながら，日本の実情を踏まえた適用を行うことは有用であろう．

3. 都市縮小政策のケーススタディ

3.1. 都市縮小政策の類型化

　本節では，主に Rink et al. (2012) に基づき，ヨーロッパにおける都市縮小への対応を概観する．ケーススタディを通じた研究において，都市縮小への対応には3つのタイプがあると考えられている．

　　①人口減少や都市縮小に明示的な対応をとらないタイプ

　　②人口減少や都市縮小に対して，人口増加をねらった伝統的な政策で対応するタイプ

　　③人口減少や都市縮小を受け止めて，それに対応するラディカルな政策変更を行うタイプ

　長い間，都市縮小にさらされた経験のある西ヨーロッパでは，さまざまな政策を組み合わせた総合的なアプローチ（holistic approach）がとられることが多いが，体制変換に伴う急激な都市縮小にさらされた元社会主義諸国では，雇用創出を海外からの投資やEUのファンドを用いて実現する成長志向型の対応が行われることが多い．以下では，内容別に標準的に採用されている政策を簡単に説明する．

3.2. 都市縮小に対する認識の共有化

前小節で分類された③においては，「ラディカル」という表現が用いられているものの，都市縮小政策でまず求められるものは，「都市が縮小している」，あるいは「将来的に縮小する」という現実を認めることだとされている．その上で「都市縮小を短期的な現象ととらえて，伝統的な成長を志向する政策を採用するのか」，「多くの都市が経験するであろう通常の経路だとして，都市縮小を受け止めて，その結果もたらされたさまざまな現象を改善する，都市縮小の管理政策を採用するのか」に関する真剣な議論を行うことが必要だと考えられている．

実際，深刻な都市縮小が観察されたドイツのライプツィヒ市，ハレ市においても，2000年まで都市の縮小への対応は，明示的な政策目標とはされず，成長志向的な政策がとられ続けた．たとえば，ライプツィヒ市では "media-city", "financial city", "city of trade, commerce and trade fairs" などのコンセプトのもとに産業やイベントの誘致が行われたとされる．

しかし，深刻な都市縮小が収まらないことから，2000年に都市縮小は両都市の政治的なアジェンダとなり，明示的な政策目標となった．連邦の Urban Restructuring East（都市再構築東）という政策パッケージの中では，都市成長への対応とともに，空き家やブラウンフィールド[2] などの都市縮小への対応を両立させたマスタープランが採用された．ライプツィヒ市のマスタープランでは，これ以上の郊外化を防ぎ，中心部での人口の増加を目指すための政策が考案された．ハレ市では，制御されたダウンサイジングと都市の再構築により，20万人での人口安定化が目指された．

---

2) 宮川（2005）によれば，「森林や草地などの自然環境が保全されているグリーンフィールド（Greeafield）と対比して使用される開発された土地（既開発地）を示す用語であり，主として英語圏で使用される造語である．具体的には，工場や炭鉱の移転・廃止をはじめとした産業・経済構造の変化により生じた放置状態や低利用・未利用の土地のことを意味する」とされている．

3.3. 土地利用，ストック管理政策
3.3.1. 郊外化，スプロールの防止

　都市の郊外部での開発は抑制されることが多い．たとえばリバプール市（イギリス）などにおいては，これ以上の郊外化を防止するために土地利用計画上の制限が実施され，グリーンベルトの設置を含む都市中心部以外の住宅供給の抑制策が実施された．また，都市の各地域での住宅供給をコントロールするために，Regional Spatial Strategy（地域空間戦略）（2004–2010 年）において地区毎の住宅の目標が立てられた．逆に，ブラウンフィールドの再生を図るために開発の割合なども含む目標が立てられた．

3.3.2. 空き家，荒廃ビルディングの廃止，適正な管理の確保

　空き家や使用されない業務系ビルディングは，その除却や改築が推進されることにより，不動産の需給が引き締まり市場環境や地域環境が改善されるという効果もあったとされる．ライプツィヒ市やハレ市では空き家の減築やオープンスペース化に EU や連邦政府のファンドが用いられた．

　以下では，ライプツィヒ市を例に具体的な説明を行おう．多くの住民によって不動産が所有されている旧市街地と，公有または住宅供給公社が一括して所有する集合住宅が主流の新市街地では異なる対応が行われた．旧市街地では，住民が保有する老朽住宅を減築するために除去コストの補助や固定資産税の減免が行われた．さらに除却後の土地利用については，私有地を公園や駐車場などの公共用途に利用する協定を住民と結ぶ「デザインに向けた協定」という制度が導入された．この協定は，弱い住宅需要のもとでは過剰な住宅供給を発生させずに，地域環境に資する公園などの用途に私有地を供する目的を持っていた．ただし，土地利用を固定化するものではなく，住宅市場が上向けば住宅の建設が可能になるフレキシビリティを備えたものであった．協定を締結した住民には，地方税や道路清掃費の減免が行われる．また，空き家における，無料で一時的な使用権を認める代わりに適切な管理を実施してもらうユニークな試みも行われた．一方，不動産の所有権者がまとまっている新市街地においては，高齢化率や人口移動率を勘案して優先順位付けにしたがった計画的な減築が街区単位でも行われた．

ジェノバ市（イタリア）などでは，中心部において，歴史的な住宅の小規模家族向けへの改築などが行われたほか，歴史的地区を再生して観光上のポテンシャルを上げ，新しい機能を与える政策が積極的に進められた．

3.3.3. 所有者不明，空き家・空き地などに関する一般的な制度

前述の減築やそれに伴う土地利用転換は，積極的に都市縮小の形を整える試みであるが，もともと所有者が不明である場合や，あるいは所有者が明らかであっても，不動産が低未利用なまま，あるいは適切な管理が行われないまま放置されている場合には，海外でどのような制度が用意されているのだろうか．

フランスでは，3年間所有者不明であり，土地税が未納である不動産の所有権は市町村に移るとされている．イギリスでは，公的部門が未利用空き家を強制収用する，あるいは第3者に賃貸できる権限を有している．

このようなタイプの政策としては，アメリカのランドバンクが有名である．それぞれの州法で設立された公的機関であり，空き地・空き家，税の未納不動産，抵当流れの不動産を将来のために買い上げてストックし，時期を見て売却，不動産開発，既存建築物撤去・土地活用，隣接区画への分譲などを実施している．多くのランドバンクが，収用権を有している．市場価値がない，あるいは非常に低い物件について一定の価値を見出す主体への一種の仲介が行われており，その受け取り手としては，隣接地の所有者やコミュニティなどが多く登場する．コミュニティガーデンなど，地域のオープンスペースを適切に管理する主体の組織化も一般に行われている．

3.3.4. 公共施設，インフラの縮減，再配置

人口減少，特に若年人口の減少を見据えて，学校の統合が積極的に行われる（チェコのオストラヴァ市，ウクライナのマキイフカ市）．その他の老朽化し放置されたインフラ，公共施設について他の公共用途への転換や再利用（ライプツィヒ市，ウクライナのドネック市，オストラヴァ市）が積極的に取り組まれている．一方では，高齢者人口の増加を見据えて高齢者用の新たな公共施設を整備し，人口構成の変化に対応するために幼稚園の多用途化などが推進されている．

3.4. 都市成長戦略などとの関係

産業構造転換に伴った，都市の成長戦略が実施されることもある．製造業から知識主導型産業やサービス産業への転換に伴う旧来の製造業主体の経済構造に支えらえていた都市の衰退に対しては，その産業構造転換が EU の European Regional Development Fund（欧州地域開発ファンド），中央政府による Federal Funds in Leipzig，National Fund for Start-Ups in Genoa などによって財政的に支援されてきた．また，税制上の支援や規制緩和が組み合わされた特別な地域指定が行われる場合もある．たとえば，ジェノバ市では，ウォーターフロントを活用することで商業，観光施設の整備が行われ，ICT 分野（information and communication technology の略で情報通信技術の意味）でも企業誘致が行われた．

都市縮小に対するこれまでの事例を検証すると，成長戦略と都市縮小管理政策をミックスした対応が行われることが多い．しかし，成長戦略への志向性は，都市縁辺部での開発コントロールの緩和を伴うことが多い．このことは，都市中心部で起きているさまざまな社会経済上の問題を悪化させる場合も見られる．一方，成長戦略を伴わない縮小管理政策の場合，どのようにして政策の原資を確保するかということが課題となる．内発的な再成長が期待できない場合，都市外の政治的サポートや資金的サポートなしには，都市は総合的な政策を講じ，縮退から生じるさまざまな問題に対処することが困難になる．

地方財政に関しては，特別な予算配分や税制上の支援を通じた経済活性化とともに，公共支出のカットや効率化によって，人口問題に対応しようとすることが一般的である．たとえばマキイフカ市では，都市中心部の自治行政区を廃止することで，政策資源を集中的に市議会で管理することとした．

4. 大都市圏ガバナンスのケーススタディ

4.1. 大都市ガバナンス問題とは

以下では主に，21 の国の 254 の大都市圏を調査した Ahrend and Schumann（2014）を参考に OECD 諸国の大都市圏ガバナンスのケーススタディを行う．都市化が進んだ国では都市地域が行政界をこえて広がった結果，どの地方政府

も大都市圏で起こっている問題を単体で解決できないことが多くなった．このため，広域的な政策の企画や執行をいかにして行うかという大都市圏ガバナンスの問題は，日本のみならず世界的に大きな問題としてクローズアップされるようになった．

つまり，サービスの提供範囲が空間的に限られている公共財の供給主体として，各都市を統治する地方政府を誕生させ，それぞれに独立してその事務に当たらせたというのが当初の地方制度の理念であろう．しかし，都市の経済圏域の拡大に伴い都市の相互連関性が強まり実質的に一体化するという現象がどの国においても観察されるようになった．この場合，各都市の公共財の供給は代替性を強めることになる．その公共財供給の効率性を向上させるためには，各都市を統治する地方政府を補完する大都市圏ガバナンスの仕組みが求められ，既存の地方政府に代替するより空間的に広い地方政府の誕生が求められるようになった．

このような問題は，地方政府間のケースバイケースの協力関係によって，処理される場合がある．問題の種類によって，それを解決する最適な空間的範囲が異なることは十分予想される．このため，公共施設，公共サービスのもっとも効率的な供給単位ごとに意思決定システムを設ける FOCJ（Functional Overlapping Competing Jurisdiction）と呼ばれる提案が行われることがある．ケースバイケースの自発的な協力は，ある意味理想的な問題解決の手法であるかもしれない．しかし，現実的には，協力関係を結ぶ取引コストは無視できないものであり，このような手法に広域調整を委ねるというのは，現実的だとは考えられない．

以下では，OECD 諸国を対象にして，①さまざまな行政権限は，基本的に市町村に代表される既存の地方政府に残っており，その地方政府間の調整を行う大都市圏ガバナンス，②自らが政策の企画，執行の権限を有する主体としての大都市圏ガバナンス，という分類を行いながら簡単な解説を加える．

なお，Ahrend and Schumann（2014）および Ahrend, Gamper and Schumann（2014）では，オーストラリアやチリが大都市圏ガバナンスの仕組みがないものとして整理されている．通常，広域調整は，市町村よりも上位の階層の地方政府が行う．しかし，その空間的範囲は大都市圏と一致しない場合

が多い．さらに OECD 諸国の大都市圏の中心都市は，通常単一の地方政府が
分担しているが，オーストラリアやチリにおいてはそれも分断されている．

4.2. 既存の地方政府の調整組織としての大都市圏ガバナンス
4.2.1. 自発的調整組織
　ここでは，政策の企画，執行権限は基本的に市町村に残っているが，なんら
かの市町村間調整を行う仕組みがある場合を取り上げる．この政策調整の仕組
みは，
　　①自発的，非公式な政策調整フォーラムであるケース，
　　②中央政府やより上位の地方政府から政策調整の共同体の組織化を促す仕
　　　組みがあり，公式な調整の権限を有するケース
がある．
　スイス，オーストリア，ポーランドなどでは，大部分の大都市圏において，
それを構成する市町村による自発的な政策調整フォーラムが存在する．空間計
画などの業務を所掌するが，公式な権限を持たずに，執行できる予算も大きく
ない．一方で，メキシコ，アメリカ，オランダにおいては，市町村の調整組織
としての共同体の設立を促す仕組みが存在する．

4.2.2. 中央政府の働きかけによる調整組織
　メキシコでは，59 の大都市圏が指定されて，大都市圏におけるさまざまな
政策を執行するための特別なファンドが導入されている．このファンドを分配
するために州政府によって Fondos Metropolitanos という組織が設立されて
いる．
　アメリカにおいてもメキシコと類似の仕組みがある．Metropolitan Plan-
ning Organization（MPO，都市圏計画機構）は，連邦政府によってその設立
を強力に促されている．大都市圏の交通関連インフラに関する連邦のファンド
は，この組織を通じてしか受け取れないようになっている．ほとんどの MPO
においては，この連邦のファンドの配分だけでなく，空間計画，地域開発など
他の業務も分掌していることが多い．
　オランダではプラス地域（Plusregios）という大都市圏ガバナンス主体が設

立されており，大都市圏を構成する市町村に対して，交通，インフラの供給，地域経済開発，土地利用計画などの分野で相互に協力させる仕組みが整っている．多くの場合，中心都市の市長によって率いられることが多い．比較的大きな予算によって運営されているが，この予算はプラス地域が直接執行するのではなく構成する地方政府などに分配される．もともとプラス地域は強制的に設立されていたが，それらのプラス地域は廃止された．

4.3. 固有の権限を有する組織による大都市圏ガバナンス
4.3.1. 地方自治体としての大都市圏ガバナンス組織

　固有の権限を有する大都市圏ガバナンス組織を持つカテゴリーの中には，特別な組織を創設するのではなく，合併によって大都市圏の政策執行の統一化を図ったケースがある．ニュージーランドのオークランド大都市圏においては，2010 年に大都市圏を構成する 8 つの市町村が合併し，地方制度の第 1 階層，第 2 階層の権限を併せ持つ主体となった．このため，オークランド大都市圏は単一主体によって統治されることとなった．このように単一主体によって完全に大都市圏が統治されるケースは OECD 諸国ではまれである．

　一方，韓国においては，広域市やソウル特別市という大都市圏ガバナンスを行う行政組織が設立され，その下に地方自治体を抱える仕組みがある．広域市やソウル特別市は，他の OECD 諸国の事例に比べても大きな権限を有している．たとえば，交通，地域開発，空間計画，水道，公衆衛生，ごみ処理などの分野において活発な活動を展開している．予算規模も大きく直接選挙で選ばれた市長によって率いられている．ただし，ソウル市を除けば，多くの広域市は，空間的には大都市圏のコアにとどまっている．

　イタリアでは，このタイプの大都市圏の政府を設立する制度改革が 2014 年に行われた．従来，特別な大都市圏ガバナンスの仕組みがなく，都道府県にあたるプロビンスが広域政策を行っていた．しかし，大都市圏とプロビンスの空間的範囲が一致する保証はなく，大きな大都市圏ではプロビンスは狭すぎ，小さな大都市圏では広すぎる傾向にあった．このため，2014 年に大都市圏に見合った圏域設定が行われ，プロビンスの権限と市町村の権限をあわせた大都市市が創設された．10 の大都市市の権限は，地域計画，土地利用計画，警察，

公共交通など多様な範囲に及ぶ.

4.3.2. 市町村の共同組織としての大都市圏ガバナンス組織

次に，市町村の共同組織の設立を促す仕組みを解説する．フランスは，45万人以上の居住者のいる大都市圏において複数市町村間の共同体である Communaute Urbaine を設立することができることが法律で定められている．この機関は，交通，空間計画，地域開発，水道事業などに重要な権限を持つことができる．また，市町村がそれを超えた権限移譲を行うことも可能である．その代表は各市町村の代表者間の選挙で選ばれていたが，2014年以降は直接選挙で選出されている．保有する権限に見合った大きな予算を執行している．

イギリスの大都市圏ガバナンスの仕組みとしては，これまで紹介した2つのタイプが併存している．法律によって裏付けられた制度として，Greater London Authority（GLA，グレーター・ロンドン・オーソリティー）と Greater Manchester Combined Authority（GMCA，グレーター・マンチェスター・コンバインド・オーソリティー）がある．GLA は直接選出された市長によって率いられ，GMCA は地方政府の代表からなる10の会議体によって管理されている．どちらも，交通，土地利用計画，地域開発を所掌することとなっている．GLA は，ロンドン大都市圏のコアの部分を少し超えた領域しか担当していない一方，GMCA はマンチェスター大都市圏のほとんどの部分を担当している．

その他，カナダ，ドイツ，スペイン，アメリカなどの連邦制あるいは非常に地方分権が進んでいる諸国では，多様性に富んだ大都市圏ガバナンスの仕組みが用意されている．しかし，基本的にはこれまで紹介を行ったカテゴリーの仕組みだと考えてよい．つまり，これらの国では，州，あるいは地域によって自発的調整組織としての大都市圏ガバナンスの仕組みしか持たないケース，法律に基づく調整権限を持つケース，固有の権限を持つ地方行政組織としての大都市圏ガバナンス組織を有する場合が併存している．

第 9 章　都市の縮小と広域行政の必要性　　　　291

5. 日本における都市縮小政策に関する議論

5.1. 日本における都市縮小に対する対応

　第 3 節で解説した, ヨーロッパにおいて執行されていた都市縮小政策の基本的な骨格は,

　　①都市縮小に対する認識を住民を含めて共有化する,

　　②これ以上の郊外化, スプロール化を抑制する,

　　③過剰な住宅ストック, 商業・業務用の建築物ストックを調整する,

　　④過剰な公共施設, インフラストックを調整する,

　　⑤都市成長のために必要な都心部の再生を行う,

というものであった.

5.1.1. 都市縮小に関する認識の共有化の現状

　このうち, ①については, 「地方消滅」という言葉が広く国民の間で語られるようになり, 政府においても, ひと・まち・しごと創生本部が設立され, 人口減少が地域・都市に与える影響は従前よりも大きな関心を引き付けている. 地方創生を推進するために, 現在すべての都道府県, 1,737 市区町村において地方版人口ビジョンと総合戦略が策定されている.

　たとえば, 和歌山県の総合戦略においては, 1985 年に 108 万人を記録した人口が, 2015 年には約 96 万人となり, 高齢化率が 27% 超になっているという現状を見つめた上で, 2040 年には同県の人口が約 70 万人, 2060 年には約 50 万人まで激減する, 高齢化率も 2060 年には 42% まで上昇する, という客観的な見通しと向き合っている. その上で, 雇用創出や居住環境整備などの施策によって「高齢者 1 人を現役世代 2 人で支える人口形態」を達成するために, 2060 年時点での人口 70 万人を確保することが政策目標として掲げられている.

5.1.2. 郊外化, スプロール防止の現状

　②については, もともと都市計画上の制度である線引きの運用によって対処できる問題である. しかし, これまでの都市計画制度をめぐる歴史的な経緯に

より，以下に述べるような両義的な状況が発生している．

2003 年以降，原則開発を抑制すべき市街化調整区域において，一定の条件で住宅開発を認める開発許可の規制緩和が行われた．さらに 2011 年の地方分権一括法では，市町村が都市計画決定をする場合における都道府県との同意を要する協議に関して市についてはその同意が廃止された．その結果，郊外部での開発を推進することによって自らの人口の増加あるいは維持を図る市も登場している．

一方，2014 年の都市再生特別措置法の改正によって，立地適正化計画というコンパクトシティ化を推進する政策が導入された．2017 年 3 月 31 日時点で348 都市が具体的な取り組みを行っており，そのうち 112 都市が 2017 年 7 月 1日までに計画を作成・公表している．この立地適正化計画は，住宅を集約する居住誘導区域と，商業施設，福祉施設，教育機関などの立地を促す都市機能誘導区域を設けることとなっている．そして，この 2 つの区域外の開発には届出が必要になる一方で，特に都市機能誘導区域内に施設を整備する場合には，税財政上の優遇措置を受けられることとなっている．これらに加えて，空き地が増加しつつあるものの，相当数の住宅が存在する既存集落や住宅団地などにおいて跡地などにおける雑草の繁茂，樹木の枯損などを防止し，良好な生活環境の確保を図るために跡地等管理区域を設けることができることになっている．そこでは，市町村や街づくり組織（都市再生法人）が跡地の所有者と管理協定を締結し，その管理を行うことができるようになる．

都市のコンパクト化をめざしそれを実現するための手法であるために，広島県府中市や滋賀県東近江市などは，居住誘導区域の面積を市街化区域の半分程度に抑えている．また，埼玉県毛呂山町では，このような集約化を通じて 20年後の地価を 10％ 以上上昇させることをめざすとしている．しかし，群馬県太田市や愛知県豊橋市などは都市機能誘導区域だけを設定し，居住誘導区域の設定を見送った市町村も存在する．

5.1.3. 住宅ストックの調整に関する現状

③については，どのような制度が用意されていたであろうか．米山（2013）によれば，空き家に限らず，著しく保安上危険または衛生上有害であるものに

ついては，建築基準法に基づき，所有者に建築物の除却などの措置を命ずることができ，これを履行しない場合，強制的に撤去（行政代執行）できるという制度が用意されていた．しかし，この制度を適用して老朽家屋などの撤去が行われた事例は非常に限定的である．

そのような中で「所沢市空き家等の適正管理に関する条例」，「足立区老朽家屋等の適正管理に関する条例」など，地方自治体が独自に空き家対策を講じる動きが広がってきた．

それを受ける形で，2014年の空き家等対策の推進に関する特別措置法において空き家の除却を進める措置が講じられた．具体的には，市町村が税務情報を用いて空き家の調査を行うことができるようになったほか，防災，衛生，景観などの面から問題が大きい空き家を特定空き家として指定し，その除却などの指導，勧告，命令が可能になった．

この指定が行われた場合，固定資産税などの住宅用地特例として実施されていた税の減免が適用されない．つまり，従来住宅が建っている場合，200平米以下のものについては，固定資産税の課税標準がそれ以外の用途の場合の6分の1になり，200平米以上の部分については，3分の1になるという制度が存在した．この特例の存在が空き家を保有し続けるインセンティブになっているという指摘があり，その是正が図られた．また，居住用資産の譲渡については，もともと譲渡所得から3,000万円を控除する制度が存在した．相続した空き家などを除却した場合でも，それを譲渡した場合に控除の対象としてその流通を図る税制が構築された．

市町村などにおいては，独自に空き家の除却や跡地利用の取り組みを進めてきた．中央政府においても，市町村が空き家を活用して観光交流施設への転用，ポケットパークとして利用するための空き家の除却などを行う場合の財政的支援制度も整備された．

これらのことを受けて，柏市（千葉県）においては，「カシニワ」と称される市民団体が手入れしている樹林地や空き地などの保全が進められている．毛呂山町（埼玉県）では，住宅地で空き家・空き地が発生した場合に地元不動産業者がまず隣地の居住者に働きかけを行うこととしており，隣地取得による敷地の拡大が見られている．鶴岡市（山形県）においては，NPO法人が空き家

の所有者の売却意向と周辺居住者の意向を踏まえて合意形成を図り，道路拡幅，私道の付け替え，住宅敷地の拡大などの地域環境の改善に成功している．

また，2015 年には，住宅確保要配慮者に対する賃貸住宅の供給の促進に関する法律により，公営住宅を補完する，空き家を活用した低額所得者，被災者，高齢者，障害者などに対する，セーフティネット住宅供給の枠組みが整備された．

この法律は，空き家の増大や，居住に関連する支援を必要とする層が，従来公営住宅が対象としてきた層を超えて多様化していることに対応するものと位置付けられる．第 4 章でも触れたが，都市部の低家賃の老朽共同住宅に根強い需要があることは，近年の若年者の収入の停滞を反映している可能性がある．実際に，年収 200 万円未満の 20-39 歳層の親との同居率は，同年齢の平均を大幅に上回っており，同居していない者は，収入から住居費を差し引いた場合負の値になる者が 3 割程度いるという調査結果（住宅政策提案・検討委員会・認定NPO 法人ビッグイシュー基金（2014））もある．アメリカでは，公営住宅の除却後に低家賃のアフォーダブル住宅のみならず，職業訓練施設を含むミックストユースの複合開発を行う HOPE Ⅵ というプロジェクトが実施されている．日本における新たなセーフティネット住宅の枠組みでも，若年者の自立を包含したソフト支援との連携が明示的に考慮されることが期待される．

5.1.4. 公共施設などのストック調整に関する現状

また，④については，従来から PRE（Public Real Estate Management），FM（Facility Management）と呼ばれる取り組みにより，いくつかの自治体では財政的に維持可能な公共施設総量への縮減，立地場所，用途の調整などが行われてきている．たとえば，神奈川県秦野市においては，今後公共施設の床面積を 30% 程度減少させるとい目標のもとで施設の複合化が図られている．国からの指導のもと，現時点でほとんどの地方自治体は，公共施設総合管理計画という公共施設などのストック管理に関する長期計画を策定している．しかし，第 8 章でも議論したように公共施設の再配置は，

・現在のアクセスコストと引き換えに長期的な地域の維持可能性を高める政策である，

第9章 都市の縮小と広域行政の必要性 295

・他人が利用する公共施設削減にただ乗りする形で地域の維持可能性を高めることができる政策である，

といった性格の政策であるために，地域住民の了解がとりにくいという特徴を持つ．このため各市町村では住民への説明やその合意に苦労しているのが現状である．

基本的には公共施設の削減，再配置を行った場合と行わなかった場合について，地域の維持可能性や住民の税負担などをめぐって住民自身が比較可能な情報を提供することが，まず求められるであろう．このことを通じて，住民の合理的な意思決定を促すことが期待される．

さらに第8章で議論したように，地域住民は公共施設の削減，再配置をプロスペクト理論の価値関数によって評価をしている可能性が高い．それらを踏まえれば，一度に長期にわたる公共施設の削減方針について合意を求めるのではなく，比較的短期の公共施設の削減方針についての合意を繰り返し求めるという合意のとり方が適切であろう．つまり，地域住民の合理的な決定をそっと促すナッジのような取り組みがこれからの公共部門に求められるのではないだろうか．

このように，第3節で議論してきた都市縮小に対する対応の道具立ては，一通りそろっている状況にあると考えることができるだろう．植村ほか（2009）においては，日本で大きな問題となるであろう空き家問題などに関して，減築補助金，未利用不動産の課税強化，跡地の緑化，災害対策，自転車・自動車関連利用の促進，土地利用規制の強化などが必要であるとする指摘をしていた．これらのメニューは程度の差はあれ，ほとんどなんらかの制度が用意されている．

しかしながら，なお懸念される3つの点「共有化されるビジョンの問題」，「都市縮小政策企画，執行主体の問題」，「土地住宅市場の問題」について節をあらためて議論を掘り下げていきたい．

5.2. 共有化されるビジョンの問題

ほとんどの地方自治体で策定された，地方版人口ビジョン，総合戦略は，長期的な人口の見通しに基づき，地域を活性化する政策を立案するものである．

しかし，必ずしも都市縮小を真正面から受け入れたものにはなっていない．これらの計画においては，合計特殊出生率が1.8-2.07程度に回復し，社会減も大幅に減少，あるいは0になることを前提としたものが多く見られる．極端な例としては，京都府の京丹後市においては，出生率が2.32に早期に回復することを前提に，人口が大幅に増加するビジョンを立てている．これらの動きは，政府が希望出生率1.8への回復を目標に掲げていることや，人口減少を回避したい主体である地方政府にビジョン策定を委ねたことなどが原因になっているであろう．

さらに，地域活性化のための戦略策定のプロセスの一部であることが，このような傾向のビジョンを生む大きな要因になっていると考えられる．第3節で述べたように，都市縮小政策は，都市縮小の管理政策のみならず，都市の成長戦略と組み合わされて企画されることが多い．それは，都市縮小によってもたらされるネガティブな結果への対応の原資を新たな都市成長から獲得するという面や，政治的な合意を受けやすいことに基づく．しかし，それは都市の開発規制の厳格化や住宅ストック，公共施設ストックの再整理を行わないための口実として用いられる場合もあるだろう．

確かに，地域外からの投資，人口流入を実現できた場合には，その都市は大きく活性化する．しかし，一種の産業政策を用いて地方分散を図ろうとする政策は，日本で非常に長い間実施されてきたが，政策によるアウトカムの制御可能性があまり高くないことが知られている（橘川・連合総合生活開発研究所(2005)）．また，出生率が1.8に回復したとしても，中長期的に続く日本全体の人口減少という環境下で人口流入をすべての地域で実現できるはずもない．実現が困難なビジョンに基づいたさまざまな政策展開は，大きな非効率性を生む可能性が高い．日本においては，人口減少を前提としたビジョンや計画をメインシナリオとして，それに対するオプションの計画として都市の成長戦略を採用することが求められるのではないか．

また，都市縮小が生じた場合，その住民にはいずれ，「これまで居住していた地域を離れなければならない」，「その地域の行政サービス水準の低下を我慢しなければならない」というコストが生じることになる．特に，移動率の低い高齢者の比率が高い地域が郊外に出現する場合もあるかもしれない．そのよう

なコストを伴う都市の縮小が避けられないとすれば，コストが発生する地域の居住者に対してビジョンを十分な時間的余裕を持って示して，期待とのすり合わせを図っておく必要があるだろう．そのような時間軸を持った都市計画を示し，期待値を調整するために過度に楽観的なビジョンを共有することは慎むべきことだろう．今後，維持可能な都市の姿と住民の期待とのすり合わせを図る合意形成に関する手法を精緻化し進化させることが求められている．

5.3. 都市縮小政策企画・執行主体の問題

　前述のとおり，首都圏のみならず，第2章で分析の対象とした地方都市においても，実質的な都市圏は，行政界を超えて広がっている．そして，ほとんどの都市圏において，今後深刻な人口減少，高齢化に伴う都市縮小を経験することが予想されている．

　このことは，都市縮小に関するなんらかの広域調整が必要であることを示唆する．Ahrend and Schumann（2014）においては，日本の大都市圏ガバナンスの状況として国土形成計画という空間計画を中央政府が広域地方計画を広域地方計画協議会という地方自治体の長，経済団体の長などで構成されている協議会で策定することや，いくつかの自発的で非公式な政策調整フォーラムが存在していることをあげている．しかし，国土形成計画は，拘束力の弱いプロジェクトを下から積み上げたものであり，第4節の他のOECD諸国の大都市圏ガバナンスの体制からすれば脆弱な体制にあると受け止められる．

　一方，都市計画などの土地利用計画に関しては，地方分権が1990年代以降急速に進められ，線引きなどの計画は都道府県が決定することとなっているが，用途地域の指定などは3大都市圏のような地域においても，市町村が決定することとなっている．また，コンパクトシティを進める立地適正化計画の策定主体も市町村である．

　また，除却の対象となる特定空き家の指定などについても，市町村がその権限を有しているほか，公共施設の大半は，学校，公営住宅などであり，市町村がそれを保有している．このため，住宅の地域配分，住宅ストック，公共施設ストックの調整などの都市縮小政策の大きな部分は，市町村が主体となって企画・執行しなければならない．

しかし，住民と直接対峙する機会が多い市町村が，痛みを伴う各種の措置の実施に躊躇することは十分に考えられる．人口が増加し経済成長率も高かった時期においては，ほぼすべての市町村においてさまざまな公共施設の最低需要人数をいずれ超えることが期待できたため，それぞれの市町村がフルセットの公共施設を独自に整備しても大きな非効率につながらなかった．しかし，人口減少時代においては，多くの人口減少を経験する市町村は，フルセットの公共施設を抱えておくことは非効率であるばかりか不可能であろう．確かに富山市は，市独自の取り組みとしてコンパクト化政策を実施し，一定の成果をあげている．しかし，それぞれの市が独自のコンパクト化を行った場合，フルセットの公共施設を備えたより規模の小さな都市が出現し，それらがネットワーク化される都市構造が実現する可能性が高いだろう．より望ましいビジョンとしては，複数の都市が構成している都市圏毎に，公共施設の相互利用やメリハリの効いた居住地域の設定など，互いの都市の代替性を強く意識した政策の執行を行うことではないだろうか．

このことを考えれば，プランニングの部分や，特定空き家の指定基準や公共施設廃止，再配置などの客観的な基準の設定の事務を，市町村以外の主体に担当させることが求められるのではないか．この場合，市町村を空間的に超えた都市縮小への対応が求められていることを勘案すれば，なんらかの大都市圏ガバナンスの主体を設立することが望ましい．実際に，Ahrend, Gamper and Schumann（2014）では大都市圏ガバナンス組織がある大都市圏ほど，スプロールの防止に成功していることが報告されている．

公共施設の広域的な運用，管理を実施する場合に大きな問題となるのが，NIMBY（Not In My Backyard）問題であろう．実際に規模の経済が働く施設については，広域的な処理を行うことが効率的である．その一方，小金井市とその周辺市町村との間で起きたごみの広域処理をめぐる争いなど，一般に迷惑施設と呼ばれるものの立地の調整は困難化することが知られている．第4節で紹介した大都市ガバナンスの仕組みにおいては，広域的な機関の事務として，ごみ処理問題があげられる場合が多かった．このNIMBY問題を解決するアイディアとして，

・NIMBY施設の立地を決定するにあたって，候補となるすべてのコミュニ

ティに対して施設の立地を受け入れる場合に最低限受け取りたい WTA
（Willingness to Accept）を表明させる，
・そして，そのうちもっとも低額な WTA を表明したコミュニティに立地
を決定し，他の市町村からの WTA 分の財政移転を行う，
などの提案が行われることがあるが，いずれにしても決定的な手法はまだ見出
されていない．大都市圏ガバナンスの制度立案にあたっては，これらに対する
研究の推進が同時に行われるべきであろう．

　さらに大都市圏ガバナンスの検討にあたっては，都市圏を構成する市町村数，
中心都市の位置付けを考慮すべきであろう．首都圏以外の都市圏では，中心都
市の存在感が非常に高く郊外都市の数も少ないため，調整の取引コストが一定
程度に収まり自発的な連携を期待することができるかもしれない．しかし，非
常に大規模で複雑な都市構造を持つ首都圏については，地方政府どうしの自発
的な交渉に期待することは困難であろう．首都圏については，国の制度として
大都市圏ガバナンスの仕組みを創設する必要があろう．

5.4. 住宅土地市場の問題

5.4.1. 空き家問題などをどうとらえるか

　これまでに空き家や空き地が，人口減少や少子高齢化の進展に伴って大きく
増加する問題を取り上げてきた．しかしこのことが，社会全体にどのような悪
影響をもたらしていると認識すべきだろうか．もともと住宅市場においては，
取引を円滑に進めるために，一定の空き家，空き地の存在が必要になる．この
ため，空き家や空き地の存在自体が問題だとは認識すべきではないだろう．

　一方，これまで見てきたように，空き家や空き地の存在は，周辺に景観の悪
化，雑草の繁茂，動物が棲みついたり，昆虫が発生することによる衛生上の問
題，治安上の問題などいわゆる外部不経済をもたらし，周辺不動産の資産価値
の低下，地域の荒廃をもたらすことも知られている．空き家や空き地の直接的
な問題はこのような不適切な管理がもたらす外部不経済だと考えることができ
るだろう．

　しかし，現在，空き家や空き地問題に非常な注目が集まっているのは，
「2013 年住宅・土地統計調査」で空き家率が過去最高の 13.5% となったこと自

体に起因しているように思われる．この数値の正確性について課題が存在していることは，第4章でも触れてきた．しかし，そのことを別にしても，これまでに述べてきたように，都市を縮小しようとする試みは非常に大きなコストを伴うために，人口が減少しても即座に住宅ストックや都市的な土地利用が可能な宅地ストックの量的調整を行うことができない．また，後述するように，日本の既存住宅流通がその機能を十全に発揮できていないとすれば，過剰な空き家が発生している可能性は否定できないだろう．つまり，都市計画や住宅流通を含むさまざまなシステム不全の現象面として，空き家の大量発生をとらえることも可能だろう．

　まず，現象として発生している住宅や宅地の過剰供給について議論を行おう．住宅，宅地については，それを支えるインフラが同時に整備される必要があるため，その量的，空間的なマッチングを行う必要がある．それが都市計画という制度の存在理由であろう．土地利用規制が厳格に行われているといわれるヨーロッパでは，人口の増加が確実に見込める場合のみ新規開発が許可され，住宅ストックや宅地ストックは抑制的に管理されている．これは，住宅ストック，宅地ストックに関する総量規制が導入されていることとほぼ同義である．このような総量規制の融通が利かない部分は，開発権取引など開発ができない，あるいはする必要のない地域の容量を移転する仕組みも考案されている．

　人口減少が進む日本では，このようなマッチングがこれまで以上に求められるのはもちろんであるが，それだけでは，住宅ストックや宅地ストックの総量を減少させることはできない．これに対して，住宅ストックを減少させる環境整備を進める提案として，第5章では滅失権取引制度が提案されている．つまり，住宅を新規に供給する場合に住宅を滅失させる義務を併せて課し，それを取引させることで市場価値がない，あるいは見込めない住宅から確実に滅失する状況を確保しようとしている．

　一方，「どのような住宅を滅失させるべきか」という点については，外部不経済を明示的に考慮する必要があるだろう．これまでに，市町村から特定空き家として指定された場合には，住宅地に適用されている固定資産税の特例の適用除外となり，市町村の命令，代執行によって除去できる制度が成立したことを説明した．しかし，トリガーを持っている市町村が的確な判断を行う保障は

ない．その場合は，空き家や空き地の所有に対して，それがもたらしている外部不経済分を適切に負担せしめる制度が求められることになろう．粟津（2014）では，空き家の外部不経済のマグニチュードをヘドニック法で推定するとともに，それらの外部不経済分を固定資産税に上乗せすることで適切なコスト負担を空き家や空き地の所有者に求めるという提案が行われている．粟津（2014）や本書の第3章の分析のように，建物の状況が周囲に与える外部不経済分を計測する技術を実務的に適用する議論が進められることを期待したい．

5.4.2. 既存住宅，マンションをめぐる制度

　都市縮小に伴って，過剰な住宅ストックが必然的に出現する．この過剰なストックは，価格が十分に低くなることが予想されるから，その質が消費者に対して確かな情報として開示されていれば，2戸目の住宅として，あるいは地方移住の住居として流通する可能性もある．しかし，日本の住宅市場では，非常に長い間新築住宅の取引が主流であった．欧米の住宅流通では，既存住宅取引の比率が7–9割を占めるものの，日本では2割に及ばない．近年，インスペクションなど建物品質を確認する手続きの普及が進められているが，既存住宅流通の一層の促進が図られるべきであろう．また，新築住宅の供給促進よりも，緩やかな管理は行うだろう2戸目の住宅の保有や，既存住宅流通，改築を促す税制に方向を転換していくことが必要だろう．

　最後に，第3章でマンションの建て替えが困難であるという問題に触れた．区分所有法が原則5分の4の特別決議を建て替えに求めていることが，その大きな原因である．この要件を引き下げることで更新にあたっての取引コストを引き下げる必要がある．近年，耐震性能に問題がある共同住宅は，区分所有権の解消ができるようになった．しかし，老朽住宅が外部不経済を与えるのは防災性だけではないので，区分所有権の解消をもっと広範に適用できるような工夫が求められよう．

6. おわりに

　本節では，ここまで展開された論点を踏まえた上で日本の都市圏で展開され

ている「都市の老い」への政策対応をあらためて検証していこう.

　第1に，とりわけ地方都市圏において都市縮小への積極的な対応として構築されたはずの広域行政が，経済成長戦略の起爆剤として位置付けられてきた.すなわち，市町村レベルでこれまで展開されてきた都市成長を前提とした都市計画が，広域行政レベルにおいて衣替えした格好になっている.たとえば，2017年3月に公表された新潟広域都市圏ビジョンでは，新潟市を核として12市町村で形成される広域都市圏で国立社会保障・人口問題研究所の2040年の推計人口100万人を大きく上回る110万人を目標人口として設定し，2019年度の域内生産額も2013年度比で6%増の方針を打ち出している.

　本章でも見てきたように，ドイツのライプツィヒ市やハレ市でも2000年までは成長志向的な都市政策が展開されてきたが，それ以降は都市縮小への対応が政策目標に位置付けられた.日本における市町村行政も，広域行政も，人口や経済のダウンサイジングを大前提として政策転換を図っていくことがなによりも重要なことであろう.東京23区の中核地域のように依然として人口や経済の成長を十分に期待できる地域を除けば，広域行政への展開が集積の利益によって成長の基盤を形成するという政策ロジックからは速やかに脱却することが都市計画の立案にとってなによりも重要なことであろう.

　第2に，都市のダウンサイジングという政策課題に対応する政策ツールはきわめて技術的な側面が強く，さまざまな法律や税制の整備が必要になってくることに留意をすべきである.本章で紹介した海外事例が示すように，老朽住宅の減築や強制除去，遊休地の土地用途転換，所有者不明地の強制収用や自治体への所有権移転は，都市のダウンサイジングへの対応に必要不可欠な政策ツールであるが，それらのツールを支える法的基盤の整備には，とりわけ国政レベルの意思決定において非常に長い時間が必要となってくる.

　日本において都市縮小へ潜在的に有効な政策ツールは，土地や建物に対する固定資産税であろう.住宅や宅地に対する固定資産税はこれまで税率が低く，土地や建物の所有者に対して売却や処分のインセンティブに影響を与えることが少なかった.しかし，本章でも詳しく論じてきたように，老朽建物や遊休地に対して固定資産税を大幅に引き上げることによって，老朽化が著しい建物や長く空き家となっている住居の減築が進み，土地を有効に活用しうる私的・公

的主体への遊休地売却が促進されるであろう．また，第5章で議論しているように，住宅所有者に対して空き家を滅失させるインセンティブを与えるような市場メカニズムの導入も必要となってくる．

第3に，大都市圏ガバナンスにおいて基礎自治体である市町村からその上位にある都道府県への権限移譲を進めることが非常に重要となってくる．広域の都市圏においては，地域住民の利害を代表する立場にある市町村が主体となると，効率的な地域分業がかえって阻まれる可能性がある．たとえば，ごみ処理施設などの負の外部性を生み出す可能性がある建物の立地については，市町村レベルよりも，都道府県レベルが主体となって進める方が地域間の利害対立を調整しやすいであろう．

しかしながら，本章第5節で見てきたように，日本の大都市圏ガバナンス制度においては，本来求められる方向性とは逆に，都道府県から市区町村の方へ権限が移譲されて，広域行政の権限領域がかえって縮小してきた側面もある．たとえば，地方分権一括法では，市が進める都市計画の策定において都道府県の同意を必要としなくなった．その結果，広域の都市圏で宅地開発が全般的に抑制されるべきなのにもかかわらず，市レベルで宅地開発を積極的に展開するというような状況も生まれている．

第4に，都市縮小への対応として広域行政の手法が有効なケースに市区町村行政の手法が適用され，逆に，市区町村行政の手法が有効なケースに広域行政の手法が適用されようとするようなことがしばしば起きてきた．たとえば，人口と地価の二極化が著しい地域は，コンパクトシティ政策の展開がきわめて困難なのにもかかわらず，同政策を無理矢理適用しようとして政策資源を浪費したケースも少なくない．事実，コンパクトシティ政策の成功事例は必ずしも多くない．

一方では，人口と地価の二極化がそれほど著しくない地域において，市区町村内で完結するコンパクトシティ政策を展開する余地があるにもかかわらず，広域行政の方に舵を切ろうとしている事例もある．たとえば，第2章で分析対象としてきた静岡市は，人口や地価の二極化がそれほど著しくないので静岡市レベルの政策としてコンパクトシティ政策はひとつの政策オプションの可能性がある．それにもかかわらず，静岡県と静岡市を合併させて広域自治体をめざ

し，しかも成長志向がきわめて強い県都構想が検討されてきた．

　このようにして見てきたように，人口や経済の縮小に対応すべき広域行政が無謀にも経済成長戦略に位置付けられ，広域の利害調整の観点からは行政権限が制限されるべきはずの市区町村が地方分権の名目で権限を拡大させるというようなチグハグなことが起きてきた．また，市区町村行政への固執で効果的な広域行政への転換が阻まれ，広域行政への無謀な志向が有効な市区町村行政の実現を妨げることも生じた．さらには，地道な制度改革を怠ったために，都市縮小への対応に直面している自治体が数多くの有効な政策ツールを手にすることができなくなっている．

　国家レベルの経済政策も，成長戦略，地域創生，構造改革の美辞麗句に飾られてその方向性を失ってしまったが，ダウンサイジングに対応すべき都市政策も，経済成長，地方分権，広域行政のお題目でかえって迷走してきたのかもしれない．しかし，少なくとも，後者の都市政策については，向かうべき方向性も政策手法も明らかであることから，これからでも政策対応が十分に可能であろう．

参考文献

Ahrend, R. and A. Schumann（2014），"Approaches to Metropolitan Area Governance: A Country Overview," OECD Regional Development Working Papers.

Ahrend, R., C. Gamper and A. Schumann（2014），"The OECD Metropolitan Governance Suvey: A Quantitative Description of Governance Structures in Large Urban Agglomerations," OECD Regional Development Working Papers.

粟津貴史（2014），「管理不全空き家等の外部効果及び対策効果に関する研究」『都市住宅学』vol. 87, pp. 209–2017.

府中市（2017），「府中市立地適正化計画」．

秦野市（2016），「秦野市公共施設再配置計画」．

東近江市（2017），「東近江市立地適正化計画」．

住宅政策提案・検討委員会・認定 NPO 法人ビッグイシュー基金（2014），「若者の住宅問題」，http://www.bigissue.or.jp/activity/info_15010802.html

柏市 HP, http://www.city.kashiwa.lg.jp/living/living_environment/1384/1387/

index.html

毛呂山町（2017），「毛呂山町立地適正化計画」.

橘川武朗・連合総合生活開発研究所（2005），『地域からの経済再生』有斐閣.

京丹後市（2015），「京丹後市ひと・まち・しごと創生人口ビジョン」.

宮川智子（2005），「ブラウンフィールドの再生」小泉秀樹・矢作弘編『持続可能性を求めて：海外都市に学ぶ』日本経済評論社.

中川雅之（2014），「消費者都市への転換：アトランタの都市政策からの教訓」『都市とガバナンス』Vol. 22, pp. 55-66.

中川雅之（2012），「不動産開発と環境：経済学の視点」『日本不動産学会誌』No. 102, pp. 101-105.

太田市（2017），「太田市立地適正化計画」.

Rink, D., P. Runpe, O. Salach, C. Cortese, A. Violante, P. C. Bini, A. Haase, V. Mykhnenko, B. Nadolu, C. Couch, M. Cocks and R. Kuzystofik (2012), "Governance of shrinkage: Lessons learnt from analysis for urban planning and policy," FP7 project Shrink Smart, work package 7.

齊藤広子（2014），「空き家・空き家問題予防・解消のための不動産制度上の課題」『日本不動産学会誌』第 28 巻第 3 号，pp. 24-31.

豊橋市（2017），「豊橋市立地適正化計画」.

つるおかランド・バンク HP, http://t-landbank.org/

植村哲士・宇都正哲（2009），「人口減少時代の住宅・土地利用・社会資本管理の問題とその解決に向けて（上）：人口減少先行国ドイツにおける減築の実態と課題」『知的資産創造』2009 年 8 月号，pp. 6-23.

植村哲士・宇都正哲・水石仁・榊原渉・安田純子（2009），「人口減少時代の住宅・土地利用・社会資本管理の問題とその解決に向けて（下）：2040 年の日本の空き家問題への対応策案」『知的資産創造』2009 年 10 月号，pp. 60-77.

和歌山県（2015），「和歌山県長期人口ビジョン」.

米山秀隆（2013），「自治体の空き家対策と海外における対応事例」富士通総研研究所『研究レポート』No. 403.

索　引

アルファベット
FM（Facility Management）　256
Kruskal-Wallis test　193
Pearson test　193
PRE（Public Real Estate Management）
　256

ア　行
空き地　120
空き家　120
空き家対策法　180
空き家放置　177
空き家率　23, 125
アクセスコスト　269
移動性向の変動　188

カ　行
価格調整　93
課税対象所得額　117
価値関数　265
管理的職業従事者　103
機能や人口の再配置　45
共同住宅の老朽化　6, 124
共同住宅老朽化の将来動向　35
居住誘導区域　292
距離帯別人口密度　51
近隣外部性　98
区分所有型集合住宅　90
区分所有法　301
　──の改正　45
減価償却　90
滅失権取引制度　180
減築　284
広域行政　44, 84

公共施設管理　256
公示地価　117
国勢調査　7, 95, 133, 187
国立社会保障・人口問題研究所　5
固定資産税減税措置の見直し　45
コンパクトシティ政策　45, 48, 49, 82

サ　行
市外転入率　61
市内転入率　59
事務従事者　103
社会資本ストック　45
住宅確保要配慮者　294
住宅寿命　156
住宅ストックの遊休化・老朽化　80
住宅築年　24
住宅・土地統計調査　21, 128, 187
住宅の空き家化　6
住宅の老朽化・遊休化　21
重複世代モデル　116
住民基本台帳　169, 187
首都圏　3
首都圏中堅都市の老い　36
消費者物価指数　117
人口減少・地価低迷のフェーズ　4
人口構成（ピラミッド）　89
人口成長　4
人口成長・地価上昇のフェーズ　4
人口密度の閾値　12, 20
人口密度の二極化　10
人口流入の停滞　31
新築の総量規制　168
数量調整　93
スマートシュリンク　251

生産年齢人口　118
成長戦略　286
政令指定都市　48
専門的・技術的職業従事者　103

タ　行

大都市圏ガバナンス　277
多項選択プロビットモデル　224
タス空室 Index　136
地価決定関数　16, 66
地価公示　17, 64
地方創生　291
中間所有法人　181
適正空き家率　139
転入世帯　199
転入世帯割合　187
転入率　32
東京大都市雇用圏　4
東京都土地利用現況調査　102
特定空き家　293
都市機能誘導区域　292
都市計画　278
都市雇用圏　278
都市再生機構　92
都市縮小（shrinkage）　280
都市縮小管理政策　286
都市の老い　5
　　——の規模感　42
都市のコンパクト化　277
都市のスポンジ化問題　181
土地利用の用途転換　45

ナ　行

ナッジ　274

二極化　4

二極化現象　82
日管協短観　136
ニュータウン　91
年齢分布の変動　188

ハ　行

ハウスマン検定　118
パネルデータ　116
非転入世帯　199, 200
非持ち家世帯　200
プロスペクト理論　265
ヘドニック関数　93
ベビーブーム　89

マ　行

メッシュデータ化された国勢調査　51
持ち家世帯　200

ヤ　行

家賃の粘着性　154

ラ　行

ライフ・イベント　187
ランドバンク　285
立地適正化計画　292
老朽共同住宅比率　25
老朽住宅比率　26
老朽マンション　91
老齢人口依存比率　112
ロジスティック方程式　10

執筆者紹介（五十音順）

唐渡　広志（からと　こうじ）（第6章，第7章）
1971年東京都生まれ．富山大学経済学部教授．2003年大阪大学大学院経済学研究科博士後期課程修了，博士（経済学）．電力中央研究所，富山大学経済学部講師，同大准教授を経て，2011年から現職．主な著書，論文に『都心回帰の経済学』（八田達夫編，日本経済新聞社，2006年），『不動産市場の計量経済分析』（共著，朝倉書店，2007年），『44の例題で学ぶ計量経済学』（オーム社，2013年），"Semi-parametric Model of Hedonic Housing Prices in Japan"（共著，*Asian Economic Journal*, 2015）がある．

顧　濤（こ　とう）（第1章，第2章）
1978年中国大連市生まれ．大東文化大学経済学部専任講師．2007年横浜国立大学経済学部卒業，経済学博士（一橋大学）．明海大学経済学部専任講師を経て，2016年4月より現職．主な論文に「東京都における地域危険度ランキングの変化が地価の相対水準に及ぼす非対称的な影響について：市場データによるプロスペクト理論の検証」（顧濤・中川雅之・齊藤誠・山鹿久木，『行動経済学』，2011年，行動経済学会アサヒビール最優秀論文賞受賞），「中国経済成長の動学的非効率性について—その原因と厚生損失」（『日本経済研究』，2014年）がある．

齊藤　誠（さいとう　まこと）（編者，第1章，第2章，第9章）
1960年愛知県生まれ．一橋大学大学院経済学研究科教授．1983年京都大学経済学部卒業，1992年マサチューセッツ工科大学経済学部博士課程修了，Ph. D. 取得．住友信託銀行調査部，ブリティッシュ・コロンビア大学経済学部などを経て，2001年4月より現職．2007年に日本経済学会・石川賞，2010年に全国銀行学術研究振興財団・財団賞，2014年春紫綬褒章．主な著書に『金融技術の考え方・使い方』（有斐閣，2000年，日経・経済図書文化賞），『資産価格とマクロ経済学』（日本経済新聞出版社，2007年，毎日新聞社エコノミスト賞），『原発危機の経済学』（日本評論社，2011年，石橋湛山賞），『人間行動から考える地震リスクのマネジメント』（齊藤誠・中川雅之編，勁草書房，2012年），『震災復興の政治経済学』（日本評論社，2015年）がある．

清水　千弘（しみず　ちひろ）（第3章）
1967年岐阜県生まれ．日本大学スポーツ科学部教授．1992年東京工業大学理工学研究科博士後期課程中退，東京大学大学院新領域創成科学研究科博士（環境学）．財団法人日本不動産研究所研究員，リクルート住宅総合研究所主任研究員，麗澤大学経済学部教授などを経て，2016年から現職．主な著書に『不動産市場分析』（住宅新報社，2004年），『市場分析のための統計学入門』（朝倉書店，2016年）がある．

宗　健（そう　たけし）（第4章，第5章）

1965年北九州市生まれ．リクルート住まい研究所所長．1987年九州工業大学工学部卒業，株式会社リクルート入社．ForRent.jp編集長・ISIZE住宅情報編集長等を経て2006年株式会社リクルートフォレントインシュア代表取締役社長．2012年10月より現職．2014年都市住宅学会業績賞．2017年筑波大学大学院システム情報工学研究科（博士後期課程）社会工学専攻修了．博士（社会工学）．ITストラテジスト．主な論文に「住宅・土地統計調査空き家率の検証」（『日本建築学会計画系論文集』，2017年），「行動・思考様式が家賃滞納に与える影響」（『都市住宅学』，2017年），「地域の空き家率が家賃に与える影響」（『日本不動産学会秋季全国大会論文集』，2017年）がある．

中川　雅之（なかがわ　まさゆき）（第1章，第2章，第3章，第8章，第9章）

1961年秋田県に生まれ．日本大学経済学部教授．1984年京都大学経済学部卒業，経済学博士（大阪大学）．1984年建設省入省後，大阪大学社会経済研究所助教授，国土交通省都市開発融資推進官などを経て，2004年から現職．主な著書，論文に『都市住宅政策の経済分析』（日本評論社，2003年，日経・経済図書文化賞，2003年NIRA大来政策研究賞），『公共経済学と都市政策』（日本評論社，2009年），"Earthquake risks and land prices: Evidence from the Tokyo Metropolitan Area" (M. Nakagawa, M. Saito, and H. Yamaga, *Japanese Economic Review*, 2009)，「自治体立病院の効率性：不採算地区立地と医師誘発需要」（共著，『日本経済研究』，2017年）がある．

山鹿　久木（やまが　ひさき）（第6章，第7章）

1973年京都府生まれ．関西学院大学経済学部教授．2001年大阪大学大学院経済学研究科博士後期課程修了．筑波大学大学院システム情報工学研究科専任講師，関西学院大学経済学部准教授を経て，2010年から現職．主な著書，論文に『都心回帰の経済学』（八田達夫編，日本経済新聞社，2006年），"Earthquake risks and housing rents: Evidence from the Tokyo" (M. Nakagawa, M. Saito, and H. Yamaga, *Regional Science and Urban Economics*, 2007)，"Public perceptions of earthquake risk and the impact on land pricing: The case of the Uemachi fault line in Japan" (T. Gu, M. Nakagawa, M. Saito, and H. Yamaga, *Japanese Economic Review*, forthcoming) がある．

都市の老い
人口の高齢化と住宅の老朽化の交錯

2018 年 1 月 25 日　第 1 版第 1 刷発行

編著者　齊　藤　　　誠

発行者　井　村　寿　人

発行所　株式会社　勁　草　書　房
112-0005　東京都文京区水道 2-1-1　振替 00150-2-175253
（編集）電話 03-3815-5277／FAX 03-3814-6968
（営業）電話 03-3814-6861／FAX 03-3814-6854
理想社・松岳社

©SAITO Makoto　2018

ISBN978-4-326-50442-8　　Printed in Japan

JCOPY　〈(社)出版者著作権管理機構　委託出版物〉
本書の無断複写は著作権法上での例外を除き禁じられています。
複写される場合は、そのつど事前に、(社)出版者著作権管理機構
（電話 03-3513-6969、FAX 03-3513-6979、e-mail: info @ jcopy.or.jp)
の許諾を得てください。

＊落丁本・乱丁本はお取替いたします。
　　　　http://www.keisoshobo.co.jp

齊藤　誠・中川雅之 編著

人間行動から考える地震リスクのマネジメント
　新しい社会制度を設計する

Ａ５判　3,500円
ISBN978-4-326-50363-6

齊藤　誠

父が息子に語るマクロ経済学

Ａ５判　2,500円
ISBN978-4-326-50400-8

齊藤　誠

成長信仰の桎梏
　消費重視のマクロ経済学

四六判　2,200円
ISBN978-4-326-55054-8

矢尾板俊平

地方創生の総合政策論

Ａ５判　3,000円
ISBN978-4-326-50436-7

太田耕史郎

地域産業政策論

Ａ５判　3,000円
ISBN978-4-326-50429-9

勁草書房刊

＊表示価格は2018年1月現在. 消費税は含まれておりません.